國學經典譯注叢書

孟子译注

金良年 撰

上海古籍出版社

图书在版编目（CIP）数据

孟子译注/金良年撰. 一上海：上海古籍出版社，2012. 8（2019.5 重印）
（国学经典译注丛书）
ISBN 978－7－5325－6386－9

Ⅰ. ①孟… Ⅱ. ①金… Ⅲ. ①儒家②孟子－译文③孟子－注释 Ⅳ. ①B222. 5

中国版本图书馆 CIP 数据核字（2012）第 047124 号

国学经典译注丛书
孟子译注
金良年　撰
上海世纪出版股份有限公司
上　海　古　籍　出　版　社 出版
（上海瑞金二路 272 号　邮政编码 200020）
（1）网址：www. guji. com. cn
（2）E－mail：gujil @ guji. com. cn
（3）易文网网址：www. ewen. co
上海世纪出版股份有限公司发行中心发行经销
常熟新骅印刷有限公司印刷
开本 700×1000　1/16　印张 15　插页 2　字数 209,000
2012 年 8 月第 1 版　2019 年 5 月第 7 次印刷
印数：11,201—15,300
ISBN 978－7－5325－6386－9
K·1548　定价：32. 00 元
如有质量问题，请与承印公司联系

前　言

过去习惯将儒家思想称为孔孟之道,“孔”当然是“至圣先师”孔子,被称为“亚圣”的“孟”乃是指战国时代儒家的著名学者孟轲(约前372—前289年)。他的故乡在现今山东的邹县,距孔子的家乡不远。司马迁在《史记》中只为他作了一篇一百四十字的传记,其中还包括了近五十字的时代背景介绍,因此,后人对他生平的了解十分粗略。据说他的父亲名激,很早就去世了,小孟轲实际由他的母亲抚养长大。孟子在幼年很得力于母亲的教诲,“孟母三迁”的故事从汉代的《列女传》开始,后来还写进了大名鼎鼎的通俗读物《三字经》,被作为贤母教子的典范事例而广泛流传,在过去几乎家喻户晓。孟子长大后,曾“受业子思之门人”(《史记·孟子荀卿列传》,子思就是儒家宗师孔子的孙子),奠定了他对儒家学说的终生信仰。学业成就后,他像当时许多学者一样,一面设帐授徒,一面历游各国,向诸侯国君游说。他曾先后到过齐、宋、滕、魏、鲁等国,并一度担任过齐宣王的客卿,在齐国的稷下学宫讲过学。据《史记》记载,由于当时的君主不采纳他的治国主张,所以他就不再过问世务,以著作的方式阐发儒家学说,写成了《孟子》一书。但后人一般认为,今天所见的《孟子》并非出于孟子自作,它和《论语》一样,也是由他的门徒编纂而成的,不过与《论语》稍有不同的是,其中的部分章节很可能经过孟子的亲自润饰。

现在流传的《孟子》共有七篇,约三万五千余字,据《汉书·艺文志》“诸子略”的记载,西汉时的《孟子》传本有十一篇,今本《孟子》七篇属“内篇”,另有《性善》、《辨文》、《说孝经》、《为政》等四篇为“外篇”。东汉时为《孟子》作注的赵岐认为,这四篇的文辞、风格与“内篇”有很大的差异,可能是后人的伪作(冯友兰的《中国哲学史史料学初稿》认为,外篇的题目“都是有独立意义的,因此跟七篇大不相同,可以断定它们与七篇不是同时期的作品”),所以后来就逐渐亡佚了,在《隋书·经籍志》中已不见这四篇的踪迹了。至于现在所传的《孟子外书》四篇则出于明人伪撰，早在清代就已是无可改移的铁案了。

《孟子》一书，原来只是一般性的儒家著作，不属于儒家经典之列。东汉学者王充甚至还有《刺孟》之作，对《孟子》大加挞伐。大约从唐代开始，由于儒家"道统"说的提出，《孟子》的地位渐渐抬高，孔、孟并称的提法日益增多。唐代就曾有过多次要求提高《孟子》一书地位的请求，如代宗宝应二年(763年)礼部侍郎杨绾疏请《论语》、《孝经》、《孟子》兼为一经，懿宗咸通四年(863年)进士皮日休请立《孟子》为学科，但唐末所刻的"开成石经"中仍没有将《孟子》列入。到了宋代，统治者正式将《孟子》升格为"经"。经南宋淳熙年间理学家的鼓吹与《四书》的编纂，《孟子》作为"经"的地位才正式固定下来，并出现了"十三经"的提法。

《孟子》与《论语》一样，也属于以记言为主的语体文，但它比《论语》又有所发展。《论语》的文字简约、含蓄，《孟子》则有许多长篇大论，气势磅礴，逻辑性强，既尖锐机智而又从容舒缓，对后代的散文产生了深远的影响。当时，与孟子同时代的一些思想家如商鞅、荀子、庄子等人都已经在写作专题短论，而《孟子》的文体仍然依仿《论语》，后人认为《孟子》一书的编纂沿袭了《论语》的体裁是不无道理的。这不仅是形式上的模仿，它与孟子自诩儒家的正统传人有很大的关系，孟子曾说过："五百年必有王者兴，其间必有名世者"，"由孔子而来至于今百有余岁，去圣人之世若此其未远也，近圣人之居若此其甚也，然而无有乎尔？"他虽然没有直说，但自负其传道之任的倾向是很明显的。美国学者迈克尔·H·哈特在排比人类历史上最有影响的一百人时，把孟子列在第九十二名，并指出："孟子的著作肯定对中国人有影响。虽然他对儒教的影响远不如圣·保罗对基督教的影响大，但是他无疑是一位有巨大影响的作家。在大约二十一个世纪中，在占人口为世界百分之二十多的国度里，到处都在学习他的思想。全世界也只有几个哲学家有过这么大的影响。"

《孟子》被列入儒家经典的时间比较晚，再加上它又有过不受重视的"前科"，因此，有关它的研究著作不及《论语》那么多，但由于它后来被列入《四书》，所以，疏释它的著述仍多于其他的儒家经典。现在我们研读《孟子》值得参考的专著有以下几种：

东汉赵岐的《孟子章句》。这是现存最早的《孟子》注，据赵岐在《孟子题辞》中的自述，他的注是"述已所闻，证以经传，为之章句，具载本文，章别其旨，分为上下，凡十四卷。究而言之不敢以当达者，施于新学可以寤疑辨惑，愚亦未能审于是非，后之明者见其违阙，傥改而正诸，不亦宜乎"。赵岐的注释比较平直,较少附会,他为各章所作的章指对后人理解《孟子》的帮助不小,而且,他的注中还保留了许多很宝贵的材料,例如,他所见到的《尚书》还不是后来真假杂糅的本子,所以,他对《孟子》引《书》的注释,对后人研究《尚书》就很有价值。清代的阮元说他的注"以较马(融)、郑(玄)、许(慎)、服(虔)诸儒稍为固陋,然属书离辞、指事类情,于诂训无所戾,七篇之微言大义藉是可推,且章别为指,令学者可分章寻求,于汉传注别开一例,功亦勤矣";梁启超许为汉代经师"最可宝贵之著作",都是比较公允的评价。正因为如此,他的注一直流传不绝,朱熹的《集注》亦对它采获颇多,这些决不是偶然的。

南宋朱熹的《孟子集注》。这是宋人注释《孟子》的代表作,也是阐述新儒家(理学)思想的经典之作。宋代尊《孟子》为"经"之后,出现了一批疏释《孟子》的著述,其中比较有名的是旧题为北宋孙奭据赵注所作的疏,通行的"十三经注疏"就采用了这个注释本。这部著作其实并不出于孙奭之手,前人已基本有所论定(参见余嘉锡《四库提要辨证》),尤其成问题的是,其说解亦不很高明,朱熹就曾说该疏"全不似疏体,不曾解出名物制度,只缠绕赵岐之说";《四库提要》也说它"皆敷衍语气,如乡塾讲章"。相比之下,朱熹的说解就显得较为精当,经学史家周予同先生曾评论说:"朱熹之于《四书》,为其一生精力之所萃,其剖析疑似、辨别毫厘,远在《易本义》、《诗集传》等书之上。名物度数之间,虽时有疏忽之处,不免后人之讥议,然当微言大义之际,托经学以言哲学,实自有其宋学之主观的立场。"(《周予同经学史论著选集·朱熹》)

清焦循的《孟子正义》。这是清人经典新疏的代表作之一,如上所述,《孟子》一书向乏较好的疏,朱熹《集注》虽善,但其中杂有许多新儒学的见解,对于真正确切理解《孟子》仍嫌不足。因此,新疏之需要,除《尚书》外,就数其最为迫切了。焦循是当时著名的经学大师,以其才能是足够为《孟子》作疏的,但他的大半精力萃于易学,等到他着手为《孟子》作疏时已经垂老,书方成便故去了。焦循说,为《孟子》作疏有十难,经前人的努力,其难已减去七八。这既是实话,也是他的自谦。焦循此书亦以赵岐注为基础,广搜清代学者考订注释《孟子》的成果凡六十余家,再加上焦循自己所作的注释汇编而成。焦循是书虽以训释名物为主,然对书中的义理也解得极为简扼允当。梁启超后来评价说,焦循"于身心之学固有本原,所以能谈言微中也。总之,此书实为后此新疏家模范作品,价值是永远不朽的"(《中国近三百年学术史》)。此外,清代学者崔述的《孟子事实考》、近人钱穆的《先秦诸子系年考辨》,对孟子及其弟子的事实论考颇详,补充了孟子事迹不详的阙略,是了解孟子其人及其学派的必读材料。最后还值得一提的是,清代还有两部与《孟子》有关的重要著作,那就是戴震的《孟子字义疏证》和康有为的《孟子微》。这两部书形式上是疏释《孟子》,但都是借此阐述自己的哲学主张,对于研究他们两人的思想很有价值,而与《孟子》本身的关联倒并不很大。

本书是为适合中等水平读者阅读而编著的一个普及读本,对经文的解释大体参考赵岐、朱熹、焦循三家的注释而断以己意。每章经文除译、注外,还设有"段意"对该章的要点略作提示,其说法基本折衷前人的成说。本书的译文和段意部分曾收入笔者所译述的《白话四书》,此次撰为译注,基本依照原貌,个别地方吸收读者的意见作了修改。全书之后附有名句和概念索引,以便读者查找有关的原文。笔者水平有限,其中不可避免地会有错误、疏漏,敬请读者不吝指正。

金良年

目　录

梁惠王上

1.1　孟子见梁惠王，①王曰："叟不远千里而来，②亦将有以利吾国乎？"③

孟子对曰："王何必曰利？亦有仁义而已矣。王曰'何以利吾国'，大夫曰'何以利吾家'，士、庶人曰'何以利吾身'，上下交征利而国危矣。④万乘之国，⑤弑其君者必千乘之家；⑥千乘之国，弑其君者必百乘之家。万取千焉，千取百焉，不为不多矣。苟为后义而先利，不夺不餍。未有仁而遗其亲者也，未有义而后其君者也。⑦王亦曰仁义而已矣，何必曰利？"

【注释】

①梁惠王：即魏惠王，名罃，前369—前319年在位，惠是他死后的谥号。前362年，魏国将都城从安邑（今山西夏县西北）迁到大梁（今河南开封），因而它也被称为梁。　②叟：对老人的尊称。　③亦：句首助词，无义。下文的"亦有仁义而已"中的"亦"则是但的意思。利：朱熹《孟子集注》（以下简称"《集注》"）云："王所谓利，盖富国强兵之类。"　④交征：朱熹《集注》云："征，取也。上取乎下，下取乎上，故曰交征。"　⑤万乘（shèng 剩）之国：具有万乘兵车的国家。春秋战国时代以兵车的数量来计算国家的实力。所谓"万乘之国"，就是能动员万乘兵车、万乘后勤用车的国家。据当时的说法，天子地方千里，能拥有万乘兵车；诸侯地方百里，只能拥有兵车千乘。因此，"万乘之国"是天子的代称，但那时称为"七雄"的诸侯大国都已自称为王，所以时人就用此词指称强国。　⑥弑（shì 试）：古代对在下者杀害在上者的说法。千乘之家：此处的家指有封邑采地的公卿大夫。　⑦后：朱熹《集注》云："不急也。"

【译文】

孟子进见梁惠王，惠王说："老丈不远千里前来，将使我国有所获利吗？"

孟子答道："大王何必说利呢？只有仁义罢了。大王说'用什么使我国获利'，大夫说'用什么使我家获利'，士和庶人说'用什么使我自身获利'，上上下下交相牟利，国家就危险了。拥有万乘兵车的国家，谋害它君主的必定是拥有千乘兵车的家族；拥有千乘兵车的国家，谋害它君主的必定是拥有百乘兵车的家族。万中取千，千中取百，不能算不多了。倘若不顾义而看重利，那不夺取全部是不会满足的。重仁的人从来不会遗弃他的亲族，重义的人从来不会不顾他的君主。大王只说说仁义吧，何必说利呢？"

【段意】

据《史记·魏世家》记载，魏惠王三十五年（前335年），"卑礼厚币以招贤者，而孟轲至梁"。（清代学者崔述认为，《史记》的记载有误，孟子至魏当在惠王去世前一、二年。见《孟子事实录》）魏国在战国初年本是一个较强的国家，到了惠王统治时，正如他自己在后文中所说的："东败于齐，长子死焉；西丧地于秦七百里，南辱于楚。"求强之心比较急切。因此，一见面就问孟子："将使我国有所获利吗？"孟子认为，导致战国纷攘这一大变局的根源正在这个"利"上，"利"打破了延续了数百年的统治体制与社会秩序，因此，孟子针锋相对地提出了"仁义"。"仁义"既是本章的要点，也是孟子思想的大纲。司马迁对孟子的这一论点也十分赞赏，他在《史记·孟子荀卿列传》的序中说："余读孟子书，至梁惠王问'何以利吾国'，未尝不废书而叹也。曰：嗟乎，利诚乱之始也！夫子罕言利者，常防其原也。"

1.2 孟子见梁惠王，王立于沼上，①顾鸿雁、麋鹿，②曰："贤者亦乐此乎？"

孟子对曰："贤者而后乐此，不贤者虽有此不乐也。《诗》云：'经始灵台，③经之营之。④庶民攻之，⑤不日成之。经始勿亟，庶民子来。王在灵囿，⑥麀鹿攸伏。⑦麀鹿濯濯，⑧白鸟鹤鹤。⑨王在灵沼，于牣鱼跃。'⑩文王以民力为台为沼，而民欢乐之，谓其台曰灵台，谓其沼曰灵沼，乐其有麋鹿鱼鳖。古之人与民偕乐，故能乐也。《汤誓》曰：⑪'时日害丧？⑫予及女偕亡！'⑬民欲与之偕亡，虽有台池、鸟兽，岂能独乐哉？"

【注释】

①沼：水池。　②鸿雁、麋鹿：朱熹《集注》云："鸿，雁之大者；麋，鹿之大者。"　③《诗》：此处诗句引自《诗·大雅·灵台》，这是一首歌颂周文王德行的诗歌。经始灵台：孔颖达《毛诗正义》（以下简称"孔疏"）释此句云："经理而量度，

初始为灵台之基址也。”灵台的旧址在今陕西省鄠县以东。 ④营:郑玄《毛诗笺》(以下简称“郑笺”)云“营表其位”,孔疏云:“谓以绳度立表以定其位处也。” ⑤攻:朱熹《集注》云:“治也。” ⑥王:指西周的开国君主周文王。灵囿:囿是畜养禽兽的场所,规模小的用于游观,规模大的用于围猎。灵台之下有囿和池沼,故称“灵囿”,下文的“灵沼”与此意同。 ⑦麀(yōu 忧):雌鹿。攸:郑笺云:“所也。”伏:朱熹《集注》云:“安其所不惊动也。” ⑧濯濯:朱熹《集注》云:“肥泽貌。”《诗》毛传(以下简称“毛传”)谓“娱游也”。 ⑨鹤鹤:朱熹《集注》云:“洁白貌。” ⑩于:句首助词,无义。朱熹《集注》说是赞美叹词。牣(rèn 刃):毛传云:“满也。” ⑪《汤誓》:《尚书》篇名,商汤讨伐夏桀的誓师词。 ⑫时:朱熹《集注》云:“是也。”害(hé 和):何,指何时。《尚书》原文作“曷”,义同。据《尚书大传》说,夏桀暴虐无道,大臣向他劝谏,他居然无耻地说:“上天有太阳,如同我拥有天下,太阳会灭亡吗?太阳灭亡了,我也就灭亡了。”于是民众就说了此处所引的一段话,表示了对夏桀统治的厌弃。 ⑬女:通“汝”,你。偕:一同。

【译文】

孟子进见梁惠王,惠王站在池边,顾望着飞雁、驯鹿,说:“贤者也以此为乐吗?”

孟子答道:“贤能者才有这样的快乐,不贤者虽然有这些却不感到快乐。《诗》说:‘灵台刚刚奠基,正在规划之中。民众赶来建造,没有几天竣工。王曰建台勿急,民众像子女为父母出力一样踊跃。文王来到灵囿,母鹿安卧不惊。母鹿多么壮实,白鸟多么洁净。文王来到灵沼,满池鱼儿跃迎。’文王用民力建高台、挖池沼,民众欢欢喜喜,把这个台称为灵台,把这个池称为灵沼,对它有禽兽鱼鳖感到高兴。古时候的君子与民众一起快乐,所以能够感到快乐。《汤誓》说:‘这太阳何时陨落?我们和你一起灭亡!’民众要与夏桀一起灭亡,他即使有高台池沼、飞禽走兽,难道能独自感到快乐吗?”

【段意】

此章是说,统治者必须与民众忧乐相通,体恤下民。这样民众高兴,统治者也高兴,形成上下和谐的政治局面。否则,把自己的作乐建筑在民众的痛苦之上,这样的快乐难以持久,即使得到了也不会感受到快乐。

1.3 梁惠王曰:“寡人之于国也,①尽心焉耳矣!②河内凶,③则移其民于河东、移其粟于河内,④河东凶亦然。察邻国之政,无如寡人之用心者。邻国之民不加少,寡人之民不加多,何也?”

孟子对曰:“王好战,请以战喻。填然鼓之,⑤兵刃既接,弃甲曳兵而走,⑥或百步而后止,或五十步而后止。以五十步笑百步,则何如?"

曰:"不可!直不百步耳,[7]是亦走也。"

曰:"王如知此,则无望民之多于邻国也。不违农时,谷不可胜食也;[8]数罟不入洿池,[9]鱼鳖不可胜食也;斧斤以时入山林,[10]材木不可胜用也。谷与鱼鳖不可胜食,材木不可胜用,是使民养生丧死无憾也。[11]养生丧死无憾,王道之始也。五亩之宅树之以桑,五十者可以衣帛矣;[12]鸡豚狗彘之畜无失其时,[13]七十者可以食肉矣;[14]百亩之田勿夺其时,数口之家可以无饥矣;谨庠序之教,[15]申之以孝悌之义,[16]颁白者不负戴于道路矣。[17]七十者衣帛食肉,黎民不饥不寒,[18]然而不王者未之有也。

"狗彘食人食而不知检,[19]途有饿莩而不知发,[20]人死则曰'非我也,岁也',是何异于刺人而杀之曰'非我也,兵也'。王无罪岁,斯天下之民至焉。"

【注释】

①寡人:朱熹《集注》云:"诸侯自称,言寡德之人也。" ②焉耳:赵岐《孟子注》(以下简称"赵注")云:"焉耳者,恳至之辞。" ③河内:相当于今河南境内的黄河以北地区,《史记·晋世家》:"当此时晋强,西有河西,与秦接境,北边翟,东至河内。"凶:荒年。 ④移其民、移其粟:朱熹《集注》云:"移民以就食,移粟以给其老稚之不能移者。"河东:指今山西省西南部,因黄河经此作北南流向,该地区位于黄河以东而得名。 ⑤填然:鼓声充盈的意思。古代作战,以击鼓表示进军,以鸣金(击钲,钲是一种形似钟的乐器)表示退兵。之:句末助词,无义。⑥曳(yè 叶)兵:拖着兵器。走:《说文》云:"趋也。"古代所说的走,相当于现在所说的跑;而现在所说的走,在古代称为步。 ⑦直:只是。 ⑧胜(shēng 升):尽,朱熹《集注》云:"不可胜食,言多也。" ⑨数罟(shuò gǔ 朔古):网孔细密的渔网。赵注云:"密细之网,所以捕小鱼鳖者,故禁之不得用。鱼不满尺者不得食。"洿(wū 乌):大的意思。又,朱熹《集注》云:"汙下之地,水所聚也。"⑩斤:砍刀,古代常斤、斧连称。以时:按一定的季节。 ⑪丧死:葬送死者。⑫五十者可以衣(yì 艺)帛:朱熹《集注》云:"五十始衰,非帛不暖,未五十者不得衣也。"衣在此作动词用。 ⑬鸡豚狗彘(zhì 支):豚是猪,彘是小猪,此处概指农家养殖的家畜。无失其时:不耽误养育的时节。朱熹认为是指在家畜繁育的季节不宰杀母畜。 ⑭七十者可以食肉:朱熹《集注》云:"七十非肉不饱,未七十者不得食。" ⑮庠序:古代的乡学。 ⑯申:重复、一再。 ⑰颁白:同

“斑白”,花白头发的老人。负戴:古代用人力搬运重物的两种方式,负指背在背上,戴指顶在头上。 ⑱黎民:老百姓,朱熹《集注》云:“黎,黑也。黎民,黑发之人,犹秦言黔首也。” ⑲检:节制、制止,赵注云:“以法度检敛也。” ⑳途:道路。莩:饿死的人。发:开仓赈济。

【译文】

梁惠王说:“我对于国家,很尽心了吧!河内饥荒,就把那里的民众迁移到河东、把河东的粮食运到河内去,河东饥荒时也这样。了解一下邻国的政绩,没有像我这样尽心尽力的。邻国的民众不见减少,我的民众不见增多,是什么道理呢?”

孟子答道:“大王喜好打仗,让我用打仗来作比喻。战鼓咚咚,交战开始了,战败的士兵丢盔弃甲拖着武器奔逃,有的跑了一百步才停下,有的跑了五十步就停下了。跑了五十步的人因此而讥笑跑了一百步的人,行不行呢?”

惠王说:“不行!他只不过没有跑到一百步,也同样是逃跑。”

孟子说:“大王如果知道这个道理,就不要希望你的民众比邻国多了。不违背农时,粮食就吃不完;密孔的渔网不入池沼,鱼鳖就吃不完;斧子、砍刀按季节进入山林,木材就用不完。粮食和鱼鳖吃不完,木材用不完,就使得民众的生、死都没有缺憾了。生、死没有缺憾,是王道的开端。五亩宅田种植桑树,年满五十的人就能穿上丝绸了;鸡鸭猪狗不失时节地畜养,年满七十的人就能吃上肉了;百亩农田不误了它的耕作时节,数口之家就能没有饥荒了;注重乡校的教育,强调孝敬长辈的道理,须发斑白的人就不至于在道路上背物负重了。年满七十的人能穿上丝绸、吃上肉,老百姓能不受饥寒,做到了这些而不称王天下的还从未有过。

“猪狗吃着人的食物而不知道制止,路上有饿死的人而不知道赈济,人死了反而说‘与我无关,是年成不好的缘故’,这和把人杀了却说‘与我无关,是武器杀的’,有什么不同。大王不要怪罪于年成不好,那么天下的民众就来投奔你了。”

【段意】

孟子认为,梁惠王的办法不能说一无是处,但还是没有在根本问题上着力,所以用“五十步笑百步”的例子来打比喻。梁惠王关注的中心问题是如何才能使更多的民众来归顺他,孟子因势利导地讲述了“王道”的政治、经济措施。孟子认为,要称王称霸,首先必须得到民众的拥护,而做到这一点的起码条件是民生有保障,这就是文中所说的“生、死没有缺憾,是王道的开端”。孟子在此所规划的施政措施,概括起来是两条:一是使百姓富庶,二是要对他们进行伦理道德教育。这与孔子所谓“富之”(先使民众富庶)、“教之”(然后要对他们进行教育)的观点(见《论语·子路》篇)是一脉相承的。宋代理学家程颐说:“孟子之论王道,不过如此,可谓实矣。”(朱熹《集注》引)

1.4 梁惠王曰:“寡人愿安承教。”①

孟子对曰:“杀人,以梃与刃有以异乎?”②

曰:“无以异也。”

“以刃与政有以异乎?”

曰:“无以异也。”

曰:“庖有肥肉,③厩有肥马,民有饥色,野有饿莩,此率兽而食人也。④兽相食且人恶之,为民父母,行政不免于率兽而食人,恶在其为民父母也?⑤仲尼曰‘始作俑者,其无后乎’,⑥为其象人而用之也。如之何其使斯民饥而死也?”

【注释】

①安:安心、乐意。 ②梃:木棍。刃:刀。 ③庖:厨房。 ④率:放任。一说,率作率领讲。 ⑤恶(wū 乌):何,疑问副词。 ⑥仲尼:孔子字仲尼。俑:古代用于殉葬的偶人。后:后裔。朱熹《集注》云:“古之葬者,束草为人以为从卫,谓之刍灵,略似人形而已。中古易之以俑,则有面目机发而大似人矣。故孔子恶其不仁,而言其必无后也。”其实,古代是先有活人殉葬,尔后才以俑来代替的,孔子不知道这点,所以作此感叹。

【译文】

梁惠王说:“我愿诚心诚意地接受指教。”

孟子说:“杀人,用木棒和刀剑有什么不同?”

惠王说:“没有什么不同。”

孟子又问道:“用刀剑和政治手段有什么不同?”

惠王说:“没有什么不同。”

孟子说:“厨房里有肥肉,马厩里有肥马,而民众却脸带饥色,野外有饿死的人,这是放任野兽去吃人。野兽相互吞食尚且为人所憎恶,作为民众的父母,施行政事却不能避免放任野兽去吃人,为民父母的意义何在呢?孔子说‘发明造俑的人,大概会绝灭后代吧’,因为它模仿人的形象而用来殉葬。怎么能如此使民众饥饿而死呢?”

【段意】

此章承上章而言,梁惠王听了孟子的一番话后,心有所动,要求孟子具体指出自己施政的弊病。孟子尖锐地指出,惠王的治国等于是“放任野兽去吃人”。

1.5 梁惠王曰:“晋国天下莫强焉,①叟之所知也。及寡人之身，东败于齐，[2]长子死焉；西丧地于秦七百里；[3]南辱于楚。[4]寡人耻之，愿比死者壹洒之，[5]如之何则可？”

孟子对曰：“地方百里而可以王。[6]王如施仁政于民，省刑罚、薄税敛，深耕易耨；[7]壮者以暇日修其孝悌忠信，入以事其父兄，出以事其长上，可使制梃以挞秦、[8]楚之坚甲利兵矣。彼夺其民时，使不得耕耨以养其父母，父母冻饿，兄弟妻子离散。[9]彼陷溺其民，[10]王往而征之，夫谁与王敌？故曰仁者无敌，王请勿疑！”

【注释】

①晋国：朱熹《集注》云：“魏本晋大夫魏斯，与韩氏、赵氏共分晋地，号曰三晋，故惠王犹自称晋国。”魏在战国初年曾因革新变法而称强一时，故此处谓“天下莫强焉”。莫强，犹言没有强过它的。 ②东败于齐：魏惠王三十年（前340年），魏发兵攻韩，韩向齐国求救。齐派田忌、孙膑率军攻魏救韩，两军在马陵（今河南范县西南）交战，魏军中计大败，将军庞涓自杀，统帅太子申被俘（下文的“长子死焉”即指此）。魏国从此一蹶不振。 ③西丧地于秦七百里：马陵之战后，魏国遭到齐、秦、赵三国的围攻，魏国在向秦国反攻时被商鞅统领的秦军打得大败，将军公子卬被俘。后来又多次败于秦国，魏国被迫割地求和，黄河天险尽入秦国之手。 ④南辱于楚：据《战国策·韩策》和《史记·楚世家》的记载，梁惠王后元十二年（前323年），楚国为了迫使魏国倒向它，插手魏国的王位继承，派柱国昭阳在襄陵打败魏军，夺取了魏国的八座城邑。 ⑤比死者壹洒之：洒通“洗”。朱熹《集注》云：“比，犹为也。言欲为死者雪其耻也。” ⑥地方百里而可以王：朱熹《集注》云：“百里，小国也，然能行仁政则天下之民归之也。”赵注说，这里是指古代的周文王以小国灭殷夺取天下。 ⑦易耨：抓紧时机清除杂草。⑧制：通“掣”，焦循《正义》云：“谓可使提掣木梃，以挞其坚甲利兵。” ⑨妻子：妻与子。 ⑩陷溺：朱熹《集注》云：“陷，陷于阱；溺，溺于水，暴虐之意。”

【译文】

梁惠王说：“晋国是天下最强的国家了，老丈您是知道的。到了我这一代，东面战败于齐国，长子阵亡；西面丧失了七百里疆土给秦国；南面受辱于楚国。我对此感到耻辱，愿意替死者来洗刷所有的仇恨，怎样才能办到呢？”

孟子答道：“拥有方圆百里的土地就能称王天下。大王如能对民众施行仁政，减省刑罚、薄敛赋税，深耕土壤、清除杂草；青壮年在空闲时修习孝悌忠信的道理，在家用这些来事奉父兄，出外用这些来事奉尊长，就能使他们拿着木棒来打击秦、楚的坚甲利兵了。那些国家侵夺民众的农时，使他们不能耕种农田来养活自己的父母,父母挨冻受饿,兄弟、妻儿离散。那些国家虐害自己的民众,大王去讨伐他们,谁能和大王对抗?所以说仁者是无敌的,希望大王不要犹豫。”

【段意】

此章与前两章的基本涵义相同。孟子认为,在战国当时的社会现实下,只要施行仁政、王道,就能天下无敌。此章中所说的“仁政”,也就是前两章中所说的“王道”。这是孟子提出的新概念,它较之孔子的“礼乐”政治理想更为完整,但其空想成分也更为浓厚。诚如李泽厚所指出:“之所以如此,现实原因在于氏族制度在战国时期已彻底破坏,‘礼’完全等同于‘仪’而失其重要性,所以孟子已经不必要像孔子那样以‘仁’来解释‘礼’和维护‘礼’,而是直截了当地提出了‘仁政’说。”(《中国古代思想史论·孔子再评价》)

1.6 孟子见梁襄王,① 出语人曰:“望之不似人君,就之而不见所畏焉。卒然问曰:‘天下恶乎定?’② 吾对曰:‘定于一。’

“‘孰能一之?’对曰:‘不嗜杀人者能一之。’

“‘孰能与之?’对曰:‘天下莫不与也。③ 王知夫苗乎?七八月之间旱,则苗槁矣;天油然作云、④ 沛然下雨,⑤ 则苗浡然兴之矣,⑥ 其如是,孰能御之?今夫天下之人牧未有不嗜杀人者也,⑦ 如有不嗜杀人者,则天下之民皆引领而望之矣,⑧ 诚如是也,民归之由水之就下,⑨ 沛然谁能御之?’”

【注释】

①梁襄王:即魏襄王,名嗣(一说名赫),魏惠王的儿子,前318—前296年在位,襄是他死后的谥号。此处所说的事,当在襄王继位后不久。 ②恶(wū乌)乎:怎样,如何。 ③与:此处为归顺、随从之意。 ④油然:朱熹《集注》云:“云盛貌。” ⑤沛然:朱熹《集注》云:“雨盛貌。” ⑥浡(bó博)然:朱熹《集注》云:“兴起貌。” ⑦人牧:管理民众的人,即统治者。 ⑧领:即脖子。 ⑨由:通“犹”。

【译文】

孟子进见梁襄王,出来告诉别人说:“看上去不像君主的样子,接近他则觉察不出能使人敬畏的地方。他忽然问我:‘天下怎样才能安定?’我回答说:‘统一才能安定。’

“他又问:‘谁能统一呢?’我说:‘不喜好杀人者能统一天下。’

“他再问道:‘谁会来归顺他呢?’我说:‘天下的民众都会归顺他。大王知道禾苗吗？七、八月之间遇上干旱，禾苗就会枯萎；当天上布满了云朵、下起了滂沱大雨时，禾苗就蓬勃地挺立起来了，像这样，什么力量能遏止它呢？当今天下的君主没有不喜好杀人的，如若有不喜好杀人的，那么天下的民众都伸起脖子来盼望他了，真能如此，民众归附他犹如水往低处流一般，谁能遏止这汹涌的势头呢？’”

【段意】

本章值得注意的是关于统一的论述。孟子认为，唯有统一才能使天下安定。当时下距秦始皇统一中国还有将近百年，也就是说，早在秦统一中国之前一个世纪，统一已成为知识精英（即士阶层）的共识了。秦的政治统一与西周的政治统一是两种不同的模式，前者是中央集权制，后者颇类似于后来的自治联邦制。孟子所谓的“统一”，究竟是何者呢？此章中没有明确讲，但从孟子不大讲恢复周礼，以及他在其他一些政治问题上不同于孔子的情况看来，他的“统一”似乎不是指西周式的“统一”。由此可以体会到，公元前221年的统一，实在是水到渠成的总结，而不是秦始皇个人的拍脑袋发明。至于孟子说“不喜好杀人者能统一天下”，是指争取民心问题，显然不是说统一的手段，孟老夫子虽然有迂阔之处，却不至于连这一点也看不透。所不同的是，他认为，以“至仁”讨伐“至不仁”，不至于打得“血流漂杵”；只要有了“仁”为资本，拿着木棒的民众也能对付“不仁者”的“坚甲利兵”（见本篇上一章）。

1.7　齐宣王问曰：“齐桓、晋文之事可得闻乎？”[①]

孟子对曰：“仲尼之徒无道桓、文之事者，[②]是以后世无传焉，臣未之闻也。无以，[③]则王乎！”

曰：“德何如则可以王矣？”

曰：“保民而王，[④]莫之能御也。”

曰：“若寡人者可以保民乎哉？”

曰：“可。”

曰：“何由知吾可也？”

曰：“臣闻之胡龁曰，[⑤]王坐于堂上，有牵牛而过堂下者，王见之曰：‘牛何之？’对曰：‘将以衅钟。’[⑥]王曰：‘舍之，吾不忍其觳觫，[⑦]若无罪而就死地。’[⑧]对曰：‘然则废衅钟与？’曰：‘何可废也？以羊易之。’[⑨]不识有诸？”

曰：“有之。”

曰：“是心足以王矣。百姓皆以王为爱也，[⑩]臣固知王之不忍也。”

王曰：“然，诚有百姓者。齐国虽褊小，吾何爱一牛？即不忍其觳觫，若无罪而就死地，故以羊易之也。”

曰：“王无异于百姓之以王为爱也，[11]以小易大，彼恶知之？王若隐其无罪而就死地，[12]则牛羊何择焉？”

王笑曰：“是诚何心哉？我非爱其财而易之以羊也，宜乎百姓之谓我爱也。”

曰：“无伤也，[13]是乃仁术也，[14]见牛未见羊也。君子之于禽兽也，见其生不忍见其死，闻其声不忍食其肉，[15]是以君子远庖厨也。”[16]

王说曰：“《诗》云：‘他人有心，予忖度之。’[17]夫子之谓也！[18]夫我乃行之，反而求之不得吾心，夫子言之，’于我心有戚戚焉。[19]此心之所以合于王者，[20]何也？”

曰：“有复于王者曰‘吾力足以举百钧，[21]而不足以举一羽；明足以察秋毫之末，[22]而不见舆薪’，则王许之乎？”[23]

曰：“否。”

“今恩足以及禽兽，而功不至于百姓者，独何与？[24]然则一羽之不举为不用力焉，舆薪之不见为不用明焉，百姓之不见保为不用恩焉。故王之不王，不为也，非不能也。”

曰：“不为者与不能者之形何以异？”

曰：“挟太山以超北海，[25]语人曰‘我不能’，是诚不能也；为长者折枝，[26]语人曰‘我不能’，是不为也，非不能也。故王之不王，非挟太山以超北海之类也；王之不王，是折枝之类也。老吾老以及人之老，[27]幼吾幼以及人之幼，天下可运于掌。《诗》云‘刑于寡妻，[28]至于兄弟，以御于家邦’，言举斯心加诸彼而已。故推恩足以保四海，不推恩无以保妻子。古之人所以大过人者无他焉，善推其所为而已矣。今恩足以及禽兽，而功不至于百姓者，独何与？权然后知轻重，[29]度然后知长短，[30]物皆然，心为甚，王请度之。抑王兴甲兵，[31]危士臣，构怨于诸侯，然后快于心与？”

王曰：“否，吾何快于是？将以求吾所大欲也。”

曰：“王之所大欲可得闻与？”王笑而不言。

曰:“为肥甘不足于口与,[32]轻煖不足于体与?[33]抑为采色不足视于目与,[34]声音不足听于耳与,便嬖不足使令于前与?[35]王之诸臣皆足以供之,而王岂为是哉?”

曰:“否!吾不为是也。”

曰:“然则王之所大欲可知已。欲辟土地,朝秦楚,[36]莅中国而抚四夷也。[37]以若所为求若所欲,犹缘木而求鱼也。”

王曰:“若是其甚与?”

曰:“殆有甚焉![38]缘木求鱼,虽不得鱼,无后灾。以若所为求若所欲,尽心力而为之,后必有灾。”

曰:“可得闻与?”

曰:“邹人与楚人战,[39]则王以为孰胜?”

曰:“楚人胜。”

曰:“然则小固不可以敌大,寡固不可以敌众,弱固不可以敌强。海内之地方千里者九,[40]齐集有其一。[41]以一服八,何以异于邹敌楚哉?盖亦反其本矣。[42]今王发政施仁,使天下仕者皆欲立于王之朝,耕者皆欲耕于王之野,商贾皆欲藏于王之市,行旅皆欲出于王之涂,[43]天下之欲疾其君者皆欲赴愬于王。[44]其若是,孰能御之?”

王曰:“吾惛,[45]不能进于是矣,愿夫子辅吾志,明以教我。我虽不敏,请尝试之。”

曰:“无恒产而有恒心者,[46]惟士为能。若民,则无恒产因无恒心。苟无恒心,放辟邪侈,[47]无不为已。及陷于罪,然后从而刑之,是罔民也。[48]焉有仁人在位,罔民而可为也?是故明君制民之产,[49]必使仰足以事父母,俯足以畜妻子,乐岁终身饱,凶年免于死亡,然后驱而之善,故民之从之也轻。[50]今也制民之产,仰不足以事父母,俯不足以畜妻子,乐岁终身苦,凶年不免于死亡。此惟救死而恐不赡,[51]奚暇治礼义哉?[52]王欲行之,则盍反其本矣。五亩之宅树之以桑,五十者可以衣帛矣;鸡豚狗彘之畜无失其时,七十者可以食肉矣;百亩之田勿夺其时,八口之家可以无饥矣;谨庠序之教,申之以孝悌之义,颁白者不负戴于道路矣。老者衣帛食肉,黎民不饥不寒,然而不王者未之有也。”

【注释】

①齐宣王：齐国国君，名辟疆，齐威王之子，前319—前301年在位，宣是他死后的谥号。钱穆《四书释义》谓，孟子与魏襄王相见后不久，就离开魏国来到齐国。齐桓：齐桓公，名小白，齐襄公的弟弟，公元前685—前643年在位。他继位后，任用管仲为国相，改革政治，以“尊王攘夷”为号召，多次打退少数民族对中原的侵扰，安定了周王室的统治，成为春秋时代第一个霸主。晋文：晋文公，名重耳，晋献公的儿子，公元前636—前628年在位。他在位期间，整顿内政，增强国力，帮助周王室平定内乱，并在城濮之战中打败楚军，被中原诸侯尊为霸主。　②道：言说、谈论，朱熹《集注》引董仲舒说云：“仲尼之门，五尺童子羞称五霸，为其先诈力而后仁义也。”　③无以：朱熹《集注》云：“必欲言之而不止。”　④保：朱熹《集注》云：“爱护也。”　⑤胡龁（hé 核）：齐国大臣。　⑥衅钟：宗庙中的新钟铸成后，在启用前，用牲血涂于钟上进行告祭的仪式。　⑦觳觫（húsù 胡速）：朱熹《集注》云：“恐惧貌。”　⑧若：指代词，犹言“它”。　⑨以羊易之：《礼记·玉藻》云：“君无故不杀牛，大夫无故不杀羊，士无故不杀犬豕。”可见，羊比牛次一等。　⑩爱：此指吝啬。　⑪异：惊异、奇怪。　⑫隐：怜悯。⑬无伤：意为没有关系。赵注谓为“无伤于仁”之意。　⑭仁术：朱熹《集注》云：“术，谓法之巧者。”　⑮声：朱熹《集注》云：“谓将死而哀鸣也。”　⑯君子远庖厨：《礼记·玉藻》云：“君子远庖厨，凡有血气之类弗身践之也。”因此，这句话可能是礼的条文，并不是孟子的发明，所以孟子亦谓“是以”。　⑰说（yuè 悦）：同“悦”，高兴。《诗》云：此处诗句引自《诗·小雅·巧言》。忖度（cǔnduó 寸上声夺）：推想、理解。　⑱夫子：对年长或有德者的尊称。　⑲戚戚：朱熹《集注》云：“心动貌。”　⑳合于王：赵注释为“足以王”。　㉑复：说、报告。钧：古代重量单位，《说苑·辨物》云“三十斤为一钧”。　㉒明：视力，《礼记·檀弓》：“子夏丧其子而丧其明。”秋毫之末：朱熹《集注》云：“毛至秋而末锐，小而难见也。”　㉓许：同意、相信。　㉔与：通“欤”，句末叹词。　㉕太山：即今泰山，太、泰通。北海：齐北邻于海，此泛指齐北境的大海。　㉖折枝：枝通“肢”，谓屈仰肢体。　㉗老吾老：前一个老作动词用，是尊重的意思。下文“幼吾幼”与此类似。　㉘《诗》云：此处诗句引自《诗·大雅·思齐》。刑：通“型”，规范、教诲。寡妻：国君的正妻，其称为“寡”，犹如国君自称寡人，是谦虚的说法。㉙权：秤锤，此处作动词用。　㉚度：尺度，此处作动词用。　㉛抑：难道。㉜肥甘：指可口的食物。　㉝轻煖：指华贵的衣服。　㉞采：同“彩”。㉟便嬖（bì 必）：此指国君身边的姬妾近臣。　㊱朝秦楚：使秦楚来朝见。在当时，朝见是臣服的表示。　㊲莅：临。中国：此指中原地区。四夷：四方的少数

民族。 ㊳殆:副词,表示不肯定或推测。 ㊴邹:即邾国,其国君相传是上古颛顼的后裔,辖境相当于今山东费、邹、滕、济宁、金乡等县,极为狭小。孟子是邹人,邹又邻近齐,所以用以为喻。 ㊵方千里者九:古代有九州的说法,《礼记·王制》云:"凡四海之内九州,州方千里。" ㊶集有其一:朱熹《集注》云:"言集合齐地,其方千里,是有天下九分之一也。" ㊷盖:同"盍",何不。反其本:朱熹《集注》云:"力求所欲,则所欲者反不可得;能反其本,则所欲者不求而至。" ㊸涂:同"途",指道路。 ㊹疾:怨恨、不满。愬(sù 素):同"诉"。㊺惛(hūn 昏):同"昏",糊涂、愚昧。 ㊻恒心:赵注云:"人所常有之善心也。"㊼放辟邪侈:意为放荡胡来。 ㊽罔:欺罔,朱熹《集注》云:"犹罗网,欺其不见而取之也。"赵注谓"是由(犹)张罗罔(网)以罔民者也"。 ㊾制:约制、规定。㊿轻:轻易、容易。 51赡:朱熹《集注》云:"足也。" 52奚:疑问词,何。

【译文】

齐宣王问道:"能告诉我齐桓公、晋文公的事情吗?"

孟子回答:"孔子的门徒从不谈论齐桓公、晋文公的事情,因此后世没有流传,我也没有听说过。一定要说,那就说称王天下的事吧!"

宣王说:"具有怎样的德行才能称王天下呢?"

孟子说:"安抚民众而称王天下,就没有力量能够遏止。"

宣王说:"像我这样能够安抚民众吗?"

孟子说:"能。"

宣王说:"凭什么知道我能够呢?"

孟子说:"我听大臣胡龁说,大王坐在殿堂上,有牵牛的人从堂下经过,大王见了问道:'牛往哪儿牵啊?'那人答道:'要用它来祭钟。'大王说:'放了它吧,我不忍心它战慄发抖,那是没有罪而被处死。'那人说:'那就不祭钟了?'大王说:'怎么能不祭呢?用羊来代替。'不知道有这回事吗?"

宣王说:"有这回事。"

孟子说:"有这样的心思就足以称王天下了。百姓们都认为大王吝啬,我总觉得大王是不忍心。"

宣王说:"是啊,确实有百姓这样认为。齐国虽然狭小,我何至于要吝啬一条牛?只是不忍心它战慄发抖,就像没有罪而被处死一般,所以用羊换下它。"

孟子说:"大王不要怪百姓认为您吝啬,用小的替换大的,这用心他们怎么会知道呢?大王如果怜悯它没有罪而被处死,那么牛和羊有什么区别呢?"

宣王笑着说:"这真算什么心思呢?我并不是吝啬这点钱财而用羊来替换的,怪不得百姓要说我吝啬。"

孟子说:“没有关系,这是一种仁术,因为只见到了牛而没有见到羊。君子对于禽兽,见到活着的就不忍心再见到死的,听到它们的叫声就不忍心再吃它们的肉,因此君子远离厨房。”

宣王高兴地说:“《诗》说:‘他人所具有的心思,我能恰切地来理解。’正是对先生而言的啊!我已经做了这件事,回过头来寻求却不了解自己的心思,先生这么一说,我的心里倒有些感动了。这样的心思能适宜称王天下,是为什么呢?”

孟子说:“有人对大王说‘我的力气足能举起三千斤,但举不起一根羽毛;眼力足能看清毫毛的尖端,但看不见一车木柴’,大王会同意这种说法吗?”

宣王说:“不。”

孟子说:“现在大王的恩惠足以施及禽兽,而好处却不能到达百姓,这是什么原因呢?可见,举不起一根羽毛是因为没有花费力气,看不见一车木柴是没有使用眼力,不能安抚百姓是没有施加恩惠。所以,大王没能称王天下是不肯做,不是没有能力。”

宣王说:“不肯做和没有能力的表现有什么区别呢?”

孟子说:“要挟持着泰山跨越北海,对他人说‘我没有能力’,是确实没有能力;为年长的人按摩,对他人说‘我没有能力’,是不肯做,不是没有能力。所以,大王没能称王天下,不是挟持着泰山跨越北海这一类的;大王没能称王天下,是不肯按摩这一类的。敬重自己的长辈从而敬重到他人的长辈,爱护自己的晚辈从而爱护到他人的晚辈,这样天下就能运转于手掌之上了。《诗》说‘教诲自己妻子,遍及族内兄弟,以此统御全国’,说的不过是以这样的心思来施加于他人而已。因此,广施恩惠足以保有天下,不广施恩惠连妻儿都无法守护。古时候的人之所以胜过世人没有其他的原因,不过是善于把自己的作为施及于他人而已。现在大王的恩惠足以施及禽兽,而好处却不能到达百姓,这是什么原因呢?秤了才知道轻重,量了才知道长短,各种事物都是如此,而心思则尤其是这样,大王请量度一下。难道大王非得兴师动众,惊扰士民,与诸侯结怨,心里才感到快意吗?”

宣王说:“不,我对此有什么快意?是打算以此来求得我的大目标。”

孟子说:“大王的大目标能让我知道吗?”宣王笑着不回答。

孟子说:“是因为肥美的食物不能满足于口腹呢,还是轻暖的衣服不能满足于躯体?或者因为缤纷的色彩不能满足眼睛的观赏,悦耳的乐曲不能满足耳朵的倾听,宠幸的姬妾臣仆不能满足身边的使唤呢?这些,大王的大小臣仆都能够供办,大王难道是为了这些吗?”

宣王说:“不!我不是为了这些。”

孟子说:“要是这样的话,大王的大目标我能够知道了。大王是想开拓疆土,使秦、楚臣服，君临中土而抚有海内。然而用这样的作为来求取这样的目标，犹如爬到树上去找鱼。”

宣王说：“有这样严重吗？”

孟子说：“恐怕还更严重呢！爬到树上找鱼，虽然找不到鱼，却不会带来灾难。用这样的作为来求取这样的目标，费尽心力去做了，必定会带来灾难。”

宣王说：“能让我知道其原因吗？”

孟子说：“邹人和楚人作战，大王认为谁能取胜？”

宣王说：“楚人取胜。”

孟子说：“可见小国肯定不能和大国匹敌，人数少的肯定不能和人数多的匹敌，力量弱的肯定不能和力量强的匹敌。四海之内方圆千里的土地有九块，齐国只占有其中的九分之一。以一个来制服八个，与邹人对抗楚人有什么不同？何不回到根本上来解决问题。现在大王若能施行仁政，使得天下入仕的人都愿在大王的朝廷中任职，耕田的人都愿在大王的土地上耕种，商贩都愿到大王的集市上交易，旅客都愿到大王的道路上行走，天下对自己的君主感到不满意的人都愿来投奔大王。要是如此的话，什么力量能遏止呢？”

宣王说：“我糊涂了，没有能力做到这样的程度，请先生助成我的志向，明确地教诲我。我虽然不聪明，也让我试着去做。”

孟子说：“没有固定的产业而有恒心的，只有士能做到。若是民众，没有固定的产业就因而没有了恒心。一旦没有恒心，就会放荡胡来，无所不为。等到陷入罪网，然后跟着惩治他们，这是欺罔民众。哪有仁人当政而可以做欺罔民众的事呢？因此，贤明的君主规定民众的产业，必须使之上足以事奉父母，下足以蓄养妻儿，丰年能够温饱，荒年可免于死亡，然后驱使他们向善，所以民众容易听从。现在为民众所规定的产业，上不足以事奉父母，下不足以蓄养妻儿，丰年劳苦艰辛，荒年不免于死亡。这样，仅仅救济死亡都恐怕来不及，哪还有余暇讲求礼义呢？大王要施行仁政，何不回到根本上来解决问题。五亩宅田种植桑树，年满五十的人就能穿上丝绸了；鸡鸭猪狗不失时节地畜养，年满七十的人就能吃上肉了；百亩农田不误了它的耕作时节，八口之家就能没有饥荒了；注重乡校的教育，强调孝敬长辈的道理，须发斑白的人就不至于在道路上背物负重了。老年人能穿上丝绸、吃上肉，老百姓能不受饥寒，做到了这些而不称王天下的还从未有过。”

【段意】

此章是孟子谈仁政、王道的重要言论，一向受到学者的重视。齐宣王“喜文学游说之士”（《史记·田敬仲完世家》），因此，在他当政时，齐国政府所设立的稷下之学达到了鼎盛时期，先后到这里讲学的各国学者多达近千人，孟子大致就是在这时来到齐国的。齐国稷下学的传统是“不治而议论”,著名的学者“皆赐列第,为上大夫”(同上)。秦汉时代的博士参议制,就是由这种不治而议的政治风尚演化而成的。此章引起人们注意的是孟子对仁政、王道据以施行的表述。孟子认为,能否实施仁政、王道的充分和必要条件是“不忍之心”,这种“不忍之心”不像孔子所说的“仁”那样难以达到,而是人人都可能有的恻隐之心(见本书《公孙丑》篇人皆有不忍之心章)。其次,执政者要善于把这种“不忍之心”外推,由对禽兽的“不忍”推及于天下之人。李泽厚指出:“这里,孟子把孔子的‘推己及人’的所谓‘忠恕之道’极大地扩展了,使它竟成了‘治国平天下’的基础。一切社会伦常秩序和幸福理想都建筑在这个心理原则——‘不忍人之心’的情感原则上。这固然是由于民族传统崩溃,理想的‘仁政王道’已完全失去现实依据的历史反映。但从理论上讲,孟子又确是把儒学关键抓住和突出了,使它与墨子的兼爱、老子的无为、韩非的利己等等有了更为明确的基础分界线。”(《中国古代思想史论·孔子再评价》)

梁惠王下

1.8　庄暴见孟子，[①]曰："暴见于王，[②]王语暴以好乐，暴未有以对也。"曰："好乐何如？"[③]

孟子曰："王之好乐甚，则齐国其庶几乎！"[④]

他日，见于王曰："王尝语庄子以好乐，有诸？"王变乎色，[⑤]曰："寡人非能好先王之乐也，直好世俗之乐耳。"[⑥]

曰："王之好乐甚，则齐其庶几乎！今之乐犹古之乐也。"曰："可得闻与？"

曰："独乐乐，[⑦]与人乐乐，孰乐？"曰："不若与人。"

曰："与少乐乐，与众乐乐，孰乐？"曰："不若与众。"

"臣请为王言乐。今王鼓乐于此，百姓闻王钟鼓之声、管籥之音，[⑧]举疾首蹙頞而相告曰：[⑨]'吾王之好鼓乐，夫何使我至于此极也？[⑩]父子不相见，兄弟妻子离散。'今王田猎于此，[⑪]百姓闻王车马之音，见羽旄之美，[⑫]举疾首蹙頞而相告曰：'吾王之好田猎，夫何使我至于此极也？父子不相见，兄弟妻子离散。'此无他，不与民同乐也。

"今王鼓乐于此，百姓闻王钟鼓之声、管籥之音，举欣欣然有喜色而相告曰：'吾王庶几无疾病与，何以能鼓乐也？'今王田猎于此，百姓闻王车马之音，见羽旄之美，举欣欣然有喜色而相告曰：'吾王庶几无疾病与，何以能田猎也？'此无他，与民同乐也。今王与百姓同乐，则王矣！"

【注释】

①庄暴：齐国大臣。　②见于王：被齐王召见或朝见齐王。焦循《正义》云："此章之王亦宣王也。"　③好乐何如：这句话也是庄暴所说的，中间加以

“曰”,表示说话另外起了一个话头。 ④庶几:差不多。 ⑤变乎色:改变了脸色。 ⑥直:不过、仅仅。 ⑦独乐乐:独自一人娱乐的快乐。前一个“乐”作动词用(音 yào 药),以下几句类似的句子同。 ⑧管龠(yuè 月):赵注云:“管,笙;龠,箫。”笙是一种簧管乐器,在商代的甲骨文中已有记载;这里的箫是指排箫,与现在所称类似笛的箫不同。 ⑨举:皆、都。疾首蹙頞(cù è 促遏):忧愁的样子,頞就是鼻梁,蹙頞即皱起鼻梁来。 ⑩极:朱熹《集注》云:“穷也。” ⑪田猎:在野外打猎。由于它要发动百姓驱赶野兽,各级地方官员都要准备物资和亲自参与,所以古人主张应该在农闲时候有节制地举行,以免扰乱正常的生产秩序。 ⑫羽旄:旗帜。

【译文】

庄暴进见孟子,说:“我朝见大王,大王和我谈论喜好音乐的事,我没有话应答。”接着问道:“喜好音乐怎么样啊?”

孟子说:“大王如果非常喜好音乐,那齐国恐怕就很不错了!”

几天后,孟子在进见宣王时问道:“大王曾经和庄暴谈论过爱好音乐,有这回事吗?”宣王脸色变得不好意思地说:“我并不是喜好先王的音乐,只不过喜好世俗的音乐罢了。”

孟子说:“大王如果非常喜好音乐,那齐国恐怕就很不错了!在这件事上,现在的音乐与古代的音乐差不多。”宣王说:“能让我知道是什么道理吗?”

孟子说:“独自一人娱乐,与和他人一起娱乐,哪个更快乐?”宣王说:“不如与他人一起娱乐更快乐。”

孟子说:“和少数人一起娱乐,与和多数人一起娱乐,哪个更快乐?”宣王说:“不如与多数人一起娱乐更快乐。”

孟子说:“那就让我来为大王讲讲娱乐吧!假如大王在奏乐,百姓们听到大王鸣钟击鼓、吹箫奏笛的音声,都愁眉苦脸地相互诉苦说:‘我们大王喜好音乐,为什么要使我们这般穷困呢?父亲和儿子不能相见,兄弟和妻儿分离流散。’假如大王在围猎,百姓们听到大王车马的声音,见到旗帜的华丽,都愁眉苦脸地相互诉苦说:‘我们大王喜好围猎,为什么要使我们这般穷困呢?父亲和儿子不能相见,兄弟和妻儿分离流散。’这没有别的原因,是由于不和民众一起娱乐的缘故。

“假如大王在奏乐,百姓们听到大王鸣钟击鼓、吹箫奏笛的音声,都眉开眼笑地相互告诉说:‘我们大王大概没有疾病吧,要不怎么能奏乐呢?’假如大王在围猎,百姓们听到大王车马的声音,见到旗帜的华丽,都眉开眼笑地相互告诉说:‘我们大王大概没有疾病吧,要不怎么能围猎呢?’这没有别的原因,是由于和民众一起娱乐的缘故。倘若大王与百姓一起娱乐,那么就会受到天下人的拥戴!”

【段意】

此章主要阐明为政者必须与民众同乐的道理。要能与民众同乐,本质上并不是一个简单的娱乐方式,而是统治者是否关心民生的问题。贤明君主与暴虐君主之所以引起不同的反响,关键在于前者能施惠于百姓,而后者使民众穷困、父子妻儿流散。儒家认为,音乐是辅助教化的重要手段,孟子之所以说世俗的音乐与古代的雅乐差不多,是为了突出"与民同乐之意则无古今之异耳。若必欲以礼乐治天下,当如孔子之言,必用《韶》舞必放郑声。盖孔子之言,为邦之正道;孟子之言,救时之急务,所以不同"(朱熹《集注》引范氏说)。

1.9 齐宣王问曰:"文王之囿方七十里,①有诸?"

孟子对曰:"于传有之。"②

曰:"若是其大乎?"

曰:"民犹以为小也!"

曰:"寡人之囿方四十里,民犹以为大,何也?"

曰:"文王之囿方七十里,刍荛者往焉,③雉兔者往焉,④与民同之。民以为小,不亦宜乎?臣始至于境,问国之大禁然后敢入。⑤臣闻郊关之内有囿方四十里,⑥杀其麋鹿者如杀人之罪,则是方四十里为阱于国中。民以为大,不亦宜乎?"

【注释】

①文王:指周文王。　②传:此指文献记载。　③刍荛(ráo 饶)者:赵注云:"取刍薪之贱人也。"朱熹《集注》云:"刍,草也;荛,薪也。"　④雉兔者:赵注云:"猎人取雉兔者。"　⑤大禁:重要的禁令。先问,"然后敢入",是为了避免触犯。⑥郊关之内:郊是国都之外的近郊,关是边境上的关卡,此处是指国境之内。

【译文】

齐宣王问孟子:"听说周文王围猎的场所方圆七十里,有这回事吗?"

孟子答道:"在典籍上有这样的记载。"

宣王说:"要是这样,不太大吗?"

孟子说:"民众还觉得小呢!"

宣王说:"我围猎的场所方圆四十里,民众还觉得大,这是为什么呢?"

孟子说:"周文王围猎的场所方圆七十里,割草砍柴的人能去,捕鸟猎兽的人能去,与民众共有。民众觉得小,不是很自然的吗?我刚到达齐国边境,问明了国家的重要禁令才敢入境。我听说国都郊外有个围猎的场所方圆四十里,凡猎杀其中麋鹿的人按杀人的罪名处罚，那么这方圆四十里的场所就是在国家中设立的陷阱。民众觉得大，不是很自然的吗？”

【段意】

此章涵义与上章基本相同。

1.10 齐宣王问曰：“交邻国有道乎？”

孟子对曰：“有。惟仁者为能以大事小，是故汤事葛、文王事昆夷；①惟智者为能以小事大，故大王事獯鬻、句践事吴。②以大事小者，乐天者也；③以小事大者，畏天者也。④乐天者保天下，畏天者保其国，《诗》云：⑤‘畏天之威，于时保之。’”⑥

王曰：“大哉言矣！寡人有疾，寡人好勇。”

对曰：“王请无好小勇。⑦夫抚剑疾视曰‘彼恶敢当我哉’，⑧此匹夫之勇，敌一人者也，王请大之。《诗》云：⑨‘王赫斯怒，⑩爰整其旅，⑪以遏徂莒，⑫以笃周祜，⑬以对于天下。’⑭此文王之勇也，文王一怒而安天下之民。《书》曰：⑮‘天降下民，作之君，作之师。惟曰其助上帝宠之四方，⑯有罪无罪惟我在，天下曷敢有越厥志？’⑰一人衡行于天下，⑱武王耻之，⑲此武王之勇也，而武王亦一怒而安天下之民。今王亦一怒而安天下之民，民惟恐王之不好勇也！”

【注释】

①汤事葛：汤是殷商的开国君主，葛是夏末的诸侯国，其故地在今河南宁陵县（一说在今葵丘县东北）。“汤事葛”的事，详见本书《滕文公下》宋小国将行王政章。文王事昆夷：昆夷亦作“混夷”，是当时在周族西北边境活动的少数民族。文王事昆夷的本事不详。　②大王事獯鬻（xūnyù 熏玉）：大王亦作“太王”，指周的先祖古公亶父；獯鬻亦作“薰育”，是当时北方的少数民族。据《史记·周本纪》记载，周族原居住在豳（亦作“邠”，今陕西旬邑），屡遭獯鬻的侵扰，古公亶父遂带领族人迁移到岐下。本篇滕小国章对此亦有较详的记叙。句践事吴：句践即春秋末年越国的国君勾践，吴国是在今江苏、安徽、浙江一带的诸侯国。春秋末年，吴越两国经常相战，前494年越国被吴打败，越王勾践以屈服求和来争取机会，刻苦图强，最后终于在前473年攻灭吴国（详见《史记·越王句践世家》）。　③乐天：朱熹《集注》云：“大之字（按：当系‘事’之讹）小、小之事大，皆理之当然也，然合理，故曰乐天。”　④畏天：朱熹《集注》云：“不敢违理，故曰畏天。”⑤《诗》云：此处的诗句引自《诗·周颂·我将》，这是一首祭祀周文王的颂歌。

⑥于时:于是。 ⑦小勇:朱熹《集注》云:“小勇,血气所为;大勇,义理所发。” ⑧疾视:朱熹《集注》云:“怒目而视也。” ⑨《诗》云:此处的诗句引自《诗·大雅·皇矣》,这是一首歌颂周先祖功业的诗歌。 ⑩赫:朱熹《集注》云:“赫然怒貌。” ⑪爰:发语词,无义。整:整顿、整饬。旅:军队。 ⑫遏:遏止、制止。徂:往。莒:通“旅”,此处指犯疆的敌军。此诗前面提到,密国(亦作“密须”,在今甘肃灵台西南)前去侵犯阮国(约在今甘肃灵台、泾川之间),于是文王就发兵前往制止,以主持公道。 ⑬笃:增强。祜(hù 户):福祉。 ⑭以对于天下:朱熹《集注》云:“对,答也,以答天下仰望之心也。” ⑮《书》曰:赵注云:“《书》,《尚书》逸篇也。”后来的伪古文《尚书》将其采入《泰誓》。 ⑯惟曰其助上帝宠之四方:惟曰,发语词,无义。宠之四方,《尚书·泰誓》作“宠绥四方”,孔注云:“当能助天宠安天下。” ⑰越:违背。厥:同“其”,代词。 ⑱衡行:同“横行”。 ⑲武王:西周的开国君主,在他的统治时期,周攻灭了殷商而成为天下诸侯的共主。

【译文】

齐宣王问道:“和邻国交往有准则吗?”

孟子答道:“有的。只有仁者才能以大国事奉小国,所以成汤事奉葛伯、文王事奉昆夷;只有智者才能以小国事奉大国,所以大王事奉獯鬻、勾践事奉夫差。以大国事奉小国,是安于天理;以小国事奉大国,是敬畏天理。安于天理能保有天下,敬畏天理能保有自己的国家,《诗》说:‘敬畏上天威灵,因而常得佑护。’”

宣王说:“说得好啊!可是我有缺点,我崇尚勇武。”

孟子答道:“希望大王不要崇尚小的勇武。按着刀剑、瞪着眼睛说‘他怎么敢对抗我啊’,这是匹夫的勇武,只能抵敌一个人,希望大王进一步推广它。《诗》说:‘文王赫然大震怒,整顿军队到前方,制止侵犯的敌人,增强周国的威望,酬答天下的向往。’这是文王的勇武,文王一怒就安定了天下的民众。《书》说:‘上天降生下民,为他们造作了君王,造作了师傅。惟有他们能佑助天帝绥靖四方,有罪者、无罪者都由我负责,天下有哪个人胆敢违背上天的意志?’只要有一个人在世间作乱,武王就感到耻辱,这是武王的勇武,武王也是一怒就安定了天下的民众。现在,假如大王也一怒就安定了天下的民众,民众惟恐大王不崇尚勇武呢!”

【段意】

朱熹说:“此章言人君能惩小忿,则能恤小事大,以交邻国;能养大勇,则能除暴安民,以安天下。”(《集注》)孟子对于大勇、小勇的区分,不像孔子那样否定小勇、肯定大勇,而是把小勇作为培养大勇的端点,将之进一步推广,就能成就大勇。这与孟子认为将“不忍之心”进一步推广就能实行“仁政”、“王道”的观点是一脉相通的。

1.11 齐宣王见孟子于雪宫,[1]王曰:“贤者亦有此乐乎?”

孟子对曰:“有。[2]人不得则非其上矣,[3]不得而非其上者非也,为民上而不与民同乐者亦非也。乐民之乐者,民亦乐其乐;忧民之忧者,民亦忧其忧。乐以天下,忧以天下,然而不王者未之有也。

“昔者齐景公问于晏子曰:[4]‘吾欲观于转附、朝儛,[5]遵海而南放于琅邪。[6]吾何修而可以比于先王观也?’[7]晏子对曰:‘善哉问也!天子适诸侯曰巡狩,[8]巡狩者巡所守也;诸侯朝于天子曰述职,述职者述所职也,[9]无非事者。[10]春省耕而补不足,秋省敛而助不给。[11]夏谚曰:[12]“吾王不游,吾何以休?吾王不豫,[13]吾何以助?一游一豫,为诸侯度。”[14]今也不然,师行而粮食,[15]饥者弗食,劳者弗息。睊睊胥谗,[16]民乃作慝。[17]方命虐民,[18]饮食若流,流连荒亡,为诸侯忧。从流下而忘反谓之流,[19]从流上而忘反谓之连,[20]从兽无厌谓之荒,[21]乐酒无厌谓之亡。先王无流连之乐、荒亡之行,惟君所行也。’景公悦,大戒于国,[22]出舍于郊,[23]于是始兴发补不足,召大师曰:[24]‘为我作君臣相说之乐。’盖《徵招》、《角招》是也。[25]其诗曰‘畜君何尤’,[26]畜君者好君也。”

【注释】

①雪宫:赵注云:“离宫之名也,宫中有苑囿台池之饰、禽兽之饶。王自多有此乐,故问曰‘贤者亦有此乐乎’。” ②有:赵注将此字连下读,作“有人不得”,云:“人有不得志者也。” ③非:责备、非议。 ④齐景公:春秋时齐国国君,名杵臼,齐庄公的异母弟,前547—前490年在位。晏子:齐国大臣,名婴,字平仲。⑤转附、朝儛:赵注:“皆山名也。”转附,旧说即山东诸城东南的琅邪山,或说是山东烟台以北的芝罘山。朝儛,旧说即山东荣成东北的成山角,或说是荣成以东的召石山。 ⑥遵:沿着。放:赵注云:“至也。”琅邪:邑名,在今山东胶南东南的海滨。 ⑦何修:怎么去做。 ⑧适:前往。 ⑨述所职:朱熹《集注》云:“陈其所受之职也。” ⑩无非事者:赵注云:“无非事而空行者。” ⑪敛:此指收获。 ⑫夏谚:赵注:“夏禹之时民之谚语也。” ⑬豫:《晏子春秋·内篇问下》云:“春省耕而补不足者谓之游,秋省实而助不给者谓之豫。” ⑭度:法度、榜样。 ⑮粮食:此处后面的“食”作动词用,赵注云:“远转粮食而食之。” ⑯睊睊(juān 绢):赵注云:“侧目相视。”胥:齐、皆。谗:抱怨。⑰慝:赵注云“恶也”,焦循《正义》云:“谓悖逆暴乱。” ⑱方命:朱熹《集注》

云:"方,逆也;命,王命也。"赵注以方同"放",云:"放弃不用先王之命。"
⑲反:同"返"。 ⑳从流上:朱熹《集注》云:"谓挽舟逆水而上。" ㉑从兽无厌:赵注云:"若羿之好田猎无有厌极,以亡其身,故谓之荒乱也。" ㉒戒:准备,焦循《正义》云:"谓预备补助之事。" ㉓出舍于郊:焦循《正义》云:"景公将身亲振给,故出舍于郊,示忧民困也。" ㉔大师:即太师,管理乐工的官员。㉕《徵招》、《角招》:赵注云:"所作乐章名也。" ㉖尤:过错。

【译文】

齐宣王在雪宫会见孟子,宣王说:"贤者也有这样的快乐吗?"

孟子答道:"有的。人们得不到这样的快乐会抱怨他们的君主,因为得不到而抱怨他们的君主是不对的,作为民众的君主却不与民众一同享乐也是不对的。君主以民众的快乐为自己的快乐,民众也以君主的快乐为自己的快乐;君主以民众的忧虑为自己的忧虑,民众也以君主的忧虑为自己的忧虑。以天下人的快乐为快乐,以天下人的忧虑为忧虑,做到了这些而不称王天下的还从未有过。

"过去齐景公问晏子说:'我打算到转附、朝儛去巡游,沿海岸南向直达琅邪。我该怎么做才能和先王的巡游相比拟呢?'晏子答道:'问得好呀!天子前往诸侯国叫做巡狩,巡狩就是巡视所拥有的疆域;诸侯朝见天子叫做述职,述职就是报告所执掌的公务,没有不和政事有关的。春季省视耕种,补助贫困;秋季省视收获,救济歉收。夏代的谚语说:"我们大王不巡游,我们怎能有养息?我们大王不省察,我们哪会得救助?大王的巡游视察,足以让诸侯效法。"现在不是这样,队伍出动了就要向下面筹粮,饥饿者得不到食物,劳苦者得不到息养。人们侧目而视、怨声载道,民众就会被迫作恶。违背天意虐害民众,大吃大喝像流水似的,如此流连荒亡,诸侯也为之忧愁。顺流而下不知回返叫做流,逆流而上不知回返叫做连,没有厌倦地打猎叫做荒,没有节制地饮酒叫做亡。先王没有流连的娱乐、荒亡的行为,现在就看大王要遵从哪一种做法了。'景公很高兴,在都城内进行准备,然后到郊外居留,在那里开始拿出钱粮补助贫困,又召见太师说:'替我创作君臣共同喜悦的乐曲。'这乐曲就是《徵招》、《角招》。歌辞中说'畜君有什么错',畜君就是敬爱君王的意思。"

【段意】

此章也是讲统治者应该与民众忧乐相通的道理。

1.12 齐宣王问曰:"人皆谓我毁明堂,①毁诸,已乎?"②

孟子对曰:"夫明堂者王者之堂也,王欲行王政,则勿毁之矣。"

王曰:"王政可得闻与?"

对曰："昔者文王之治岐也，耕者九一，仕者世禄，[3]关市讥而不征，[4]泽梁无禁，[5]罪人不孥。[6]老而无妻曰鳏，老而无夫曰寡，老而无子曰独，幼而无父曰孤，此四者天下之穷民而无告者。文王发政施仁，必先斯四者，《诗》云：'哿矣富人，[7]哀此茕独。'"[8]

王曰："善哉言乎！"

曰："王如善之，则何为不行？"

王曰："寡人有疾，寡人好货。"[9]

对曰："昔者公刘好货，[10]《诗》云：'乃积乃仓，[11]乃裹餱粮，[12]于橐于囊，[13]思戢用光；[14]弓矢斯张，[15]干戈戚扬，[16]爰方启行。'[17]故居者有积仓，行者有裹囊也，然后可以爰方启行。王如好货，与百姓同之，于王何有？"[18]

王曰："寡人有疾，寡人好色。"

对曰："昔者太王好色，爱厥妃，《诗》云：[19]'古公亶父，来朝走马。[20]率西水浒，[21]至于岐下。爰及姜女，[22]聿来胥宇。'[23]当是时也，内无怨女，[24]外无旷夫。王如好色，与百姓同之，于王何有？"

【注释】

①明堂：赵注云："谓泰山下明堂，本周天子东巡狩朝诸侯之处也。"朱熹《集注》云："人欲毁之者，盖以天子不复巡狩，诸侯又不当居之也。" ②已：止。③仕者世禄：任职者的子孙世代承袭其俸禄。 ④讥：朱熹《集注》云："察也。关市之吏，察异服异言之人而不征商贾之税也。"又，赵注云："关以讥难非常，故不征税也。" ⑤梁：截流捕鱼。 ⑥孥：妻子儿女，此作动词用，指连及家属。⑦《诗》云：此处诗句引自《诗·小雅·正月》。哿（gě 葛）：朱熹《集注》云："可也。"赵注释此句之意云："诗人言，居今之世，可矣富人。" ⑧茕：朱熹《集注》云："困悴貌。"赵注以"茕独"为词，谓指"茕独羸弱者"。 ⑨货：钱财。⑩公刘：周族的先祖，传说是后稷的曾孙。他在夏代末年率领周族迁徙到豳，开荒安居，使周族得以繁衍。 ⑪《诗》云：此处诗句引自《诗·大雅·公刘》，这是歌颂公刘功绩的诗篇。乃积乃仓：赵注云："积谷于仓。"句中的"乃"字是为了凑满四字句所加的衬字，无义。下两句中的"乃"、"于"与此情况相同。 ⑫餱（hòu 后）：干粮。 ⑬橐、囊：概指装东西的器具。 ⑭思戢用光：朱熹《集注》云："戢，安集也。言思安集其民人，以光大其国家也。" ⑮弓矢斯张：毛传云："张其弓矢。" ⑯干戈戚扬：干是盾牌，戚是大斧，扬是钺（形似大斧）。

⑰爰方启行：朱熹《集注》云："爰，于也。启行，谓往迁于豳也。" ⑱何有：朱熹《集注》云："言不难也。" ⑲《诗》云：此处诗句引自《诗·大雅·緜》，这是一首颂扬周族兴起业绩的诗歌。 ⑳走马：马跑得很快。此句描写古公亶父躲避獯鬻的行动迅速。 ㉑率：循、沿着。浒：水边。 ㉒姜女：古公亶父的妻子太姜。 ㉓聿：发语词，无义。一说是亲自的意思；赵注则释为"率"，意为与妻子太姜一同来。胥：省视。宇：居处。 ㉔怨女：已到婚龄而没有合适配偶的女子，下句的"旷夫"则指与此情况类似的男子。古代统治者经常大批挑选女子进宫，宫中有许多不能正常婚配的女子，而宫外则造成了许多找不到配偶的男子。孟子的意思是，贤王的"好色"并不妨碍百姓的正常婚配，故朱熹《集注》云："无怨旷者，是大王好色而能推己之心以及民也。"

【译文】

齐宣王问道："人们都向我进言拆毁明堂，是拆毁它呢，还是不呢？"

孟子答道："明堂这种东西是称王天下者的殿堂，如果大王打算施行王政，那就不要拆毁它。"

宣王说："能把王政讲给我听听吗？"

孟子答道："过去文王治理岐，耕种者交纳十分之一的租税，任职者给予世代承袭的俸禄，关隘、市场只稽察而不征税，在湖泊中捕捞没有禁令，对犯罪者的处罚不连及妻儿。年老而没有妻子的叫做鳏，年老而没有丈夫的叫做寡，年老而没有子嗣的叫做独，年幼而没有父亲的叫做孤，这四种人是天下贫民中没有依靠的人。文王施行仁政，必定把这四种人放在首位，《诗》说：'富人还过得去啊，可怜无依靠的孤寡。'"

宣王说："说得好啊！"

孟子说："大王认为好，为什么不去实行？"

宣王说："我有缺点，我喜好钱财。"

孟子答道："过去公刘喜好钱财，《诗》说：'谷物积满仓，干粮装满囊，和睦团结争荣光；备好了弓箭，拿起了干戈，这才动身去前方。'因此，留在家里的人有积储的谷物，出征者有备好的干粮，这才率领众人出发。大王如果喜好钱财，能与百姓共同享有，称王天下还有什么困难呢？"

宣王说："我有缺点，我喜好女色。"

孟子答道："过去太王喜好女色，宠爱他的妻子，《诗》说：'吾王古公亶父啊，清早率众骑快马。沿着郊西的河畔，来到岐山的脚下。带着妻子姜氏女，视察居处好安家。'在那时，内室没有怀怨无偶的女子，国中没有单身无妻的男子。大王如果喜好女色，能与百姓共同享有，称王天下还有什么困难呢？"

【段意】

据《周礼·考工记》与《礼记》的记载，当时的明堂是一种礼仪兼祭祀的建筑，天子在其中召见诸侯和颁布政令，并祭祀祖宗，它的建筑形式还带有特殊的象征涵义。齐宣王所说的"明堂"，是指周天子东巡时在泰山所建造的明堂。当时天子巡狩之礼已经废弃，所以有人建议将它拆毁，孟子则借此向齐宣王再次讲述"仁政"、"王道"。喜好钱财、喜好女色而能与百姓共同享有，也就是与民众利害相连、忧乐相通，把个人的情感推及他人的意思。以朱熹为代表的宋代理学家则将之解释为"存天理灭人欲"，朱熹说："盖钟鼓、苑囿、游观之乐，与夫好勇、好货、好色之心，皆天理之所有而人情之所不能无者。然天理、人欲同行异情，循理而公于天下者，圣贤之所以尽其性也；纵欲而私于一己者，众人之所以灭其天也。二者之间不能以发，而其是非得失之归相去远矣。故孟子因时君之问而剖析于几微之际，皆所以遏人欲而存天理。"（《集注》）

1.13 孟子谓齐宣王曰："王之臣有讬其妻子于其友而之楚游者，[①]比其反也，则冻馁其妻子，则如之何？"

王曰："弃之。"

曰："士师不能治士，[②]则如之何？"

王曰："已之。"

曰："四境之内不治，则如之何？"

王顾左右而言他。

【注释】

①讬：同"托"，托付。　②士师：朱熹《集注》云："狱官也。其属有乡士、遂士之官，士师皆当治之。"按朱熹是据《周礼》而释，但《周礼》并非是实际官制的记录，因为"士"是当时低级官员的统称，故此处的"土师"还是看作一般意义上的长官妥当。

【译文】

孟子对齐宣王说："大王的某个臣属把妻儿托付给友人而出游楚国，等他回来，妻儿却在挨冻受饿，那怎么办呢？"

宣王说："与此人绝交。"

孟子说："长官不能管理他的属下，那怎么办呢？"

宣王说："撤掉他。"

孟子说："整个国家不能治理好，那怎么办呢？"

宣王左右张望而谈论别的事情。

【段意】

此章是颇能代表孟子“好辩”的著名章节。孟子的意思是说,君臣虽然不同等级,但都应该勤于自己的职守,这样才能治理好国家。这个问题,如果单就臣属来说,是毫无困难的,但要使国君承认自己的失职,就不那么容易了。孟子采用了层层设问、步步紧逼的方式,使宣王先承认貌似平和的结论,最后提出“整个国家不能治理好”的问题,显然,答案是很明确的,但宣王却无颜对答,只能“顾左右而言他”了。朱熹说:“及此而王不能答也,其惮于自责,耻于下问如此,不是与有为可知矣。”(《集注》)

1.14 孟子见齐宣王,曰:“所谓故国者,非谓有乔木之谓也,有世臣之谓也。王无亲臣矣,昔者所进,今日不知其亡也。①”

王曰:“吾何以识其不才而舍之?”

曰:“国君进贤,如不得已将使卑逾尊、疏逾戚,可不慎与?②左右皆曰贤,未可也;诸大夫皆曰贤,未可也;国人皆曰贤,③然后察之,见贤焉然后用之。左右皆曰不可,勿听;诸大夫皆曰不可,勿听;国人皆曰不可,然后察之,见不可焉然后去之。左右皆曰可杀,勿听;诸大夫皆曰可杀,勿听;国人皆曰可杀,然后察之,见可杀焉然后杀之,故曰国人杀之也。如此,然后可以为民父母。”

【注释】

①不知其亡:不知,犹言不恤。亡,指离君出走。 ②可不慎与:朱熹《集注》云:“盖尊尊亲亲,礼之常也,然或尊者、亲者未必贤,则必进疏远之贤而用之。是使卑者逾尊、疏者逾戚,非礼之常也,故不可不谨也。” ③国人:当时对居住于国都之人的通称,这些人一般有参与议论国事的权利和服役、纳赋的义务。

【译文】

孟子进见齐宣王,说:“所谓古老的国家,并不是指它有年代久远的大树,而是有世代为官的臣僚的意思。大王没有亲信的臣仆了,过去所进用的人,现在弃君而去都不管了。”

宣王说:“我怎样才能识别他们没有才干而不用他们呢?”

孟子说:“国君进用贤能,如果迫不得已要使卑贱者超越尊贵者、疏远者超越亲近者,能不慎重吗?左右亲信都说贤能,不能认可;各位大夫都说贤能,不能认可;国人都说贤能,然后才考察他,若发现他确实贤能才进用他。左右亲信都说不行,不要听信;各位大夫都说不行,不要听信;国人都说不行,然后才考察他,若发现他确实不行才罢免他。左右亲信都说该杀,不要听信;各位大夫都说该杀,不要听信;国人都说该杀,然后才考察他,若发现他确实该杀才处决他,所以说是国人处决他的。这样,才能够做百姓的父母。"

【段意】

尊贤,是儒家在政治上的一项重要主张。在"贤能"的标准上,孟子没有像孔子那样规定"仁"的要求,而是继承了孔子的"民之所好好之,民之所恶恶之"的主张(见《论语·子路》篇)。朱熹进一步指出:"此言非独以此进退人才,至于用刑亦以此道,盖所谓天命、天讨,皆非人君之所得私也。"(《集注》)

1.15 齐宣王问曰:"汤放桀、①武王伐纣,②有诸?"

孟子对曰:"于传有之。"

曰:"臣弑其君,③可乎?"

曰:"贼仁者谓之贼,贼义者谓之残,残贼之人谓之一夫。闻诛一夫纣矣,④未闻弑君也。"

【注释】

①放:流放。桀:夏的末代君主。 ②纣:殷商的末代君主。 ③臣弑其君:因汤、武王相对于桀、纣来说是诸侯,所以宣王称他们的行为是"臣弑其君"。④诛:指合乎正义地讨伐罪犯。

【译文】

齐宣王问道:"成汤流放夏桀、武王讨伐殷纣,有这回事吗?"

孟子答道:"在典籍上有这样的记载。"

宣王说:"臣属谋害他的君主,可以吗?"

孟子说:"毁弃仁的人叫做贼,毁弃义的人叫做残,残贼之人叫做独夫。只听说过诛杀了独夫殷纣,没听说过谋害君主。"

【段意】

此章也是孟子比较引人注目的言论。齐宣王向孟子询问"汤武革命"的事情,孟子不明白宣王的用意,所以回答得比较审慎:"在典籍上有这样的记载。"后来弄清楚宣王是谈论臣属谋害君主的问题,当即予以驳斥,认为失去民心的暴君乃是"独夫民贼",实际上已失去了君上的资格,诛杀这种人是正义行为,不能视之为谋害君主。孟子对宣王说这番话是饶有深意的,是要借此警戒宣王:如果成为了"独夫"就人人得而诛之。从本质上说,孟子的主张与传统的"天命转移"是一脉相承的，只是表述上更为尖锐一点而已。据说，明代的开国皇帝朱元璋见到了《孟子》书中与此类似的对君王“不敬”的言论，曾大为震怒，说：“这老儿要是活到今天，非严办不可。”孟子的配享牌位，也因此一度撤出了孔庙。后来，朱元璋于洪武二十七年(1394年)组织人重新编定了《孟子》，从中删去了八十五章他认为不妥当的言论，这一章当然也在删除之列。

1.16　孟子见齐宣王，曰：“为巨室，则必使工师求大木。①工师得大木则王喜，以为能胜其任也；匠人斫而小之则王怒，②以为不胜其任矣。夫人幼而学之，壮而欲行之，王曰‘姑舍女所学而从我’，则何如？今有璞玉于此，③虽万镒必使玉人雕琢之，④至于治国家则曰‘姑舍女所学而从我’，则何以异于教玉人雕琢玉哉？”

【注释】

①工师：管理工匠的官员。　②斫(zhuó 琢)：砍削。　③璞玉：尚未经雕琢的玉石。　④镒：古代的金银计量单位，二十两为一镒。万镒，喻其贵重。

【译文】

孟子进见齐宣王，说：“要建造大房屋，那一定要派工官去寻求大木料。工官得到了大木料大王就高兴，认为他能够履行自己的职责；工匠把它砍削小了大王就发怒，认为他不能履行自己的职责。士人们从小学习，长大了打算实行，大王说‘姑且舍弃你所学的而听从我’，那会怎么样呢？倘若有一块未经雕琢的玉石，即使价值万金也一定要派玉匠去雕琢它，而对于治理国家却说‘姑且舍弃你所学的而听从我’，这与你去指教玉匠雕琢玉石有什么两样呢？”

【段意】

此章是说，治国必须任用具有能力的贤人。孟子的设喻很恰当，尖锐地批评了统治者“爱国家不如爱玉”的糊涂行为(朱熹《集注》)。

1.17　齐人伐燕胜之，①宣王问曰：“或谓寡人勿取，或谓寡人取之。以万乘之国伐万乘之国，五旬而举之，人力不至于此，不取必有天殃。②取之，何如？”

孟子对曰：“取之而燕民悦则取之，古之人有行之者，武王是也；取之而燕民不悦则勿取，古之人有行之者，文王是也。③以万乘之国伐万乘之国，箪食壶浆以迎王师，④岂有他哉？避水火也！如水益深、如火益热，亦运而已矣。”⑤

【注释】

①齐人伐燕:燕国是齐国的近邻,齐宣王五年(前315年)燕国内乱,次年,宣王乘乱进攻燕国,燕国士卒厌战,城门不闭,齐军在短短五十天内就攻下了燕国的国都。 ②不取必有天殃:《国语·越语》云:"天与不取,反为之灾。" ③文王是也:赵注云:"文王以三仁(按指殷商大臣微子、箕子、比干)尚在,乐师未奔,取之惧殷民不悦,故未取之也。" ④箪(dān单):盛饭的竹筐。浆:此处概指饮料。⑤运:朱熹《集注》云:"转也,言齐若更为暴虐,则民将转而望救于他人矣。"

【译文】

齐人讨伐燕国战胜了它,宣王问孟子:"有人叫我不要占取它,有人叫我占取它。以拥有万乘兵车的国家去讨伐另一个拥有万乘兵车的国家,五十天就制服了它,人力无法取得这样的成就,若不占取它必定会遭到天降的灾祸。我打算占取它,怎么样啊?"

孟子答道:"若占取它而燕国民众高兴就占取它,古人有这样做过的,那就是周武王;占取它而燕国民众不高兴就不要占取它,古人有这样做过的,那就是周文王。以拥有万乘兵车的国家去讨伐另一个拥有万乘兵车的国家,百姓们用筐装着饭食、用壶盛着饮水来迎接大王的军队,难道还有别的目的吗?是为了逃避水深火热的生活啊!如果使他们更加水深火热,那他们也会转而去欢迎他人了。"

【段意】

孟子告诫宣王,伐燕的成功,说明燕国的民众期望齐国能从水深火热中拯救他们,因此,关键不在于要否占有燕国,而是能否实行顺从民心的政略。

1.18 齐人伐燕取之,诸侯将谋救燕,宣王曰:"诸侯多谋伐寡人者,何以待之?"

孟子对曰:"臣闻七十里为政于天下者,①汤是也,未闻以千里畏人者也。《书》曰'汤一征自葛始',②天下信之,③东面而征,西夷怨;南面而征,北狄怨,曰:'奚为后我!'④民望之若大旱之望云霓也,⑤归市者不止,⑥耕者不变,诛其君而吊其民,⑦若时雨降,⑧民大悦,《书》曰:'徯我后,⑨后来其苏。'⑩

"今燕虐其民,王往而征之,民以为将拯己于水火之中也,箪食壶浆以迎王师。若杀其父兄,系累其子弟,⑪毁其宗庙,⑫迁其重器,⑬如之何其可也?天下固畏齐之彊也,⑭今又倍地而不行仁政,是动天下之兵也。王速出令,反其旄倪,⑮止其重器,谋于燕众置君,而后去之,则犹可及止也。”

【注释】

①七十里:汤以七十里兴起的说法亦见于《荀子》、《史记》等书记载,很可能是当时通行的传说。 ②《书》曰:此处的两段引文均见于伪古文《尚书》中的《仲虺之诰》,故赵注称它们“皆《尚书》逸篇之文也”。一征:朱熹《集注》云:“初征也。”汤征伐葛的事,详见本书《滕文公下》宋小国将行王政章。 ③天下信之:朱熹《集注》云:“信其志在救民,不为暴也。” ④奚为:为何。 ⑤霓:赵注云:“虹也,雨则虹见,故大旱而思见之。” ⑥归市者:赶集的人。 ⑦吊:抚恤慰问。 ⑧时雨:及时雨,符合时令需要的雨。 ⑨徯(xī 吸):等待。后:君王,《说文》云:“继体君也。” ⑩苏:指得到解救。 ⑪系累:指捆绑、拘禁。 ⑫宗庙:供奉祭祀君主祖先的地方,在当时,这是国家政权存在的象征。 ⑬重器:祭祀及礼仪所用的礼器及镇国之宝。 ⑭固:本来。彊:同“强”。 ⑮旄倪:旄同“耄”,朱熹《集注》云:“旄,老人也;倪,小儿也,谓所掳掠之老小也。”

【译文】

齐人讨伐燕国占取了它,诸侯们谋划着要救助燕国,齐宣王说:“许多诸侯谋划要讨伐我,怎样来对付他们呢?”

孟子答道:“我听说有凭藉方圆七十里的疆域而治理天下的人,那就是成汤,没听说拥有千里国土而畏惧他人的。《书》说‘成汤的征讨从葛国开始’,普天之下都信任他,他东向征讨,西方的夷人便埋怨;南向征讨,北方的狄人便埋怨,都说:‘为什么丢下我们啊!’民众对他的盼望犹如大旱时盼望云朵一样,所到之处,赶集的不停止买卖,种田的不改变耕作,诛杀了残暴的君主而抚慰那儿的民众,如同及时降下甘霖一样,民众非常喜悦,《书》说:‘等待我们的君王,他来了,我们就得救了。’

“现在燕国虐害他们的民众,大王前去征讨,民众认为大王将把他们从水深火热中拯救出来,所以用筐装着饭食、用壶盛着饮水来迎接大王的军队。假如杀掉他们的父兄,拘禁他们的子弟,拆毁他们的宗庙,搬迁他们的礼器珍宝,这样做怎么可以呢?普天之下本来就畏惧齐国的强大,现在又扩展了疆域并且不施行仁政,这就招惹天下各国与齐国为敌。请大王赶快发出命令,放回他们的老人和小孩,归还他们的礼器珍宝,与燕国人士商议选立一位国君,然后从那儿撤离,这样还可以来得及制止战祸。”

【段意】

此章的基本涵义与上章相同。后人指出:“孟子事齐、梁之君,论道德则必称

尧、舜,论征伐则必称汤、武。盖治民不法尧、舜则是为暴,行师不法汤、武则是为乱。"(朱熹《集注》引范氏语)

1.19 邹与鲁鬨,[①]穆公问曰:[②]"吾有司死者三十三人,[③]而民莫之死也。诛之则不可胜诛,不诛则疾视其长上之死而不救,[④]如之何则可也?"

孟子对曰:"凶年饥岁,君之民,老弱转乎沟壑,[⑤]壮者散而之四方者,几千人矣。[⑥]而君之仓廪实、府库充,有司莫以告,是上慢而残下也。曾子曰:[⑦]'戒之戒之!出乎尔者,反乎尔者也。'夫民今而后得反之也。君无尤焉,君行仁政,斯民亲其上、死其长矣。"

【注释】

①鲁:周初所分封的诸侯国,在今山东西南部,其始封君主是武王的弟弟周公旦。前256年为楚所灭。鬨(hòng 哄):冲突、争斗。 ②穆公:即邹穆公,其姓名及在位年代均不详,穆是他死后的谥号。 ③有司:指有关部门的官员。 ④疾:痛恨,赵注云:"忿其民不赴难。" ⑤转:朱熹《集注》云:"饥饿辗转而死也。" ⑥几:将近。 ⑦曾子:名参,字子舆,鲁国人,孔子的弟子。

【译文】

邹国与鲁国发生冲突,邹穆公问孟子:"我们的官吏死了三十三个,而民众却没有为之献身的。若处罚他们,罚不了那么多人;若不处罚,又恨他们眼看着长官死难却不去救助,怎么样才好呢?"

孟子答道:"灾荒歉收的年成,您的民众,年老体弱的在山沟荒野奄奄一息,年轻力壮的四散逃难,有近千人。然而,您的粮仓充溢、库房盈实,官吏却不把这一情况上报,这是在上者怠慢并残虐下民。曾子说:'切切警惕啊!你怎样对待他人,他人将照样回报你。'民众们如今有机会回报了。您不要责怪他们,您施行仁政,那么民众就会亲近他们的上级、为他们的长官死难了。"

【段意】

邹国是孟子的家乡,它的都城在今山东邹县,是个与鲁国相邻的小国。邹穆公见民众不肯救助官府的急难,非常不满,但他却不去检讨自己平日是如何对待民众的。有人指出:"有仓廪府库,所以为民也。丰年则敛之,凶年则散之,恤其饥寒,救其疾苦。是以民亲爱其上,有危难则赴之,如子弟之卫父兄、手足之捍头目也。穆公不能反己,犹欲归罪民,岂不误哉?"(朱熹《集庄》引范氏语)

1.20 滕文公问曰:[1]"滕,小国也,间于齐、楚,事齐乎,事楚乎?"

孟子对曰:"是谋非吾所能及也。无已,则有一焉:凿斯池也,筑斯城也,与民守之,效死而民弗去,[2]则是可为也。"

【注释】

①滕文公:滕是西周初年所分封的诸侯国,地在今山东滕县西南。前414年为越所灭,不久复国,后为宋所灭。据本书《滕文公上》篇,文公是滕定公的儿子,他们两人的姓名及在位年代均不详。 ②效死而民弗去:朱熹《集注》云:"效,犹致也。国君死社稷,故致死以守国,至于民亦为之死守而不去,则非有以深得其心者不能也。"

【译文】

滕文公问孟子:"滕是个小国,处在齐、楚之间,是事奉齐国呢,还是事奉楚国呢?"

孟子答道:"这件事不是我所能参预谋划的。一定要我说,那只有一条:挖好护城河,筑好城墙,和民众一起来守卫它,献出生命民众也不离开,这样就有希望了。"

【段意】

滕国是个小国,在七雄纷争的时代维持生存,确实是难以为继的。滕文公只想到用外交手段来谋生,实践证明这是非常靠不住的办法。孟子认为,与其卑躬屈滕地去与虎谋皮,不如把力量放在自力更生的基点上:争取民心,加强战备。朱熹说:"此章言有国者当守义而爱民,不可侥幸而苟免。"(《集注》)

1.21 滕文公问曰:"齐人将筑薛,[1]吾甚恐,如之何则可?"

孟子对曰:"昔者大王居邠,狄人侵之,去之岐山之下居焉。非择而取之,不得已也,苟为善,后世子孙必有王者矣。君子创业垂统,[2]为可继也,若夫成功,[3]则天也。君如彼何哉?[4]彊为善而已矣。"[5]

【注释】

①薛:城邑名,在今山东滕县东南。它原是西周初年分封的诸侯国,国灭后该地为齐所得,齐威王将它作为小儿子田婴(即著名的孟尝君)的封地。因薛接近于滕,所以滕文公感到恐慌。 ②垂统:传之后世。 ③若夫:至于。 ④如彼何:意为拿他怎么办。 ⑤彊:勉力、努力。

【译文】

滕文公问孟子:"齐人打算修筑薛城,我很担心,怎么办才好呢?"

孟子答道："过去太王住在邠地，狄人来侵犯，于是就离开那儿到岐山下定居。这不是经过选择采取的做法，是不得已，要是能施行善政，后世子孙必定有人能称王天下。君子创立基业留传给后代，正是为了能代代相继，至于说能否成功，那就是天意了。您拿齐人怎么办呢？只有努力施行善政而已。"

【段意】

齐人在临近滕国的边地筑城，其用意是很明显的。滕文公对此感到担忧，问孟子有什么好办法。孟子认为，齐强滕弱的态势是明摆着的，因此即使明知齐国的意图，滕国也没有妥善的良策，唯一的出路只有施行仁政。朱熹说："此章言人君当竭力于其所当为，不可徼幸于其所难必。"（《集注》）

1.22 滕文公问曰："滕，小国也，竭力以事大国，则不得免焉，如之何则可？"

孟子对曰："昔者大王居邠，狄人侵之，事之以皮币不得免焉，[①]事之以犬马不得免焉，事之以珠玉不得免焉，乃属其耆老而告之曰：[②]'狄人之所欲者，吾土地也。吾闻之也，君子不以其所以养人者害人。二三子何患乎无君？我将去之。'去邠，逾梁山，[③]邑于岐山之下居焉。[④]邠人曰：'仁人也，不可失也！'从之者如归市。或曰：'世守也，非身之所能为也。'效死勿去。君请择于斯二者。"

【注释】

①皮币：毛皮和丝绸。 ②耆老：古称六十为耆、七十为老，此处泛指老年人。 ③梁山：在今陕西乾县西北。 ④邑：此作动词用，指营建居住地。

【译文】

滕文公问孟子："滕是个小国，尽心竭力来事奉大国，仍不能免于灾祸，怎么办才好呢？"

孟子答道："过去太王住在邠地，狄人来侵犯，把毛皮丝绸奉献给他们不能免灾，把良犬名马奉献给他们不能免灾，把珠宝玉器奉献给他们不能免灾，于是就召集邠地的长老告诉他们说：'狄人想要的是我们的土地。我听说，君子不能为了对人有益的东西而使人受害。你们何必担心没有君主呢？我准备离开这儿。'于是离开邠地，翻越梁山，在岐山下筑城定居。邠人说：'这是仁人，不可失去他啊！'如同去赶集那样跟随着他。也有的人说：'这是世代相守的地方，不是自身所能作得了主的。'宁可丢掉性命也不肯离去。您可以在这两种做法中选择一种。"

【段意】

此章的基本涵义与前两章相同。有人指出:“孟子所论,自世俗观之则可谓无谋矣,然理之可为者不过如此,舍此则必为仪、秦之为矣。”(朱熹《集注》引杨氏语)

1.23 鲁平公将出,[1]嬖人臧仓者请曰:[2]“他日君出则必命有司所之,今乘舆已驾矣有司未知所之,[3]敢请。”公曰:“将见孟子。”曰:“何哉,君所为轻身以先于匹夫者?[4]以为贤乎?礼义由贤者出,而孟子之后丧逾前丧,[5]君无见焉!”公曰:“诺。”

乐正子入见,[6]曰:“君奚为不见孟轲也?”曰:“或告寡人曰孟子之后丧逾前丧,是以不往见也。”曰:“何哉,君所谓逾者?前以士后以大夫,[7]前以三鼎而后以五鼎与?”[8]曰:“否,谓棺椁衣衾之美也。”[9]曰:“非所谓逾也,贫富不同也。”

乐正子见孟子,曰:“克告于君,君为来见也,嬖人有臧仓者沮君,君是以不果来也。”曰:“行或使之,止或尼之,[10]行止非人所能也。吾之不遇鲁侯天也,臧氏之子焉能使予不遇哉?”

【注释】

①鲁平公:名叔,鲁景公的儿子,前314年—前294年在位,平是他死后的谥号。 ②嬖人:受宠爱的小臣,焦循《正义》谓指男宠。 ③乘舆:国君出行所用的车马。 ④轻身:看轻自身。 ⑤后丧逾前丧:孟子的父亲先去世,故此处的“前丧”指父亲的丧事、“后丧”指母亲的丧事。 ⑥乐正子:名克,孟子的弟子。当时他在鲁国任职。 ⑦以士:指按士的规格办丧事,下文“以大夫”指按大夫的规格。 ⑧三鼎:按士的规格来祭奠,下文“以五鼎”是指以大夫的规格来祭奠。 ⑨棺椁衣衾(qīn 亲):指丧礼的用具。椁是外棺,衣衾是装殓死者的衣被。古代丧礼对这些东西如何使用、用多少都有严格的规定。 ⑩尼:赵注云:“止也。”

【译文】

鲁平公将要外出,受宠幸的小臣臧仓请示说:“平日您外出必定通知管事要去的地方,今天车马已经备好但管事还不知道要去的地方,特来请示。”平公说:“将要去见孟子。”臧仓说:“您不尊重自己的身份而先去拜访一个普通人,为了什么呢?是认为他是贤者吗?礼义是贤者的行为准则,而孟子办理母亲的丧事超过了他父亲的丧事,您别去见他吧!”平公说:“好吧。”

乐正子进见平公,说:“您为什么不见孟子了?”平公说:“有人告诉我说孟子办理母亲的丧事超过了他父亲的丧事，所以我不去见他了。”乐正子说：“您所说的超过，是什么意思呢？是指用士礼来办父亲的丧事而用大夫礼来办母亲的丧事呢，还是指用三个鼎为父亲供设祭品而用五个鼎为母亲供设祭品呢？”平公说：“不，是指棺椁衣衾的精美。”乐正子说：“这不叫做超过，是因为前后贫富不同。”

乐正子去见孟子，说：“我对鲁君说了，他将要来看您，有个受宠幸的小臣臧仓阻止了他，鲁君所以没能来。”孟子说：“要来是有某种东西在驱使，不来是有某种东西在阻止，来与不来都不是人力所能左右的。我不能和鲁君相见是天意，那个姓臧的怎么能使我们不相见呢？”

【段意】

孟子对于自己未能与鲁平公见面一事非常达观，他对自己的弟子乐正说听从天意，颇有点孔子厄于陈蔡时的风度。其实，仔细体味孟子的话语，可以觉察，孟子的意思是说，关键不在于是否有人从中阻挠，而在于鲁平公自己的意志是否坚定。如果坚定，决非区区臧仓的一二句话所能阻止；如果不坚定，勉强拖了他来也无济于事。

公孙丑上

2.1　公孙丑问曰：[1]"夫子当路于齐，[2]管仲、晏子之功可复许乎？"[3]

孟子曰："子诚齐人也，知管仲、晏子而已矣。或问乎曾西曰：'吾子与子路孰贤？'[4]曾西蹴然曰：'吾先子之所畏也。'[5]曰：'然则吾子与管仲孰贤？'曾西艴然不悦，[6]曰：'尔何曾比予于管仲？[7]管仲得君如彼其专也，行乎国政如彼其久也，功烈如彼其卑也，[8]尔何曾比予于是？'"曰："管仲，曾西之所不为也，而子为我愿之乎？"

曰："管仲以其君霸，晏子以其君显，管仲、晏子犹不足为与？"

曰："以齐王，[9]由反手也。"[10]

曰："若是，则弟子之惑滋甚。[11]且以文王之德，百年而后崩，[12]犹未洽于天下，[13]武王、周公继之然后大行。今言王若易然，则文王不足法与？"

曰："文王何可当也？由汤至于武丁，[14]贤圣之君六七作，[15]天下归殷久矣，久则难变也。武丁朝诸侯，有天下犹运之掌也。纣之去武丁未久也，[16]其故家遗俗、流风善政犹有存者，又有微子、微仲、王子比干、箕子、胶鬲皆贤人也相与辅相之，[17]故久而后失之也。尺地莫非其有也，一民莫非其臣也，然而文王犹方百里起，是以难也。齐人有言曰：'虽有智慧不如乘势，虽有镃基不如待时。'[18]

"今时则易然也，夏后、殷、周之盛，地未有过千里者也，而齐有其地矣；鸡鸣狗吠相闻而达乎四境，而齐有其民矣。地不改辟矣，民不改聚矣，行仁政而王，莫之能御也。且王者之不作，未有疏于此时者也；民之憔悴于虐政，未有甚于此时者也。饥者易为食，渴者易为饮。孔子曰:'德之流行,速于置邮而传命,'⑲当今之时,万乘之国行仁政,民之悦之犹解倒悬也,故事半古之人功必倍之,惟此时为然。"

【注释】

①公孙丑:齐国人,孟子的弟子。 ②当路:当政掌权。 ③管仲:名夷吾,在齐桓公时任国相,辅助桓公称霸诸侯,是当时著名的政治家。许:赵注云:"犹兴也。" ④曾西:前人有两种说法,一说是曾参的孙子,以赵注为代表,朱熹亦取此说;一说是曾子的儿子,因曾参的儿子字子西。子路:即仲由,子路是他的字。孔子的弟子,政事科的高材生。 ⑤艴(cù 促):朱熹《集注》云:"不安貌。"先子:指自己已逝世的长辈。 ⑥艴然:赵注云:"愠怒色也。"一说,艴通"勃"。⑦曾:乃、竟。 ⑧功烈如彼其卑:功烈即功绩,赵注云:"谓不帅齐桓公行王道而行霸道,故言卑也。" ⑨以齐王:此处的"王"作动词用,意为以齐国称王天下。⑩由反手:由通"犹"。 ⑪滋:更加。 ⑫百年:朱熹《集注》云:"文王九十七而崩,言百年,举成数耳。" ⑬洽:《书·大禹谟》"好生之德,洽于民心",孔疏云:"洽为沾濡优渥。洽于民心,言润泽多也。" ⑭武丁:商代国君,后世亦称为高宗。据《史记·殷本纪》记载,他在位时"修德行政,天下咸欢,殷道复兴"。 ⑮作:赵注训"兴"、朱熹训"起"。在此,"六七作"即六七个的意思。 ⑯纣之去武丁未久:据《史记·殷本纪》记载,武丁去世后,先后由他的儿子祖庚、祖甲继位,再以下又传了五代。 ⑰微子:名启,商王武乙的长子。据《史记·殷本纪》记载,他与纣王是异母兄弟。纣王统治末年,"淫乱不止,微子数谏不听,乃与大师、少师谋,遂去"。商亡后,他归顺周朝,后来被封为诸侯,即宋国。微仲:据《吕氏春秋·当务》的记载,他是微子的弟弟,名衍。王子比干:商纣王的叔父,相传曾多次劝谏纣王,因而触怒纣王,被剖心而死。箕子:商纣王的叔父,曾多次劝谏纣王,因不被采纳而佯装发狂避祸,被纣王囚禁。周武王灭商后将他释放。胶鬲:《国语·晋语一》韦昭注云:"殷贤臣也,自殷适周,佐武王以亡殷也。"又,本书《告子下》篇中提到"胶鬲举于鱼盐之中",赵注云:胶鬲遭殷之乱而隐遁,"文王于鬻贩鱼盐之中得其人举之以为臣也"。⑱镃:(zī 兹)基:赵注云:"田器,耒耜之属。"时:农时。 ⑲置邮:朱熹以置、邮为古代邮驿(政府在各地所设置的交通站)的名称,赵注则以置为动词。命:国家的公文、政令。

【译文】

公孙丑问孟子:"老师如果在齐国当政,管仲、晏子的功业能复兴吗?"

孟子说:"你真是个齐人,只知道管仲、晏子而已。有人曾经问曾西说:'你和子路哪个有德行?'曾西不安地说:'子路是先祖父所敬畏的人。'那人说:'那么你和管仲哪个有德行?'曾西的脸色马上不高兴起来,说:'你怎么竟把我和管仲相比？管仲得到国君的信赖是那样的专一，主持政务是那样的长久，而取得的功绩却是那样的卑微，你怎么竟把我和这样的人相比？”接着，孟子说：“管仲是曾西不愿效法的对象，你认为我会愿意吗？”

公孙丑说：“管仲辅佐他的国君称霸，晏子辅佐他的国君显扬，管仲和晏子还不足以效法吗？”

孟子说：“以齐国来称王天下，易如反掌。”

公孙丑说：“要是这样，弟子就更加不明白了。像文王那样的德行，活了一百岁才去世，尚且未能把德政推行于天下，武王、周公继承了他的事业才大大地推行了王道。现在您说称王天下是那样的容易，那么周文王也不足以效法了吗？”

孟子说：“我怎么能和周文王相比呢？从殷汤直到武丁，出了六七个贤明的君主，天下归服殷商已经很久了，时间一久就难以变动。武丁使诸侯来朝，治理天下犹如把它放在手掌中玩弄一样。殷纣与武丁相隔不久，那些旧家族、老传统、好风气以及仁德的政措还有存留的，又有微子、微仲、王子比干、箕子、胶鬲等贤良君子来共同辅佐，所以延续了很久才丧失了统治。那时，没有一尺土地不是商王所有的，没有一个民众不是商王的臣仆，然而周文王还能凭藉着方圆百里的国土兴起，所以很艰难。齐人有句俗话：‘有智谋不如乘时机，有锄头不如等农时。’

“现在的时机容易称王天下，夏、商、周那样的兴盛，国土没有超过千里的，而齐国就有这样广阔的疆域；鸡鸣狗叫的声音能相互听见，从国都一直抵达四方的边境，而齐国就有这样众多的民众。国土不要再开辟了，民众不要再增加了，以实行仁政来称王天下，没有谁能阻挡。况且贤明的君主不出现，从来没有像现在那样相隔久远的；民众被暴政所摧残，从来没有像现在那样厉害的。饥饿的人容易吃得香甜，干渴的人容易喝得甘美。孔子说：‘德政的流行，比驿站传达政令还要迅速。’现在这个时候，拥有万乘兵车的国家施行仁政，民众感到喜悦犹如倒挂着被解救下来一样，所以化上古人一半的力气必定能得到双倍的功效，只有在现今这个时候才能如此。”

【段意】

此章是说，由于处在暴政横行的时代，德政的流行相当迅速，所以在当世推行仁政能收到事半功倍的效果和成就。

2.2　公孙丑问曰：“夫子加齐之卿相，[1]得行道焉，虽由此霸王不异矣。[2]如此，则动心否乎？”[3]

孟子曰：“否！我四十不动心。”[4]

曰：“若是，则夫子过孟贲远矣。”[5]

曰："是不难，告子先我不动心。"[6]

曰："不动心有道乎？"

曰："有。北宫黝之养勇也，[7]不肤挠，[8]不目逃，[9]思以一豪挫于人若挞之于市朝；[10]不受于褐宽博，[11]亦不受于万乘之君，视刺万乘之君若刺褐夫；无严诸侯，[12]恶声至必反也。[13]孟施舍之所养勇也，[14]曰：'视不胜犹胜也。量敌而后进、虑胜而后会，[15]是畏三军者也，[16]舍岂能为必胜哉？能无惧而已矣。'孟施舍似曾子，[17]北宫黝似子夏。[18]夫二子之勇，未知其孰贤，[19]然而孟施舍守约也。[20]昔者曾子谓子襄曰：[21]'子好勇乎？吾尝闻大勇于夫子矣：[22]自反而不缩，[23]虽褐宽博吾不惴焉；[24]自反而缩，虽千万人吾往矣。'孟施舍之守气，又不如曾子之守约也。"

曰："敢问夫子之不动心与告子之不动心，可得闻与？"

"告子曰：'不得于言勿求于心，[25]不得于心勿求于气。'不得于心勿求于气，可；不得于言勿求于心，不可。夫志，气之帅也；气，体之充也。[26]夫志至焉，气次焉，[27]故曰持其志，[28]无暴其气。"[29]

"既曰'志至焉，气次焉'，又曰'持其志，无暴其气'者，何也？"

曰："志壹则动气，[30]气壹则动志也。今夫蹶者、趋者，[31]是气也而反动其心。"

"敢问夫子恶乎长？"

曰："我知言，[32]我善养吾浩然之气。"[33]

"敢问何谓浩然之气？"

曰："难言也。其为气也，至大至刚，以直养而无害，[34]则塞于天地之间。其为气也，配义与道，[35]无是，馁也。[36]是集义所生者，非义袭而取之也，行有不慊于心，[37]则馁矣。我故曰告子未尝知义，以其外之也。必有事焉而勿正，[38]心勿忘，勿助长也，无若宋人然。[39]宋人有闵其苗之不长而揠之者，[40]芒芒然归，[41]谓其人曰：'今日病矣，[42]予助苗长矣。'其子趋而往视之，苗则槁矣。[43]天下之不助苗长者寡矣，以为无益而舍之者，不耘苗者也；助之长者，揠苗者也。非徒无益，而又害之。"[44]

"何谓知言？"

曰:“诐辞知其所蔽,[45]淫辞知其所陷,[46]邪辞知其所离,遁辞知其所穷。[47]生于其心,害于其政;发于其政,害于其事。圣人复起,必从吾言矣。”

“宰我、子贡善为说辞,[48]冉牛、闵子、颜渊善言德行,[49]孔子兼之,曰:‘我于辞命则不能也。’[50]然则夫子既圣矣乎?”

曰:“恶![51]是何言也?昔者子贡问于孔子曰:[52]‘夫子圣矣乎!’孔子曰:‘圣则吾不能,我学不厌而教不倦也。’子贡曰:‘学不厌,智也;教不倦,仁也。仁且智,夫子既圣矣。’夫圣,孔子不居,是何言也!”

“昔者窃闻之,子夏、子游、子张皆有圣人之一体,[53]冉牛、闵子、颜渊则具体而微,[54]敢问所安?”[55]

曰:“姑舍是。”[56]

曰:“伯夷、伊尹何如?”[57]

曰:“不同道。非其君不事,非其民不使,治则进,乱则退,伯夷也;何事非君,何使非民,治亦进,乱亦进,伊尹也;可以仕则仕,可以止则止,可以久则久,可以速则速,孔子也。皆古圣人也,吾未能有行焉,乃所愿则学孔子也。”

“伯夷、伊尹于孔子若是班乎?”[58]

曰:“否!自有生民以来未有孔子也。”

曰:“然则有同与?”

曰:“有。得百里之地而君之,皆能以朝诸侯,有天下;行一不义、杀一不辜而得天下,皆不为也,是则同。”

曰:“敢问其所以异?”

曰:“宰我、子贡、有若,[59]智足以知圣人,汙不至阿其所好。[60]宰我曰:‘以予观于夫子,贤于尧、舜远矣。’[61]子贡曰:‘见其礼而知其政,[62]闻其乐而知其德,由百世之后等百世之王,[63]莫之能违也。自生民以来未有夫子也。’有若曰:‘岂惟民哉?麒麟之于走兽、凤凰之于飞鸟、[64]太山之于丘垤、河海之于行潦,[65]类也;圣人之于民,亦类也。出于其类,拔乎其萃,自生民以来未有盛于孔子也。’”

【注释】

①加,担任,赵注云:“犹居也。” ②不异:朱熹《集注》云:“不足怪。”又,赵注云:“不异于古霸王之君。” ③动心:赵注云:此处的“动心”是“畏难,自恐不能行”之意,“丑以此为大道不易,人当畏惧之不敢欲行也。” ④四十:四十岁。⑤孟贲:齐国人(一说是卫国人),当时的著名勇士。 ⑥告子:名不害。关于此人的身份,前人的说法不一,因为本书《告子》篇有他与孟子辩论的章节,所以一般以此人为孟子的弟子。 ⑦北宫黝:名黝,生平不详,从下文的叙述来看,他似乎是个刺客。 ⑧不肤挠:挠是退却的意思。 ⑨目逃:朱熹《集注》云:“目被刺而转睛逃避也。” ⑩一豪挫于人:豪同“毫”,赵注云:“人拔其一毛。”又,朱熹《集注》云:“挫,犹辱也。”市朝:此指公众场合。 ⑪受:此指受挫,承上而省略。褐宽博:指地位低贱的人,朱熹《集注》云:“褐,毛布。宽博,宽大之衣,贱者之服也。”下文的“褐夫”与此意同。 ⑫严:朱熹《集注》云:“畏惮也,言无可畏惮之诸侯。” ⑬恶声至必反:赵注云:“以恶声加己,己必以恶声报之。” ⑭孟施舍:生平不详,从下文所述来看,他可能是如孟贲一类的勇士。⑮会:朱熹《集注》云:“合战也。” ⑯畏三军:朱熹《集注》云:“舍自言其战虽不胜,亦无所惧,若量敌虑胜而后进战,则是无勇而畏三军矣。” ⑰似曾子:朱熹《集注》云:“黝务敌人,舍专守己;子夏笃信圣人,曾子反求诸己,故二子之与曾子、子夏虽非等伦,然论其气象则各有所似。”又,赵注云:“孟子以为曾子长于孝,孝百行之本;子夏知道虽众,不如曾子孝之大也,故以舍譬曾子、黝譬子夏。”⑱子夏:姓卜,名商,子夏是他的字。卫国人,孔子的弟子,文学科的高材生。⑲贤:此处是胜过的意思。 ⑳约:简要。 ㉑子襄:曾子的弟子。 ㉒夫子:此指孔子。 ㉓缩:朱熹《集注》云:“直也。” ㉔不惴:朱熹《集注》云:“惴,恐惧之也。”意为不去凌辱低贱者。 ㉕不得于言勿求于心:朱熹《集注》云:“告子谓于言有所不达,则当舍置其言而不必反求其理于心。” ㉖体之充:赵注云:“气所以充满形体为喜怒也,志帅气而行之,度其可否也。” ㉗气次焉:焦循《正义》引毛奇龄说云:“心为气之志,气为心之辅,志与气不相离也。然而心之所至,气即随之,志与气又适相须也。” ㉘持:朱熹训为守,即保守、坚定之意。 ㉙暴:赵注云:“乱也。” ㉚壹:朱熹《集注》云“专一也”,“孟子言志之所向专一则气固从之,然气之所在专一则志亦反为之动”。 ㉛蹶者、趋者:朱熹《集注》云“蹶,颠踬也;趋,走也”,“如人颠踬趋走,则气专在是而反动其心焉,所以既持其志而又必无暴其气也”。俞樾《古书疑义举例·两语似平而实侧例》释此句云:“‘今夫蹶者、趋者’,犹云‘大凡颠蹶之人皆是趋走之人’。盖人之疾趋而行,气使之也,而至于颠蹶则无不动心矣,故曰‘是气也而反动其心’。”

㉜知言：赵注云："闻人言能知其情所趋。"朱熹《集注》云："知言者，尽心知性，于凡天下之言无不有以究其极理，而识其是非得失之所以然也。" ㉝浩然：朱熹《集注》云："盛大流行之貌。" ㉞以直养而无害：赵注云："养之以义，不以邪事干害之。" ㉟配：朱熹《集注》云："合而有助之意。" ㊱馁：朱熹《集注》云"饥乏而气不充体也"，"若无此气，则其一时所为虽未必不出于道义，然其体有所不充，则亦不免于疑惧而不足以有为矣。" ㊲慊：赵注训快，谓指"自省所行仁义不备，干害浩气"。 ㊳勿正：正在此是止的意思。 ㊴宋：周初所封诸侯国名，其始封国君是商王的后裔，据有今河南东部和山东、江苏、安徽间地。前286年为齐所灭。 ㊵闵：朱熹《集注》云："忧也。"揠（yà 讶）：赵注云："挺拔之欲亟长也。" ㊶芒芒：赵注云："罢倦之貌。"罢，通"疲"。 ㊷其人：赵注云："家人也。"病：朱熹《集注》云："疲倦也。" ㊸槁：赵注云："干枯也。" ㊹而又害之：朱熹《集注》释孟子之意云："不耘则失养于已，揠则反以害之，无是二者则气得其养而无所害矣。" ㊺诐（bì 闭）：赵注训为"险诐"，朱熹训为"偏陂"（陂通"颇"）。译文从朱熹说。蔽：《荀子》有《解蔽》篇，唐杨倞注云："蔽者，言不能通明、滞于一隅，如有物壅蔽之也。"此处之"蔽"与之意同。 ㊻淫：赵注训为"淫美不信"。陷：此指与事实相背离之处。 ㊼遁：焦循《正义》谓，《鹖冠子》"分遁辞为诈辞"，"在本意则隐而不明是为遁，在所言则妄而不实是为诈，遁即诈也"。 ㊽宰我：即孔子的弟子宰予，字子我。子贡：即孔子的弟子端木赐，子贡是他的字。 ㊾冉牛：即孔子的弟子冉耕，字伯牛。闵子：即孔子的弟子闵损，字子骞。颜渊：即孔子的弟子颜回，字子渊。 ㊿于辞命则不能：朱熹《集注》引程颐说云："孔子自谓不能于辞命者，欲使学者务本而已。" 51恶：朱熹《集注》云："惊叹辞也。" 52昔者子贡问于孔子：这一段话与《论语·述而》若圣与仁则吾岂敢章大意相同，顾炎武《日知录》认为它们是同一件事，焦循《正义》引翟灏《四书考异》说认为，此处所述与《吕氏春秋·尊师》所引的一段话是一回事。 53子游：即孔子的弟子言偃，子游是他的字。他是孔门文学科的高材生。子张：即孔子的弟子颛孙师，子张是他的字。一体：赵注云："得一枝也。"又云："体以喻德也。" 54具体而微：朱熹《集注》云："谓有其全体，但未广大耳。" 55敢问所安：朱熹《集注》云"公孙丑复问孟子，既不敢比孔子，则于此数子欲何所处也。" 56姑舍是：赵注、朱熹都认为孟子不回答是不愿将自己与这几个人相比。 57伯夷：相传是商末孤竹国君的儿子，因与弟弟叔齐相互谦让君位而双双逃奔周国。后来因周武王出兵讨伐商朝，他们劝阻无效，便隐居到首阳山，"义不食周粟"而饿死。伊尹：商初大臣，名伊（一说名挚），尹是官名。他曾辅佐成汤灭夏和巩固商初的统治，是古代有名的贤臣。 58班：朱熹《集注》云："齐等之

貌。”　⑲有若:孔子的弟子,据《史记·仲尼弟子列传》记载,因他的相貌像孔子,所以,孔子死后,孔门弟子曾一度“相与共立为师,师之如夫子时也”。⑳汙(wā 蛙):低下。阿:阿谀。　㉑尧、舜:传说中上古时代的贤君,是儒家最推崇的人物之一。　㉒见其礼而知其政:赵注认为此处的“其”是指孔子,朱熹则认为是孔子“见人之礼则可知其政”,译文从朱熹说。下一句与此类似。㉓等:此处是比较、评论的意思。　㉔麒麟之于走兽、凤凰之于飞鸟:古人将动物分成五类,凤凰是羽虫(相当于飞禽)之长,麒麟是毛虫(相当于走兽)之长。㉕太山:即现在的泰山。垤(dié 迭):小土堆。行潦(lǎo 老):朱熹《集注》云:“道上无源之水也。”

【译文】

公孙丑问孟子:“夫子如果担任齐国的卿和国相,能实行自己的主张,即使因此而称王称霸都不足为怪。要是这样,是否会动心呢?”

孟子说:“不!我到了四十岁就不动心了。”

公孙丑说:“要是这样,夫子比孟贲强多了。”

孟子说:“这个不难,告子能不动心比我还早。”

公孙丑说:“不动心有什么办法吗?”

孟子说:“有。北宫黝培养勇气,肌肤被刺而不退缩,眼睛被刺而不逃避,即使有一根毫毛被他人伤害也觉得犹如在大庭广众之下遭到鞭打一样;他既不受挫于卑贱的匹夫,也不受挫于大国的君主,把刺杀大国的君主看作如同刺杀卑贱的匹夫一般;他不畏惧诸侯,受到辱骂必定回骂。孟施舍培养勇气,据他自己所说:‘把无法战胜的对象看作能战胜一样。如果先估量敌方然后才前进、思虑胜败然后才交锋,必定会畏惧众多的敌军,我怎么能够一定战胜呢?不过是无所畏惧而已。’孟施舍像曾子,北宫黝像子夏。这两个人的勇气,不知哪个更好些,但孟施舍的做法较为简要。从前曾子对子襄说:‘你崇尚勇吗?我曾经听夫子说过大勇:反躬自问觉得没有道理,即使是卑贱的匹夫我也不去凌辱;反躬自问觉得有道理,即使是千军万马我也不退缩。’孟施舍保持勇气,又不如曾子那样简要。”

公孙丑说:“请问夫子的不动心和告子的不动心,能让我知道吗?”

孟子说:“告子说:‘言语不能表达的不要求之于心,心上不能虑及的不要求之于气。’心上不能虑及的不要求之于气,是对的;言语不能表达的不要求之于心,就不对了。志是气的主导,气则充盈于体内。志达到了什么境界,气也会到达那种程度,所以说,要坚定自己的志,不要滥用自己的气。”

公孙丑说:“既然说‘志达到了什么境界,气也会到达那种程度’,又说‘要坚定自己的志,不要滥用自己的气’,这是为什么呢?”

孟子说:“志专一了就会鼓动气,气专一了就会鼓动志。现在那些倒行逆施、趋炎附势的人,正是因为气而反过来动了他们的心。”

公孙丑说:“请问夫子擅长于什么呢?”

孟子说:“我了解言辞,我善于培养自己的浩然之气。”

公孙丑说:“请问什么叫做浩然之气呢?”

孟子说:“这比较难说。它作为气,最广大、最刚强,用正直来培养它而不加损害,就会充盈于天地之间。它作为气,与义和道相匹配,没有它们,它就没有力量了。它是义在内心积累起来所产生的,不是义由外入内而取得的,如果行为使内心感到愧疚,它就没有力量了。我之所以说告子未曾了解义,就是因为他把义看作外在的东西。去做一件事情必须不要中止,心中不要忘记这件事,不要用外力帮助它成长,不要像宋人那样。有个宋国人担心禾苗不长而去拔高它,弄得很疲倦地回到家里,告诉家人说:‘今天累坏了,我帮助禾苗生长了。’他的儿子跑去一看,禾苗都枯萎了。普天之下不帮助禾苗生长的人是很少的,认为帮助没有益处而放弃不干的,就是那不锄草的;用外力帮助它生长的,就是那拔高禾苗的人。这样做不仅没有益处,反而会伤害它。”

公孙丑说:“什么叫了解言辞呢?”

孟子说:“偏颇的言辞,我知道它片面的地方;浮夸的言辞,我知道它失实的地方;邪异的言辞,我知道它偏离正道的地方;搪塞的言辞,我知道它理屈词穷的地方。上述四种言辞,萌生于内心,会贻害于施政;萌生于施政,会贻害于行事。今后再有圣人出现,也一定会同意我的见解。”

公孙丑说:“宰我、子贡善于讲说谈论,冉牛、闵子、颜渊善于阐述德行,孔子兼而有之,说:‘我对于辞令就不擅长了。’如此说来,夫子已经称得上圣了吧?”

孟子说:“呀!这是什么话?过去子贡问孔子说:‘老师称得上圣了吧!’孔子说:‘圣,我还不敢当,我只是学习不感到满足、教诲不感到疲倦罢了。’子贡说:‘学习不感到满足,是智;教诲不感到疲倦,是仁。有仁有智,夫子已经称得上圣了。’圣这样的称号,连孔子都不敢自居,你这是什么话!”

公孙丑说:“过去我曾听说,子夏、子游、子张都具有圣人的某一个方面,冉牛、闵子、颜渊则具备了圣人的全体而规模较小,请问夫子自居于哪一种呢?”

孟子说:“暂且不谈这个。”

公孙丑说:“伯夷、伊尹怎么样呢?”

孟子说:“他们是不同主张的人。不够格的君主不事奉,不够格的民众不使唤,世道太平就做官,世道昏乱就退隐,这是伯夷;任何君主都可以事奉,任何民众都可以使唤,世道太平也做官,世道昏乱也做官,这是伊尹;能做官就做官,能退隐就退隐，能长久就长久，能短暂就短暂，这是孔子。他们都是过去的圣人，我没有能力像他们那样去做，至于内心的愿望则是学习孔子。"

公孙丑说："伯夷、伊尹能与孔子相提并论吗?"

孟子说："不！自有民人以来从未有过孔子那样的人。"

公孙丑说："那么，他们有共同之处吗?"

孟子说："有的。如果他们能得到方圆百里的疆土成为君主，都能使诸侯来朝见，拥有天下；如果做一件不义的事、杀一个无辜的人来得到天下，他们都不会干的，这是他们的共同之处。"

公孙丑说："请问他们之所以不同的地方是什么呢?"

孟子说："宰我、子贡、有若的智慧都足以了解圣人，他们虽然地位低下，却不至于阿谀他们所喜好的人。宰我说：'据我看来，夫子比尧、舜强多了。'子贡说：'见到所行的礼仪就明了它的政事，听到所奏的音乐就明了它的德行，即使从百世之后来评价这百世之中的君王，也没有一个能违背夫子的主张。自有民人以来从未有过夫子那样的人。'有若说：'难道仅仅是民人如此吗？麒麟相对于走兽、凤凰相对于飞禽、泰山相对于土丘、河海相对于水塘，都是同类；圣人相对于民众，也是同类。高出自己的同类，超越自己的群体，自有民人以来从未有过比孔子更伟大的人了。'"

【段意】

此章是《孟子》中相当重要的章节之一，宋代理学家程颐说："孟子此章，扩前圣所未发，学者所宜潜心而玩索也。"（朱熹《集注》引）全章从谈论"心"开始，论及"心"与"气"的关系，孟子进而提出了著名的"浩然之气"论断，最后归结为先贤的伟大。其中最引人注目的，当推"养气"问题。孟子所谓的"养气"究竟是指什么而言，历来学者的不同见解很多，有的学者甚至专门从气功的角度来理解（参见张荣明《中国古代气功与先秦哲学》）。看来，"养气"说中不排除包含有养生、气功等生理理论，但其主要的着眼点则是伦理学中的理性凝聚问题，也就是平常所说的意志的培养问题。宋末民族英雄文天祥所作的《正气歌》，就以文艺形式对孟子的"养气"说作了很好的发挥："天地有正气，杂然赋流形，下则为河岳，上则为日星，于人曰'浩然'，沛乎塞苍冥。""是气所旁薄，凛烈万古存，当其贯日月，生死安是论！地维赖以立，天柱赖以尊，三纲实系命，道义为之根。"

2.3　孟子曰："以力假仁者霸，[①]霸必有大国；以德行仁者王，王不待大，汤以七十里、文王以百里。以力服人者，非心服也，力不赡也；[②]以德服人者，中心悦而诚服也，如七十子之服孔子也。[③]《诗》

云:④‘自西自东,自南自北,无思不服。’⑤此之谓也。”

【注释】

①以力假仁:朱熹《集注》云:“力谓土地、甲兵之力。假仁者,本无是心而借其事以为功者也。” ②赡:赵注云:“足也。” ③七十子:指孔子的弟子。④《诗》云:此处的诗句引自《诗·大雅·文王有声》,这是一首歌颂周文王的诗歌。 ⑤思:句中助词,无义。

【译文】

孟子说:“倚仗实力假借仁政者能够称霸,称霸必须要有大的国家;依靠道德施行仁政者能够称王天下,称王天下不一定要大国,商汤凭藉的国土方圆七十里、周文王凭藉的国土方圆百里。倚仗实力来使他人服从,他人并不是内心服从,而是实力不够;依靠道德来使他人服从,他人才心悦诚服,如同孔门七十二弟子服从孔子那样。《诗》说:‘从西从东,从南从北,无不服从。’就是指这种情况。”

【段意】

此章是讲“王道”与“霸道”的区分。所谓“霸道”,是以力服人,服从者未必心服,这是孟子所反对的;所谓“王道”,是以德服人,服从者是真正的心悦诚服,也就是孟子反复向君主们宣传的。

2.4 孟子曰:“仁则荣,不仁则辱。今恶辱而居不仁,是犹恶湿而居下也。①如恶之,莫如贵德而尊士,贤者在位,②能者在职,国家闲暇,及是时明其政刑,③虽大国必畏之矣。《诗》云:‘迨天之未阴雨,④彻彼桑土,⑤绸缪牖户。⑥今此下民,⑦或敢侮予?’⑧孔子曰:‘为此诗者其知道乎!能治其国家,谁敢侮之?’今国家闲暇,及是时般乐怠敖,⑨是自求祸也。祸福无不自己求之者,《诗》云:‘永言配命,⑩自求多福。’《太甲》曰:⑪‘天作孽犹可违,⑫自作孽不可活。’此之谓也。”

【注释】

①居下:赵注云:“居埤下近水泉之地也。” ②贤者在位:赵注云:“使贤者居位得其人。”下“能者在职”句与此类似。 ③及是时:朱熹《集注》云:“详味‘及’字,则惟日不足之意可见也。” ④《诗》云:此处的诗句引自《诗·豳风·鸱鸮》,该诗以鸱鸮设喻,申述周室危急,表明作者救乱扶倾的苦心。迨:趁着。⑤彻:此处是剥取的意思。桑土(dù杜):朱熹《集注》云“桑根之皮也。”
⑥绸缪(móu谋):朱熹《集注》云:“缠绵补葺也。”牖户:门窗,因诗句是以鸟儿设喻,

故此处是指鸟巢的出入口。 ⑦下民：这是一个双关词，以统治者的眼光来看，被统治的民众是“下民”；而以鸟儿的口吻来说，鸟巢之下的人是“下民”。 ⑧或敢侮予：予是人称代词，指我。 ⑨般乐怠敖：赵注释般为“大”，谓指“大作乐怠惰敖游”；朱熹将此语训为“纵欲偷安”。 ⑩《诗》云：此处的诗句引自《诗·大雅·文王》。永言配命：朱熹《集注》云：“永，长也。言，犹念也。配，合也。命，天命也。” ⑪《太甲》：相传是商初伊尹告诫商王太甲的训词，今本《尚书》中的《太甲》出于后人伪造。 ⑫天作孽犹可违：孽指妖孽，即不详、怪异的征象，古人认为这是上天对人世不道现象降灾的前兆。违，是规避的意思。

【译文】

孟子说：“仁就会得到荣耀，不仁就会遭受责辱。现今人们虽然厌恶责辱却又自处于不仁，这好比是厌恶潮湿而自处于低下的地方。如果真的厌恶责辱，不如敬奉德行而尊重士人，使贤德的人治理国家，让能干的人担任官职，国家就没有内忧外患了，再趁着这样的时机条理政策法规，即使是大国也必定会对此感到畏惧。《诗》说：‘趁着天还没有阴雨，把桑树根上的皮儿剥取，修整好门儿窗户。现今这些下面的人啊，谁还敢把我欺侮。’孔子说：‘写作这首诗的人真是懂得道理啊！能够治理自己的国家，谁还敢欺侮他们呢？’现今国家没有内忧外患，在这时享乐怠惰，等于是自招灾祸。灾祸或幸福无不是自己招来的，《诗》说：‘行事一直与天命相符，自己寻求更多的幸福。’《太甲》说：‘上天降灾还可躲开，自己作孽无法逃避。’就是指这种情况。”

【段意】

此章是说，要免除国家的内忧外患，只有尊贤使能，奉行仁道。尤为重要的是，在平安的时候，必须要防患于未然。

2.5 孟子曰：“尊贤使能，俊杰在位，[1]则天下之士皆悦，而愿立于其朝矣；市廛而不征，[2]法而不廛，[3]则天下之商皆悦，而愿藏于其市矣；关讥而不征，则天下之旅皆悦，而愿出其路矣；耕者助而不税，[4]则天下之农皆悦，而愿耕于其野矣；廛无夫里之布，[5]则天下之民皆悦，而愿为之氓矣。[6]信能行此五者，[7]则邻国之民仰之若父母矣，率其子弟攻其父母，自有生民以来未有能济者也。[8]如此则无敌于天下，无敌于天下者天吏也，[9]然而不王者未之有也。”

【注释】

①俊杰：朱熹《集注》云：“才艺之异于众者。”又，赵注云：“俊，美才出众者；万

人者称杰。”　②廛：据本章上下文考察，廛当是一种征税的名称，与下文“助而不税”之“助”类似，此作动词用。　③法而不廛：《周礼·廛人》注云：“其有货物久滞于廛而不售者，官以法为居取之，故曰‘法而不廛’。”　④助而不税：朱熹《集注》云：“但使出力以助耕公田，而不税其私田也。”详见本书《滕文公上》滕文公问为国章。　⑤夫里之布：赵注云：“里，居也。布，钱也。夫，一夫也。”译文意译为“苛捐杂税和服徭役”。　⑥氓：赵注云：“谓其民也。”　⑦信：赵注训为“诚”，即确实的意思。　⑧济：成功。　⑨天吏：朱熹《集注》引吕氏语云：“奉行天命，谓之天吏。”

【译文】

孟子说：“尊崇贤达、任用能人，让杰出的人来治理国家，那么天下的士人都会高兴，愿意在这样的朝廷里任职；市场上的货栈不收税，滞销的货物依法予以征购，那么天下的商人都会高兴，愿意在这样的市场做买卖；关卡只进行稽查而不征收税金，那么天下的行旅都会高兴，愿意在这样的道路上行走；耕种者只须助耕公田而不必交纳租税，那么天下的农夫都会高兴，愿意在这样的田地上耕种；居民不必交纳苛捐和服徭役，那么天下的民众都会高兴，愿意迁到这样的地方来居住。如果谁真的能实行这五项，那么邻国的民众就会像父母那么尊重他，要人们带领子女去攻击他们的父母，这种事情自有民人以来还没有成功过。要是这样就能无敌于天下，无敌于天下的人就是‘天吏’，如此而不能称王天下的还从未有过。”

【段意】

此章是说，只要能行王政，关心民众的疾苦，国家就会强盛起来，必定能称王天下。

2.6　孟子曰：“人皆有不忍人之心。先王有不忍人之心，斯有不忍人之政矣。以不忍人之心，行不忍人之政，治天下可运之掌上。所以谓人皆有不忍人之心者，今人乍见孺子将入于井，[①]皆有怵惕恻隐之心。[②]非所以内交于孺子之父母也，[③]非所以要誉于乡党朋友也，[④]非恶其声而然也。

“由是观之，无恻隐之心非人也，无羞恶之心非人也，无辞让之心非人也，无是非之心非人也。恻隐之心，仁之端也；羞恶之心，义之端也；辞让之心，礼之端也；是非之心，智之端也。人之有是四端也，犹其有四体也。有是四端而自谓不能者，自贼者也；谓其君不能者，贼其君者也。凡有四端于我者，知皆扩而充之矣，若火之始然、泉之始达。苟能充之，足以保四海；苟不充之，不足以事父母。”

【注释】

①乍：突然。孺子：赵注云："未有知小子也。" ②怵惕恻隐：朱熹《集注》云："怵惕，惊动貌。恻，伤之切也；隐，痛之深也，此即所谓不忍人之心也。" ③内交：内同"纳"，结交、拉关系之意。 ④要：通"邀"，谋求。乡党：乡、党都是古代的居民基层组织，此指乡里邻居。

【译文】

孟子说："凡是人都有怜恤他人之心。先王有怜恤他人之心，于是才有怜恤他人的政略。用怜恤他人之心，来施行怜恤他人的政略，治理天下就能运转于手掌之上。之所以说'凡是人都有怜恤他人之心'，是因为人们突然见到小孩子将要掉入井中，都会有惊惧同情之心。这样做并非是为了和孩子的父母拉关系，并非是为了在邻里朋友间沽名钓誉，也并非是因为厌恶孩子的哭叫声。

"由此看来，没有同情之心的不能算是人，没有羞耻之心的不能算是人，没有谦让之心的不能算是人，没有是非之心的不能算是人。同情之心是仁的发端，羞耻之心是义的发端，谦让之心是礼的发端，是非之心是智的发端。人具有这四项发端，就好比他具有四肢一样。具有了这四项发端而自认为不行的，是自暴自弃；认为自己君长不行的，是暴弃自己的君长。凡是自身具备了这四项发端的人，知道都要扩大充实，就好比刚刚燃起的火焰、开始流出的泉水。假如能够扩充它们，就足以保有天下；假如不去扩充它们，连父母都不足以事奉。"

【段意】

孟子认为，仁政可以由"不忍人之心"推广出来，而这种"不忍人之心"是人本身固有的，此章就专门谈论这个问题。在这一章中，孟子提出了著名的"四端"说，即"同情之心是仁的发端，羞耻之心是义的发端，谦让之心是礼的发端，是非之心是智的发端"。在此基础上，确立了孟子学派的"性善论"。根据这一认识，人们的后天学习实际上就是保持和扩大充实这些"发端"。从理论上来说，孟子这一套学说的先验性质是很明显的，仁、义、礼、智这类带有社会涵义的概念被说成是人性中先天所具有的，而这种理性又在很大程度上建立在情感(恻隐之心)基础上。但这一观点却对中国的伦理哲学产生了很大的影响，宋代的理学家亦在此找到了充分的理论依据。朱熹说："此章所论人之性情、心之体用，本然全具，而各有条理如此。学者于此反求默识而扩充之，则天之所以与我者，可以无不尽矣。"(《集注》)

2.7 孟子曰："矢人岂不仁于函人哉？[①]矢人唯恐不伤人，函人唯恐伤人，巫、匠亦然，故术不可不慎也。孔子曰：'里仁为美。择不处仁，焉得智？'夫仁，天之尊爵也，[②]人之安宅也，[③]莫之御而不仁，是不智也。不仁不智、无礼无义,人役也。人役而耻为役,由弓人而耻为弓、矢人而耻为矢也。如耻之,莫如为仁。仁者如射,射者正己而后发,发而不中不怨胜己者,反求诸己而已矣。"

【注释】

①矢人:造箭的工匠。函人:造甲的工匠。 ②尊爵:朱熹《集注》云:"仁义礼智皆天所与之良贵,而仁者天地生物之心,得之最先而兼统四者,所谓元者善之长也,故曰'尊爵'。" ③安宅:朱熹《集注》云:仁义礼智"人当常在其中而不可须臾离者也,故曰'安宅'。"

【译文】

孟子说:"造箭的难道比制甲的更不仁吗?造箭的唯恐不能伤人,制甲的唯恐人受伤,巫师和木匠也是如此,因此选择谋生之术不可不谨慎。孔子说:'与仁相处是完美的,能自由选择而不与仁共处,怎么能算得上智呢?'仁,是上天尊贵的爵位,是人们安逸的居所,没有什么阻碍却做不到仁,是不智。不仁不智、无礼无义,就是他人的仆役。作为仆役却耻于为他人所役使,正好比作弓的耻于制弓、造箭的耻于制箭。如果对此感到羞耻,不如做到仁。仁这种东西如同射艺,射箭者端正自己的姿态然后发箭,箭发而不中不去埋怨胜过自己的人,只是返回来从自身寻求原因。"

【段意】

此章是说,人的本性虽然是善的,但是否能做到仁却受到外界条件的阻碍。在这一点上,人完全有自主选择的能力。因此,孟子的结论是:能否做到仁,完全取决于自身的抉择。

2.8 孟子曰:"子路,人告之以有过则喜;禹闻善言则拜;[1]大舜有大焉,[2]善与人同,舍己从人,乐取于人以为善。自耕稼、陶、渔以至为帝,无非取于人者。取诸人以为善,是与人为善者也。[3]故君子莫大乎与人为善。"

【注释】

①禹:传说中上古时代的贤君,因治水有功而被舜选为接班人。 ②有大焉:有同"又"。 ③与:此处为赞许、帮助之意,朱熹《集注》云:"与,犹许也、助也。"

【译文】

孟子说:"子路,别人告诉他有错误就高兴;禹听到有益的话就下拜;大舜比他们更进一步,同他人一起行善,舍弃自己的不足来顺从他人的长处,乐于吸取他人的优点来为善。他从种庄稼、制陶、打鱼一直到当上天子,没有一件善行不是吸取他人的。吸取他人的优点来为善,就是与人为善。所以,君子没有比与人为善更突出的地方了。”

【段意】

此章是赞颂圣贤为善的诚心。子路闻过则喜,大禹闻善言下拜,而更高的境界则是如同舜那样带动他人一起来行善。在善的面前,是没有人、我之分的,自己不善而他人有善,就舍己从人;自己有善而他人还没有达到,就公之于众与他人一起来实施。“在人者有以裕于己,在己者有以及于人”(朱熹《集注》)。

2.9 孟子曰:“伯夷,非其君不事,非其友不友,不立于恶人之朝,不与恶人言。立于恶人之朝、与恶人言,如以朝衣朝冠坐于涂炭。①推恶恶之心,思与乡人立,其冠不正,望望然去之,②若将浼焉。③是故诸侯虽有善其辞命而至者,不受也。不受也者,是亦不屑就已。柳下惠不羞汙君,④不卑小官;进不隐贤,⑤必以其道;遗佚而不怨,⑥阨穷而不悯。⑦故曰:‘尔为尔,我为我,虽袒裼裸裎于我侧,⑧尔焉能浼我哉?’故由由然与之偕而不自失焉,⑨援而止之而止。援而止之而止者,是亦不屑去已。”

孟子曰:“伯夷隘,柳下惠不恭。隘与不恭,君子不由也。”⑩

【注释】

①涂炭:赵注云:“涂,泥;炭,墨也。” ②望望:朱熹《集注》云:“去而不顾之貌也。”又,赵注云:“惭愧之貌也。” ③浼:赵注云:“污也。” ④柳下惠:鲁国大夫,本名展获,字禽,因他的食邑在柳下、谥号为惠,所以人们亦称他为柳下惠。在儒家著作中,曾多次将他与伯夷等贤人并列,誉为有德行的人。 ⑤进不隐贤:赵注释此句及下一分句云:“进不隐己之贤才,必欲行其道也。” ⑥遗佚:朱熹《集注》云:“放弃也。” ⑦阨穷:指困于贫穷。悯:忧愁。 ⑧袒裼裸裎:朱熹《集注》云:“袒裼,露臂也;裸裎,露身也。” ⑨由由:朱熹《集注》云:“自得之貌。”不自失:朱熹《集注》云:“不失其正也。” ⑩由:此处是为、仿效的意思。

【译文】

孟子说:“伯夷,不够格的君主不事奉,不够格的朋友不交往,不在恶人的朝堂上任职,不和恶人说话。他觉得在恶人的朝堂上任职、和恶人说话,就好比穿戴着上朝的衣冠坐在污泥黑炭之中一样。把这种讨厌恶行之心推广开去,和乡里平民在一起,如果那人的帽子没戴正,他便会愤愤然离开,好像将会被玷污一样。因此，诸侯中虽然有推崇他的辞令而来的，他也不会见。之所以不会见，是不屑于去俯就他们。柳下惠不以事奉滥恶的君主为羞辱，不以自己官职卑微为低下；进身任职不隐蔽自己的才干，必定按照自己的原则办事；遭到抛弃而不怨恨，困于贫穷而不忧愁。他说：'你是你，我是我，纵然赤身裸体地站在我旁边，你怎么能玷污我呢？'所以悠然自得地与他人共处而不失常态，挽留他留下就留下。之所以挽留他留下就留下，是不屑于离去。"

孟子说："伯夷偏隘，柳下惠简慢。偏隘与简慢，是君子所不为的。"

【段意】

此章是说，伯夷、柳下惠虽然德行高尚，但秉性还有缺陷，作为一个真正的君子，应该按中庸之道来行事处世。

公孙丑下

2.10　孟子曰："天时不如地利，[1]地利不如人和。三里之城，七里之郭，[2]环而攻之而不胜。夫环而攻之，必有得天时者矣，然而不胜者，是天时不如地利也。城非不高也，池非不深也，兵革非不坚利也，[3]米粟非不多也，委而去之，[4]是地利不如人和也。故曰域民不以封疆之界，[5]固国不以山谿之险，威天下不以兵革之利，得道者多助，失道者寡助。寡助之至，亲戚畔之；[6]多助之至，天下顺之。以天下之所顺，攻亲戚之所畔，故君子有不战，战必胜矣。"

【注释】

①天时不如地利：天时，古代行军作战都要以阴阳时日占卜，《汉书·艺文志》之"兵书略"中有兵阴阳家类，班固序云："阴阳者，顺时而发，推刑德，随斗击，因五胜，假鬼神而为助者也。"　②七里之郭：郭是指外城，朱熹《集注》云："三里、七里，城郭之小者。"　③革：此指甲胄。　④委而去之：朱熹《集注》云："委，弃也。言不得民心，民不为守也。"　⑤域：朱熹《集注》云："界限也。"赵注云："不以封疆之界禁之，使民怀德也。"以下两句的大义与此句相同。　⑥畔：通"叛"。

【译文】

孟子说："天时不如地利，地利不如人和。方圆三里的城邑，纵横七里的外城，团团围攻却不能夺取。能团团围攻，必定有得天时的地方，但是却不能夺取，这是天时不如地利。城墙不是不高，护城河不是不深，武器不是不好，粮食不是不多，军民们却放弃防守而逃散，这是地利不如人和。所以说，制约民众不要依靠国境的疆界，巩固国防不要依靠山川的险阻，扬威天下不要依靠武器的锐利，拥有道义的人援助多，失去道义的人援助少。援助少到极点，连亲戚都反对；援助多到极点，整个天下都顺从。以得到整个天下的顺从，来攻伐连亲戚都反对的人，因此君子除非不战，战就必定取胜。”

【段意】

此章主要是说民心向背的重大作用。孟子虽然举军事的例子作比喻，其意义和重点决不限于军事斗争，由此所引出的“得道者多助，失道者寡助”，则成了千古传诵的名句，激励着一切为正义而斗争的人们。

2.11　孟子将朝王，[1]王使人来曰：“寡人如就见者也，[2]有寒疾，不可以风。朝，[3]将视朝，不识可使寡人得见乎？”对曰：“不幸而有疾，[4]不能造朝。”[5]

明日，出吊于东郭氏，[6]公孙丑曰：“昔者辞以病，今日吊，或者不可乎！”[7]曰：“昔者疾，今日愈，如之何不吊？”

王使人问疾，医来。孟仲子对曰：[8]“昔者有王命，有采薪之忧，[9]不能造朝。今病小愈，趋造于朝，我不识能至否乎？”使数人要于路，[10]曰：“请必无归，而造于朝。”

不得已而之景丑氏宿焉，[11]景子曰：“内则父子，外则君臣，人之大伦也。父子主恩，君臣主敬。丑见王之敬子也，未见所以敬王也。”

曰：“恶！是何言也？齐人无以仁义与王言者，岂以仁义为不美也？其心曰‘是何足与言仁义也’云尔，[12]则不敬莫大乎是。我非尧舜之道，不敢以陈于王前，故齐人莫如我敬王也。”

景子曰：“否，非此之谓也。礼曰：‘父召无诺，[13]君命召不俟驾。’[14]固将朝也，闻王命而遂不果，宜与夫礼若不相似然。”

曰：“岂谓是与！曾子曰：[15]‘晋、楚之富，不可及也。彼以其富，我以吾仁；彼以其爵，我以吾义，吾何慊乎哉？’[16]夫岂不义而曾子言之？是或一道也。天下有达尊三：[17]爵一，齿一，[18]德一。朝廷莫如爵，乡党莫如齿，辅世长民莫如德，恶得有其一以慢其二哉？[19]故将大有为之君，必有所不召之臣，欲有谋焉则就之。其尊德乐道，不如是不足与有为也。[20]故汤之于伊尹学焉而后臣之，故不劳而王；桓公之于管仲学焉而后臣之，故不劳而霸。今天下地丑德齐，[21]莫能相尚，[22]无他，好臣其所教而不好臣其所受教。汤之于伊尹、桓公之于管仲则不敢召,管仲且犹不可召,而况不为管仲者乎?”

【注释】

①王:指齐宣王。 ②如:赵注训为“若”,杨树达《词诠》训为“当”译文从杨说。 ③朝:赵注谓此指孟子“傥可来朝” ④有疾:朱熹《集注》云:“孟子本将朝王,王不知而讬疾以召孟子,故孟子亦以疾辞也。” ⑤造:前往。 ⑥东郭氏:赵注云:“齐大夫家也。” ⑦或者:朱熹《集注》云:“疑辞。” ⑧孟仲子:赵注云:“孟子之从昆弟,学于孟子者也。” ⑨采薪之忧:患病的委婉说法,朱熹《集注》云:“言病不能采薪,谦辞也。”亦作“负薪之忧”。 ⑩要(yāo 邀):阻拦。 ⑪景丑氏:朱熹《集注》云:“齐大夫家也。” ⑫云尔:赵注云:“绝语之辞也。” ⑬父召无诺:父亲召唤,子女应不等答应就立即趋前。 ⑭君命召不俟驾:俟,等待;驾,车辆。 ⑮曾子:指孔子的弟子曾参。 ⑯慊:朱熹《集注》云:“恨也,少也。”赵注训慊为“少”,并释孟子之意云:“欲以喻王犹晋、楚,我犹曾子,我岂轻于王乎?” ⑰达尊:朱熹《集注》云:“达,通也。盖通天下之所尊,有此三者。” ⑱齿:指年龄。 ⑲有其一以慢其二:赵注云:“孟子谓贤者、长者有德有齿,人君无德但有爵耳,故云何得以一慢二哉。” ⑳不如是不足与有为:朱熹《集注》引程颐语云:“古之人所以必待人君致敬尽礼而后往者,非欲自为尊大也,为是故耳。” ㉑丑:同。 ㉒尚:朱熹《集注》云:“过也。”

【译文】

孟子准备去朝见齐王,齐王派人来说:“我本该来看望你,但得了感冒,不能吹风。如果你来朝见,我将会临朝听政,不知道能让我见到你吗?”孟子答道:“我不幸得了病,不能到朝堂上去。”

次日,孟子要去东郭家吊丧,公孙丑说:“昨天以患病为托辞,今天却去吊丧,恐怕不行吧!”孟子说:“昨天得了病,今天痊愈了,为什么不能去吊丧呢?”

齐王派人来询问病情,并派来了医生。孟仲子答道:“昨天大王曾来召请,夫子由于风寒的拖累,不能到朝堂上去。今天病刚好了一点,就赶忙到朝堂上去了,我不知道是否到达了吗?”于是派了几个人在路上阻拦,告诉孟子说:“请务必不要回来,到朝堂上去。”

孟子不得已而来到景丑家留宿,景丑说:“在家有父子,出外有君臣,是为人最大的伦理。父子间以慈爱为准则,君臣间以恭敬为准则。我只见到大王敬重你,没见到你怎样敬重大王。”

孟子说:“呀!这是什么话?齐人没有拿仁义来与大王谈论的,难道是认为仁义不好吗?他们心里在说‘他哪里够得上谈论仁义呢’,不敬没有比这更大的了。

而我呢，不是尧舜之道不敢在大王的面前陈说，所以齐人不如我敬重大王。”

景丑说：“不，我不是说这个。礼书上说：‘父亲传唤不等答应就起身，君命传唤不等马车驾好就前去。’本来就准备去朝见，听到大王的传唤反而不去了，似乎与礼的要求不相合。”

孟子说：“原来是说这个！曾子说：‘晋、楚的富有，是无法及得上的。他们依仗他们的富有，我依仗我的仁；他们依仗他们的爵位，我依仗我的义，我有什么可遗憾的呢？’要是不合乎义，曾子会这样说吗？这恐怕有点道理。天下普遍尊重的东西有三件：爵位是一件，年龄是一件，德行是一件。朝廷上最尊重爵位，乡里中最尊重年龄，匡辅世道、统率民众最尊重德行，怎么能拥有了爵位就轻慢另外二件呢？因此，准备大有作为的君主，必定有能传唤而不传唤的臣仆，要想商量事情就亲自去拜访。他尊重德行、乐行正道，如果不是这样就不足以与他有所作为。因此，成汤对于伊尹是向他学习了之后才以他为臣，所以不费辛劳就能称王天下；齐桓公对于管仲是向他学习了之后才以他为臣，所以不费辛劳就能称霸诸侯。现今天下各国的领土相差无几、德行不相上下，没有哪个能超出他人，这没有别的缘故，就因为喜好以听从自己的人为臣、不喜好以自己应该受教的人为臣。成汤对于伊尹、齐桓公对于管仲就不敢传唤，管仲尚且不能传唤，何况不愿做管仲的人呢？”

【段意】

齐王召请孟子，孟子认为他这样做不够礼貌，所以以得了病为借口推辞不去。孟子认为，士人的恭敬，主要不是表现在趋奉应命上，而应该是以批评政务的不足之处、陈说美善的德行为敬；作为国君，不应该看重地位和财富，而是以崇尚美德、尊敬贤士为重。如果在上者、在下者能在自己所应该做到的方面进行沟通，那么王业就有希望成就了。在此，士人的自尊，实际上是尊重大道与德行，同时也是一种人格的自尊。景丑氏所说的“君命传唤不等马车驾好就前去”，是曾经得到过孔子遵从的古礼（见《论语·乡党》篇），但在孟子看来，这已经不合乎时代的潮流了。根据当时的一些文献记载来看，由于相互争霸的政治、军事斗争需要，有许多开明的君主已经接受了这套观念，至少他们在理论上不得不承认，“势不若德尊，财不若义高”（《淮南子·修务训》、《史记·魏世家》）。齐宣王在稷下召致“文学游说之士”，使他们“不治而议论”，就是一个明显的例子。

2.12　陈臻问曰：[①]“前日于齐，王馈兼金一百而不受；[②]于宋，馈七十镒而受；于薛，馈五十镒而受。前日之不受是，则今日之受非也；今日之受是，则前日之不受非也，夫子必居一于此矣。”

孟子曰：“皆是也。当在宋也，予将远行，行者必以赆，辞曰‘馈赆’,[3]予何为不受?当在薛也,予有戒心,[4]辞曰‘闻戒,故为兵馈之’,予何为不受?若于齐,则未有处也[5]。无处而馈之,是货之也,[6]焉有君子而可以货取乎?”

【注释】

①陈臻:赵注云:“孟子弟子。” ②兼金:赵注云:“好金也。”按,先秦时代所谓的“金”即现在的铜。一百:指一百镒,赵注云:“古者以一镒为一金。镒,二十两也。” ③赆(jìn尽):赵注云:“送行者赠贿之礼也,时人谓之赆。” ④戒心:赵注云:“戒备不虞之心也。时人欲害孟子,孟子戒备。” ⑤未有处:指没有理由。 ⑥货:如同现在所说的贿赂、收买。

【译文】

陈臻问道:“前些日子在齐国,齐王馈赠上等金一百镒您不接受;在宋国,宋君馈赠七十镒您却接受了;在薛邑,薛君馈赠五十镒您也接受了。如果前些日子的不接受是对的,那么现今的接受就不对了;如果现今的接受是对的,那么前些日子的不接受就不对了,夫子在这两者中必居其一。”

孟子说:“接受和不接受都对。在宋国时,我准备长途旅行,对出行的人必定要送盘费,宋君说是馈赠盘费,我为什么不接受呢?在薛邑,我有戒备之心,薛君说得知我要有所戒备,所以送钱给我买武器,我为什么不接受呢?至于在齐国,就没有说法。毫无说法地馈赠金钱,就是收买,君子哪能用钱来收买呢?”

【段意】

此章是说,君子对于礼物不以其多少来确定接受不接受,而是以是否合乎道理来去取。不合乎“理”的,再多也不能受;合乎“理”的,虽然菲薄,也应该接受。如果排除了这一条标准,那么就是收受贿赂,君子本身也就不成其为君子了。孔子所谓“临财毋苟得”,说的就是这个意思。

2.13 孟子之平陆,[1]谓其大夫曰:[2]“子之持戟之士,[3]一日而三失伍,[4]则去之否乎?”[5]

曰:“不待三。”

“然则子之失伍也亦多矣!凶年饥岁,子之民,老羸转于沟壑,壮者散而之四方者,几千人矣。”

曰:“此非距心之所得为也。”[6]

曰:“今有受人之牛羊而为之牧之者,则必为之求牧与刍矣。[7]求牧与刍而不得,则反诸其人乎,抑亦立而视其死与?”

曰:"此则距心之罪也。"

他日,见于王,曰:"王之为都者,[8]臣知五人焉,知其罪者惟孔距心。"为王诵之。王曰:"此则寡人之罪也。"

【注释】

①平陆:齐边邑名,在今山东汶上以北。　②大夫:此指邑长官,朱熹《集注》云:"邑宰也。"　③持戟之士:士兵。　④失伍:一伍由五人组成,每人都有一定的战斗位置。失伍指离开了自己的战斗岗位,与失职的涵义相似。⑤去:赵注、朱熹均训为杀,也有人训为罢免。译文从后说。　⑥此非距心之所得为:朱熹《集注》云:"言此乃王之失政使然,非我所得专为也。"　⑦牧与刍:牧地和草料。　⑧都:指城邑,当时常都、邑互称。

【译文】

孟子来到平陆,对那个地方的长官孔距心说:"你手下的士兵,如果一天三次失职,是否会被除名呢?"

孔距心说:"等不到三次就会除名。"

孟子说:"你失职的地方也很多啊!灾荒歉收的年成,你的民众,年老体弱的在山沟荒野奄奄一息,年轻力壮的四散逃难,有近千人。"

孔距心说:"这不是我个人所能挽回的。"

孟子说:"如今有个人,领受了他人的牛羊而为其放牧,就一定要为牛羊寻找牧场和草料。要是找不到牧场和草料,是把牛羊还给它们的主人呢,还是站在一边看着它们死去呢?"

孔距心说:"这是我的过错。"

另一天,孟子被齐王召见,说:"大王的地方长官,我认识了五位,知道自己过错的只有孔距心。"于是,就向齐王复述了与孔距心的对话。齐王说:"这是我的过错。"

【段意】

孟子强调,无论是官员还是国君,都要有责任心。有人指出:"孟子一言而齐之君臣举知其罪,固足以兴邦矣。然而齐卒不得为善国者,岂非说而不绎、从而不改故邪?"(朱熹《集注》引陈氏语)

2.14　孟子谓蚳鼃曰:[1]"子之辞灵丘而请士师,[2]似也,为其可以言也。今既数月矣,未可以言与?"

蚳鼃谏于王而不用,致为臣而去。[3]齐人曰:"所以为蚳鼃则善矣,所以自为则吾不知也。"[4]

公都子以告，[⑤]曰："吾闻之也，有官守者不得其职则去，有言责者不得其言则去。我无官守，我无言责也，则吾进退岂不绰绰然有余裕哉？"[⑥]

【注释】

①蚳鼃（chíwā 迟蛙）：赵注云："齐大夫。" ②灵丘：齐边邑，约在今山东高唐和茌平之间。 ③致为臣而去：赵注云："致仕而去。"朱熹训致为"还"，即辞去官职的意思。 ④所以自为则吾不知：朱熹《集注》云："讥孟子道不行而不能去。" ⑤公都子：赵注云："孟子弟子。" ⑥绰绰然有余裕：语本《诗·小雅·角弓》："绰绰有裕。"赵注云："绰、裕皆宽也。"

【译文】

孟子对蚳鼃说："你辞去了灵丘长官而要求担任士师，好像是对的，因为这个职位能向君王进言。现在已经几个月了，还不能进言吗？"

蚳鼃向齐王进谏而没有被采纳，就辞掉官职离去了。齐人说："对蚳鼃的要求是很好的，对自己的要求我们就不知道了。"

公都子把这话告诉了孟子，孟子说："我听说，有职位在身的不能尽职就离去，有进言之责的不能进言就离去。我没有职位在身，我没有进言之责，这样，我的进退岂不是宽宽舒舒地有很大的余地吗？"

【段意】

孔子曾经说过："不在其位，不谋其政。"（《论语·泰伯》）孟子此章的意思大体相近。孟子认为，作为正式的官员，有自己的职责范围，应该尽到自己的责任，"有职位在身的不能尽职就离去，有进言之责的不能进言就离去"。像孟子那样的无职无位的士人，则不能以这样的标准来要求。当然，这主要是从执政者角度来说的，作为士人本身，并不能因此而全无道德责任和历史使命，否则就不成其为"君子"或"士"了。

2.15　孟子为卿于齐，出吊于滕，[①]王使盖大夫王驩为辅行。[②]王驩朝暮见，反齐滕之路未尝与之言行事也。[③]

公孙丑曰："齐卿之位不为小矣，齐滕之路不为近矣，反之而未尝与言行事，何也？"

曰："夫既或治之，[④]予何言哉？"

【注释】

①出吊于滕：去吊唁滕文公的丧事。 ②盖：邑名，在今山东沂水西北。王

驩:字子敖,赵注云:"齐之谄人,有宠于王,后为右师。"辅行:朱熹《集注》云:"副使也。" ③行事:朱熹《集注》云:"使事也。" ④夫既或治之:赵注云:"孟子曰:'夫人既自谓有治行事,我将复何言哉?'言其专知自善,不知谘于人也。"

【译文】

孟子在齐国担任国卿,受命出使滕国吊丧,齐王派盖邑大夫王驩当副使。孟子与王驩早晚相见,但在齐滕往返的途中从未和他谈过出使的公事。

公孙丑说:"齐国国卿的职位不算小了,齐滕之间的路程不算近了,往返一通却从未和他谈过出使的公事,是什么道理呢?"

孟子说:"他既已独断专行,我还说什么呢?"

【段意】

此章主要记述了孟子对于小人的态度。孟子奉命出使,王驩是他的副手,按理应事事请示孟子,然而他却独断专行,所以孟子就从不与他谈论公务。孟子的态度很严厉,但在言语上却很谨慎,不与王驩争执、论理。这就是孔子所说的"邦无道,危行言逊"的处事态度(《论语·宪问》)。从《孟子》一书来看,孟子并非都采取这样的态度,他有时抨击时政的言论并不"逊",但其中似乎有这样的界限:他作为正式任职的官员时是遵从此道的,而作为没有职位的士人时则言语犀利,得理不让人。这既有身份、地位不同的因素,也有社会条件不同的缘故,孟子所处的时代与孔子究竟不完全一致。

2.16 孟子自齐葬于鲁,①反于齐,止于嬴。②

充虞请曰:③"前日不知虞之不肖,使虞敦匠。④事严,⑤虞不敢请,今愿窃有请也,木若以美然。"⑥

曰:"古者棺椁无度,⑦中古棺七寸,⑧椁称之。自天子达于庶人,非直为观美也,然后尽于人心。不得不可以为悦,⑨无财不可以为悦。得之为有财,古之人皆用之,吾何为独不然?且比化者无使土亲肤,⑩于人心独无恔乎?⑪吾闻之也,君子不以天下俭其亲。"

【注释】

①自齐葬于鲁:赵注云:"孟子仕于齐,丧母,归葬于鲁。" ②嬴:赵注云:"齐南邑。"在今山东莱芜西北。 ③充虞:赵注云:"孟子弟子。" ④敦匠:管理工匠。 ⑤事严:赵注云:"丧事急。" ⑥木:指棺材。以美:朱熹《集注》云:"以、已通,以美,太美也。" ⑦度:朱熹《集注》云:"厚薄尺寸也。" ⑧中古:赵注云:"谓周公制礼以来。"焦循《正义》引孔广森《经学卮言》云:"中古

尚指周公以前,周公制礼则自天子至于庶人皆有等。” ⑨不得:前人皆训为“法制所不当得”,细味上下文,当是不能达到应有的标准之意。为悦:赵注云:“孝子之欲厚送亲,得之则悦也。” ⑩比化者:比,通“庇”,意为庇护。朱熹《集注》云:“化者,死者也。” ⑪恔(xiào 效):赵注云“快也”,且释此句云:“于人子之心,岂不快然无所恨乎?”

【译文】

孟子从齐国到鲁国安葬母亲,返回齐国时在嬴歇留。

充虞求教说:“前些日子蒙您不嫌弃我无能,派我管理工匠。当时事务繁忙,我不敢打扰您,现在私下有件事想求教,棺木似乎太漂亮了一点。”

孟子说:“古时候棺椁没有一定的尺寸,中古以来棺厚七寸,椁厚与之相当。从天子直到庶民,不仅仅是为了看着漂亮,还要尽人子之心。达不到标准不能觉得称心,不具有财力不能觉得称心。能达到标准而又具备财力,古时候的人都用了,我为什么唯独不这样做呢?而且,庇护死者不使泥土与死者的体肤相接触,人子之心难道就不欣慰吗?我听说,君子不会在天下人都能做到的事情上俭省自己父母亲的用度。”

【段意】

孟子认为,丧礼是否得当,主要有两条:其一是是否尽到了做人子的孝心;其二是与自己的能力(主要是财力)是否相当。实际所为没有达到财力所能承担的程度,就说不上是尽心。从本质上说,孟子的丧礼观与孔子没有二致。

2.17 沈同以其私问曰:[①]“燕可伐与?”

孟子曰:“可。子哙不得与人燕,[②]子之不得受燕于子哙。有仕于此而子悦之,[③]不告于王而私与之吾子之禄爵,夫士也亦无王命而私受之于子,则可乎?何以异于是?”

齐人伐燕,或问曰:“劝齐伐燕,有诸?”

曰:“未也。沈同问:‘燕可伐与?’吾应之曰:‘可。’彼然而伐之也。彼如曰:‘孰可以伐之?’则将应之曰:‘为天吏则可以伐之。’今有杀人者,或问之曰:‘人可杀与?’则将应之曰:‘可。’彼如曰:‘孰可以杀之?’则将应之曰:‘为士师,则可以杀之。’今以燕伐燕,[④]何为劝之哉?”

【注释】

①沈同:赵注云:“齐大臣。” ②子哙:燕国国君,名哙,前320—前318年

在位。他于前318年让位于相国子之，不久爆发内乱，齐国乘机攻占燕国，他与子之均被杀。此处所说“不得与人燕”，即指其让位之事而言。　③仕：指官员。④以燕伐燕：朱熹《集注》云：“言齐无道与燕无异，如以燕伐燕也。”

【译文】

沈同以他个人的身份问道：“燕国可以讨伐吗？”

孟子说：“可以。子哙不能把燕国交给他人，子之不能从子哙手里接受燕国。假如有一位官员，你对他有好感，不向国君禀告就私自把你的俸禄爵位给他，这个人也不要国君的任命就私自从你手里接受，这样行吗？燕国的事与这有什么不同呢？”

齐人去讨伐燕国，有人问孟子：“你劝说齐国讨伐燕国，有这件事吗？”

孟子说：“没有。沈同问我：‘燕国可以讨伐吗？’我回答他说：‘可以。’他就此去讨伐燕国了。他如果问：‘谁能讨伐燕国？’我就会回答他说：‘是天吏才能讨伐燕国。’现在有个杀人犯，有人问我说：‘这人可以处死吗？’我就会回答他说：‘可以。’他如果问：‘谁能处死他？’我就会回答他说：‘是士师才能处死他。’现今以无异于燕的国家来讨伐燕国，我为什么去劝说它呢？”

【段意】

齐国讨伐燕国，是战国中期的一项重大事件。综合本书《梁惠王》篇中的有关章节来看，孟子对此事的态度很明显：燕国的国政败坏，民众因此遭受苦难，所以是可以去讨伐的，但讨伐者必须施行优于燕的政措，否则，伐燕是没有意义的，而且也不可能得到民众的支持。在此，衡估的准则是和民众的利害、爱憎相一致的。

2.18　燕人畔，①王曰：“吾甚惭于孟子。”②

陈贾曰：③“王无患焉。王自以为与周公孰仁且智？”

王曰：“恶！是何言也？”

曰：“周公使管叔监殷，④管叔以殷畔。知而使之，是不仁也；不知而使之，是不智也。仁、智周公未之尽也，而况于王乎？贾请见而解之。”

见孟子，问曰：“周公何人也？”

曰：“古圣人也。”

曰：“使管叔监殷，管叔以殷畔也，有诸？”

曰：“然。”

曰：“周公知其将畔而使之与？”

曰：“不知也。”

"然则圣人且有过与?"

曰:"周公,弟也;管叔,兄也,周公之过不亦宜乎?且古之君子过则改之,今之君子过则顺之。古之君子,其过也如日月之食,⑤民皆见之;及其更也,民皆仰之。今之君子岂徒顺之,又从为之辞。"

【注释】

①燕人畔:畔通"叛"。齐攻占燕国后,有亡燕的意图,引起诸侯的不满,赵国与燕人合谋迎立流亡在外的燕王哙庶子职为王,与齐国相对抗。 ②甚惭于孟子:孟子在齐灭燕后曾劝说齐王行仁政,见本书《梁惠王下》。齐王没有及时听取孟子的告诫,以致燕人背叛了齐国,所以他说"甚惭于孟子"。 ③陈贾:赵注云:"齐大夫。" ④管叔:名鲜,周武王的弟弟。周武王灭殷后,封纣的儿子武庚禄父为诸侯以延续殷的世系、治理殷的遗民,并将弟弟叔鲜、叔度封于管、蔡以监视他。周武王去世后,继位的成王年幼,周公摄政,管叔、蔡叔认为他有篡位之意,便与武庚一起作乱。周公奉王命进行讨伐,杀了武庚与管叔、放逐蔡叔,平定了叛乱。 ⑤其过也如日月之食:《论语·子张》云:"子贡曰:'吾子之过也,如日月之食焉。过也人皆见,更也人皆仰之。'"

【译文】

燕人背叛齐国,齐王说:"我非常有愧于孟子。"

陈贾说:"大王不要忧虑。大王自以为与周公哪个更仁而智啊?"

齐王说:"呀!这是什么话?"

陈贾说:"周公指派管叔监视殷人,管叔却率领殷人叛乱。周公如果预知而指派他,是不仁;不预知而指派他,是不智。仁、智连周公都没有完全做到,何况大王呢?请让我去见孟子解释这件事。"

陈贾去见孟子,问道:"周公是怎样的人?"

孟子说:"是古时候的圣人。"

陈贾说:"他指派管叔监视殷人,管叔却率领殷人叛乱,有这回事吗?"

孟子说:"不错。"

陈贾说:"周公指派他时预知他将会叛乱吗?"

孟子说:"不知道。"

陈贾说:"那么圣人也有过失吗?"

孟子说:"周公是弟弟,管叔是哥哥,周公的过失不也合乎情理吗?古时候的君子有过失就改正,现在的君子有过失却只管错下去。古时候的君子,他们的过失如同日食、月食一样,民众都见得到;当他们改正时,民众都仰望着他们。现在的君子非但只管错下去,还随着过失为之辩护。"

【段意】

齐国攻占燕国后二年,燕人拥立燕王哙的庶子太子平,是为昭王(前311—前279年在位)。齐军由于没有能得到燕国民众的支持,不得不撤了回来。因为孟子在齐国战胜燕国之初就提醒齐王,如不施"仁政",就不能保持已取得的成果(见本书《梁惠王》篇),所以,齐王在此时觉得有愧于孟子。大臣陈贾不仅不劝说齐王检讨自己,反而想通过"圣人也有过失"的事实强为齐王的错误辩解,这种不实事求是的恶劣态度,理所当然地遭到了孟子的驳斥。

2.19 孟子致为臣而归,①王就见孟子,②曰:"前日愿见而不可得,得侍同朝,甚喜,今又弃寡人而归,不识可以继此而得见乎?"对曰:"不敢请耳,固所愿也。"

他日,王谓时子曰:③"我欲中国而授孟子室,④养弟子以万钟,⑤使诸大夫、国人皆有所矜式。⑥子盍为我言之?"⑦

时子因陈子而以告孟子,⑧陈子以时子之言告孟子,孟子曰:"然夫时子恶知其不可也?如使予欲富,辞十万而受万,⑨是为欲富乎?季孙曰:'异哉子叔疑!⑩使己为政,不用则亦已矣,又使其子弟为卿。人亦孰不欲富贵?而独于富贵之中有私龙断焉。'⑪古之为市也,以其所有易其所无者,有司治之耳。有贱丈夫焉,必求龙断而登之,以左右望而罔市利,人皆以为贱,故从而征之,征商自此贱丈夫始矣。"

【注释】

①致为臣而归:朱熹《集注》云:"孟子久于齐而道不行,故去也。" ②就见:亲自去看望。 ③时子:赵注云:"齐臣也。" ④中国:朱熹《集注》云:"当国之中也。" ⑤万钟:朱熹《集注》云:"钟,量名,受六斛四斗。" ⑥矜式:赵注云:"矜,敬也;式,法也。" ⑦盍:"何不"的合音。 ⑧陈子:孟子的弟子陈臻。 ⑨十万:焦循《正义》引阎若琚《孟子生卒年月考》谓:"此盖孟子通计仕齐所辞之数,非一岁有也。" ⑩季孙、子叔疑:赵注云:"孟子弟子也。" ⑪龙:通"垄",高出地面而类似于田埂的土堆。

【译文】

孟子辞掉官职要返回故乡,齐王去看望孟子,说:"过去企望见到你而没有机会,后来能同朝相处,我很高兴,现在你又要抛下我返回故乡,不知道以后还能再相见吗?"孟子答道:"这个我不敢要求了,但内心是很企望的。"

另一天,齐王对时子说:“我想在都城中送幢房屋给孟子,用万钟粟米来养活他的弟子,让大夫和国人们都有所效法。你能否替我告诉孟子?”

时子托陈臻转告孟子,陈臻就把时子的话告诉了孟子,孟子说:“可是时子哪里知道这事不妥当呢?如果我想发财,辞去了十万钟粟米的官职去接受这一万钟粟米,这是想发财吗?季孙说:‘好奇怪啊,子叔疑这个人!自己去做官,别人不用也就罢了,又让自己的儿子、兄弟去当国卿。哪个人不想升官发财?而他却要把升官发财私下垄断起来。’古时候的集市交易,以自己有余的东西来换取所没有的东西,由有关部门加以管理。有个低贱男子,必定要找个高处登上去,借以左右观望而网罗集市交易的好处,人们都觉得他低贱,因此向他征税,征收商税就是从这个低贱男子开始的。”

【段意】

此章是说,君子是否出仕,不是以利益的大小来衡量的,而是取决于自己的主张能否推行。孟子认为齐国的执政者不可能理解、采纳自己的主张,所以就离开了。齐王觉得孟子离去很可惜,却又不想切实地采纳孟子的建议,因此想用财利来留住他。这个方案显然不为孟子所接受,孟子最后所说的一段话涵意很深长,他实际是批评齐王垄断了财利,却又没有决心施行仁政,这种做法是很低贱而不足取的。

2.20　孟子去齐,宿于昼。①

有欲为王留行者,坐而言,②不应,隐几而卧。③客不悦曰:“弟子齐宿而后敢言,④夫子卧而不听,请勿复敢见矣。”

曰:“坐,我明语子。昔者,鲁缪公无人乎子思之侧,则不能安子思;⑤泄柳、申详无人乎缪公之侧,⑥则不能安其身。子为长者虑,而不及子思,子绝长者乎,长者绝子乎?”

【注释】

①昼:赵注云:“齐西南近邑也。”其地在当时齐都临淄的西南。　②坐而言:赵注云:“客危坐而言留孟子之言也。”危坐,即恭恭敬敬地跪坐。　③隐几而卧:斜倚着几憩息。　④齐宿:齐通“斋”,斋戒。前一天进行斋戒,称“齐宿”,以示慎重。　⑤鲁缪公:即鲁穆公(缪、穆通),名显,前407—前377年在位。子思:孔子的孙子,名伋。赵注云:“缪公尊礼子思,子思以道不行则欲去,缪公常使贤人往留之,说以方且听子为政,然后子思复留。”　⑥泄柳:据本书《告子下》所述,他是鲁缪公时的贤臣。申详:朱熹《集注》云:“子张之子也。”

【译文】

孟子离开齐国，在昼邑过夜。

有个人想替齐王挽留孟子，恭坐着进行劝说，孟子不加理会，斜倚着几憩息。那人不高兴地说："在下提前一天洁净了身心才斗胆进说，先生躺卧着不听，恕我再不敢与您相见了。"

孟子说："坐下，让我明白地告诉你。过去，鲁穆公如果没有人在子思身边，就不能使子思安心；泄柳、申详如果没有人在鲁穆公身边，就不能使自身安心。你为我这个老年人考虑，还及不上鲁穆公对待子思，是你与我这个老年人决绝呢，还是我这个老年人与你决绝呢？"

【段意】

孟子的意思是说，君主要挽留贤者，必须要使贤者安心；反过来，贤者所顾虑的，也是能否以自己的主张来影响君主。齐王想挽留孟子，但又不真正理解孟子，所以孟子要与之决绝。

2.21 孟子去齐，尹士语人曰：①"不识王者不可以为汤武，则是不明也；识其不可然且至，则是干泽也。②千里而见王，不遇故去，三宿而出昼，是何濡滞也？③士则兹不悦。"

高子以告，④曰："夫尹士恶知予哉？千里而见王是予所欲也，不遇故去岂予所欲者？予不得已也！予三宿而出昼，于予心犹以为速，王庶几改之。⑤王如改诸则必反予，夫出昼而王不予追也，予然后浩然有归志。予虽然，岂舍王者？王由足用为善，王如用予，则岂徒齐民安，天下之民举安。⑥王庶几改之，予日望之。予岂若是小丈夫然哉？谏于其君而不受则怒，悻悻然见于其面。去则穷日之力而后宿哉？"

尹士闻之曰："士诚小人也。"

【注释】

①尹士：赵注云："齐人也。" ②干泽：赵注云："干，求也；泽，禄也。" ③濡滞：朱熹《集注》云："迟留也。" ④高子：赵注云："齐人，孟子弟子。" ⑤庶几：也许、可能。 ⑥举：皆、都。

【译文】

孟子离开齐国，尹士对他人说："不知道齐王不能成为商汤、周武，就是不明；知道齐王做不到还要前去，就是求取富贵。不远千里来见齐王，得不到赏识因而离去,却在昼邑留宿三夜才上路,为什么如此迟缓呢?我就看不惯这种做法。”

高子把尹士的话告诉孟子,孟子说:“尹士哪里会理解我呢?不远千里来见齐王是我所愿意的,得不到赏识因而离去难道是我所愿意的吗?我是不得已啊!我在昼邑留宿三夜才上路,从我内心来说还觉得急促,齐王也许会改变态度。齐王如果改变了态度就必定会召回我,我离开了昼邑而齐王没有追寻我,我才毫无留恋地有返回故乡的决心。我虽然这样做,难道会抛下齐王吗?齐王还足以做点好事,齐王若能信用我,不但齐国的民众得以平安,天下的民众都能平安。齐王也许会改变态度,我每天都在盼望。我难道是那种气量狭小的人吗?向君王进谏而不被接受就发怒,气愤愤的神色便表现在脸上。难道离去了非得用尽气力走上一天才留宿吗?”

尹士听说之后说:“我真是小人。”

【段意】

此章充分表达了孟子以天下为己任的道德责任感。尹士对孟子的批评,显得他不了解孟子。孟子虽然不像孔子那样“知其不可而为之”,但只要有一线希望,他还是不肯轻易放弃的。朱熹说:“此章见圣贤行道济时汲汲之本心,爱君泽民惓惓之余意。”(《集注》)

2.22　孟子去齐,充虞路问曰:“夫子若有不豫色然。①前日虞闻诸夫子曰:‘君子不怨天,②不尤人。’”

曰:“彼一时,此一时也。五百年必有王者兴,③其间必有名世者。由周以来七百有余岁矣,④以其数则过矣,以其时考之则可矣。⑤夫天未欲平治天下也,如欲平治天下,当今之世舍我其谁也?吾何为不豫哉?”

【注释】

①不豫色:赵注云:“颜色不悦也。”　②君子不怨天:这原是孔子的话,见《论语·宪问》篇。　③五百年必有王者兴:朱熹《集注》云:“自尧舜至汤,自汤至文武,皆五百余年而圣人出。”　④周以来七百有余岁:赵注云:“谓周家王迹始兴,大王、文王以来。”　⑤以其时:朱熹《集注》云:“时,谓乱极思治可以有为之日。于是而不得一有所为,此孟子所以不能无不豫也。”

【译文】

孟子离开齐国,充虞在路上问道:“夫子神色上似乎有不高兴的样子。前些日子我曾听夫子说:‘君子不埋怨上天,不责怪他人。’”

孟子说："那时是那时，现在是现在。每五百年必定有称王天下的人兴起，其间必定有著名于世的贤人。周兴起以来已有七百多年，从年数上说已经超过了，以时势而论也该有圣贤出现了。上天大概还不想安抚治理天下，如果想安抚治理天下，当今之世除了我还会是谁呢？我为什么不高兴呢？"

【段意】

此章主要反映孟子的自负与用世之心态。"五百年必有王者兴"这一观点，在本书《尽心下》的最后一章中有进一步的阐述，可参看。

2.23　孟子去齐，居休。①

公孙丑问曰："仕而不受禄，古之道乎？"

曰："非也。于崇吾得见于王，②退而有去志，不欲变，故不受也。继而有师命，③不可以请，久于齐非我志也。"

【注释】

①休：地名，在今山东滕县西北，焦循《正义》引阎若璩《四书释地》谓该地"距孟子家约百里"。　②崇：地名，今地无考。　③师命：赵注云："师旅之命。"一说即齐人伐燕之战事。

【译文】

孟子离开齐国，停留在休邑。

公孙丑问道："任职而不受取俸禄，是古代的规范吗？"

孟子说："不是的。在崇邑我见到了齐王，退下后就有离去的意愿，因为不想改变这个意愿，所以不受取俸禄。不久，齐国有战事，不能提出离开的要求，在齐国久留并不是我的意愿。"

【段意】

公孙丑对孟子在齐国任职而不受取俸禄的行为不理解，孟子告诉他，之所以这样做，是因为齐王不能采纳自己的主张，早就有离去的意向，至于在齐国逗留时间较长，则是客观局势所决定的，这并非自己的本意。有人指出："仕而受禄，礼也；不受齐禄，义也。义之所在，礼有时而变。公孙丑欲以一端裁之，不亦误乎？"（朱熹《集注》引孔氏语）

滕文公上

3.1　滕文公为世子将之楚，[1]过宋而见孟子。孟子道性善，言必称尧舜。

世子自楚反复见孟子，孟子曰："世子疑吾言乎？夫道一而已矣。成覸谓齐景公曰：[2]'彼丈夫也，[3]我丈夫也，吾何畏彼哉？'颜渊曰：'舜何？人也。予何？人也。有为者亦若是。'公明仪曰：[4]'文王我师也，周公岂欺我哉？'今滕，绝长补短将五十里也，[5]犹可以为善国。《书》曰：[6]'若药不瞑眩，[7]厥疾不瘳。'"[8]

【注释】

①世子：国君的法定继承人，亦称"太子"。之楚：赵注云："使于楚。"　②成覸（gàn 赣）：亦作"成荆"、"成庆"，赵注云："勇果者也。"　③彼：朱熹《集注》云："谓圣贤也。"　④公明仪：名仪，《礼记·祭义》郑玄注云："曾子弟子。"　⑤绝长补短：即长短相补的意思。绝，犹言截。　⑥《书》曰：赵注谓此处所引语句系《尚书》"逸篇"，后来被采入伪古文《尚书》的《说命》篇。　⑦瞑眩（miàn xuàn 面绚）：晕眩。　⑧厥：指示代词，其、它。瘳（chōu 抽）：痊愈。

【译文】

滕文公在做世子时奉命出使楚国，途经宋国时见到孟子。孟子讲性善，言谈不离尧舜。

世子从楚国回来又去见孟子，孟子说："世子怀疑我的话吗？真理只有一个罢了。成覸对齐景公说：'他是个男子汉，我也是个男子汉，我为什么要怕他呢？'颜渊说：'舜是什么？是人。我是什么？也是人。有作为者也应该像他一样。'公明仪说：'文王是师法的榜样，周公这样说难道会欺骗我辈吗？'现在的滕国，长短折算下来将近五十里方圆，还能够治理成个好国家。《书》上说：'如果药不使人晕眩，那病是不会痊愈的。'"

【段意】

孟子向滕世子讲述自己的主张，滕世子心中疑惑，因此再次向孟子求教。孟子告诉他，古往今来，不论圣贤还是普通人，本性都是善的，圣贤能做到的，普通人经过努力也能做到，除此之外别无他理。宋代理学家以“理”来解释孟子所说的“性”，程颐说：“性即理也。天下之理，原其所自，未有不善。喜怒哀乐未发，何尝不善。”（朱熹《集注》引）值得注意的是，孟子的“性善”主张，由他自己明确提到的，始见于此章。朱熹提出：“孟子之言性善，始见于此而详具于《告子》之篇。然默识而旁通之，则七篇之中无非此理。”（《集注》）

3.2　滕定公薨，①世子谓然友曰：②“昔者孟子尝与我言于宋，于心终不忘。今也不幸至于大故，吾欲使子问于孟子，然后行事。”

然友之邹问于孟子，孟子曰：“不亦善乎，③亲丧固所自尽也。④曾子曰：‘生，事之以礼；死，葬之以礼、祭之以礼，可谓孝矣。’⑤诸侯之礼吾未之学也，虽然，吾尝闻之矣。三年之丧，齐疏之服，⑥饣丱粥之食，⑦自天子达于庶人，三代共之。”

然友反命，定为三年之丧。父兄百官皆不欲，⑧曰：“吾宗国鲁先君莫之行，⑨吾先君亦莫之行也，至于子之身而反之，不可，且志曰‘丧祭从先祖’，⑩曰吾有所受之也。”谓然友曰：“吾他日未尝学问，好驰马试剑，今也父兄百官不我足也，⑪恐其不能尽于大事，子为我问孟子。”

然友复之邹问孟子，孟子曰：“然，不可以他求者也。孔子曰：‘君薨，听于冢宰，⑫歠粥，⑬面深墨，即位而哭，百官有司莫敢不哀，先之也。’上有好者，下必有甚焉者矣。‘君子之德，⑭风也；小人之德，草也，草尚之风必偃’，⑮是在世子。”

然友反命，世子曰：“然，是诚在我。”五月居庐，⑯未有命戒，百官族人可，⑰谓曰知。及至葬，四方来观之，颜色之戚、哭泣之哀，吊者大悦。

【注释】

①薨（hōng 轰）：诸侯国君去世称薨，《公羊传·隐公三年》云：“天子曰崩，诸侯曰薨。”　②然友：赵注云：“世子之傅也。”傅，辅导太子的官。　③不亦善乎：朱熹《集注》云：“当时诸侯莫能行古丧礼，而文公独能以此为问，故孟子善

之。” ④自尽：竭尽自己的心力。 ⑤曾子曰：这里的一段话，在《论语·为政》中是孔子所说的，孟子谓是曾子所说，或另有所本。 ⑥齐（zī 资）疏之服：《仪礼·丧服》云：“疏衰裳，齐。”疏衰（cuī 催）裳，是粗布制作的丧服，郑玄注云：“凡服，上曰衰，下曰服。”齐，缝缉衣边。孟子此处所谓的“齐疏之服”，只是概指应穿的丧服。 ⑦飦（zhān 毡）粥：飦同“饘”，《礼记·檀弓》孔疏云：“厚曰饘，稀曰粥。” ⑧父兄百官：赵注云：“滕之同姓、异姓诸臣也。” ⑨宗国：朱熹《集注》云：“滕、鲁俱文王之后，而鲁祖周公为长，兄弟宗之，故滕谓鲁为宗国也。” ⑩志：赵注云：“志，记也。《周礼》小史掌邦国之志。” ⑪不我足：朱熹《集注》云：“谓不以我满足其意也。” ⑫冢宰：相当于后世的宰相。 ⑬歠（chuò 绰）：《说文》云：“饮也。” ⑭君子之德：这段话见于《论语·颜渊》篇。 ⑮尚：同“上”，赵注云：“加也。” ⑯五月居庐：按当时的礼制规定，诸侯去世要五个月下葬，太子在这期间要住在守丧的“孝庐”里。 ⑰可：原属下读，作“可谓曰知”，朱熹《集注》云：“疑有阙误，或曰‘皆谓世子之知礼也’。”今释移“可”属上，指百官族人都赞同他的行为；以下句“谓曰知”指世子知礼，勉强稍通。

【译文】

滕定公去世了，世子对然友说：“过去孟子曾在宋国与我交谈，我心里一直没有忘记。现在不幸遭到了大变故，我想派你去问问孟子，再办理丧事。”

然友到邹国去问孟子，孟子说：“问得很好啊，父母亲的丧事本来就该竭尽自己的心力。曾子说：‘健在时依礼侍奉，去世了依礼安葬、依礼祭祀，可以称得上孝了。’诸侯的礼仪我没有学过，不过我曾听说过。三年的丧期，粗布缉边的孝服，用稀饭薄粥充饥，上自天子、下至庶民，夏、商、周三代都这样做。”

然友向世子汇报，确定行三年的丧期。滕国的父老、百官都不愿意，说：“辈份比我们高的鲁国，历代国君都没有实行，我们以前的国君也没有实行，到了你的手上却要改变，是不行的，而且记载上说‘丧葬、祭祀依从祖宗’，我们应该把这些继承下来。”世子对然友说：“我过去未曾学艺问礼，喜好跑马比剑，现在父老、百官都对我不满，恐怕他们不能在丧事上尽力了，你替我去问问孟子。”

然友又到邹国去问孟子，孟子说：“是呀，这是不能勉求他人的。孔子说：‘国君去世，政务听命于宰辅，薄粥充饥，面色深黑，到位就哭，大小百官没有人敢不悲哀，是因为自身带头呀。’在上者有所喜好，下面必定有更进一步的人。‘君子的操行是风，小人的操行是草，草遇上风必定倒伏’，事情取决于世子。”

然友向世子汇报，世子说：“是呀，事情确实取决于我。”于是在土屋中居住了五个月，没有下过命令、指示，百官、亲属都赞同，说世子懂道理。到了举行葬礼时，各地都来观礼，世子容颜的悲戚、哭泣的哀伤，令前来吊丧的人非常满意。

【段意】

滕定公去世了，滕世子打算遵从儒家的礼仪，但却遇了阻力。经过孟子的启发，他认识到，能否顺道行善，取决于自己有无信心。后人指出："文公见孟子而闻性善、尧舜之说，则固有以启发其良心矣，是以至此而哀痛之诚心发焉。及其父兄百官皆不欲行，则亦反躬自责，悼其前行不足以取信，而不敢有非其父兄百官之心。虽其资质有过人者，而学问之力亦不可诬也。及其断然行之而远近见闻无不悦服，则以人心之所同然者，自我发之而彼之心悦诚服，亦有所不期然而然者。人性之善，岂不信哉？"（朱熹《集注》引林氏说）

3.3　滕文公问为国，[1]孟子曰："民事不可缓也。[2]《诗》云：'昼尔于茅，[3]宵尔索绹，[4]亟其乘屋，[5]其始播百谷。'[6]民之为道也，有恒产者有恒心，无恒产者无恒心。苟无恒心，放辟邪侈，无不为已。及陷乎罪，然后从而刑之，是罔民也。焉有仁人在位罔民而可为也？是故贤君必恭俭礼下，[7]取于民有制。阳虎曰：[8]'为富不仁矣，为仁不富矣。'

"夏后氏五十而贡，[9]殷人七十而助，[10]周人百亩而彻，[11]其实皆什一也。彻者彻也，助者藉也。[12]龙子曰：[13]'治地莫善于助，莫不善于贡。'贡者，校数岁之中以为常。[14]乐岁粒米狼戾，[15]多取之而不为虐，则寡取之；凶年粪其田而不足，[16]则必取盈焉。为民父母，使民盻盻然，[17]将终岁勤动，不得以养其父母，又称贷而益之，[18]使老稚转乎沟壑，恶在其为民父母也？夫世禄，[19]滕固行之矣。《诗》云：[20]'雨我公田，遂及我私。'惟助为有公田。由此观之，虽周亦助也。

"设为庠、序、学、校以教之，[21]庠者养也，[22]校者教也，序者射也。夏曰校，殷曰序，周曰庠，学则三代共之，[23]皆所以明人伦也。人伦明于上，小民亲于下。有王者起，必来取法，是为王者师也。[24]《诗》云'周虽旧邦，其命惟新'，[25]文王之谓也。子力行之，[26]亦以新子之国。"[27]

使毕战问井地，[28]孟子曰："子之君将行仁政，选择而使子，子必勉之！夫仁政，必自经界始。[29]经界不正，井地不钧，[30]谷禄不平，[31]是故暴君污吏必慢其经界。[32]经界既正，分田制禄可坐而定也。

"夫滕壤地褊小，将为君子焉，将为野人焉。无君子莫治野人，无野人莫养君子。请野九一而助，国中什一使自赋。卿以下必有圭田，[33]圭田五十亩。余夫二十五亩。[34]死徙无出乡，乡田同井，出入相友，守望相助，[35]疾病相扶持，则百姓亲睦。方里而井，井九百亩，其中为公田，八家皆私百亩，同养公田。公事毕，然后敢治私事，所以别野人也。此其大略也，若夫润泽之则在君与子矣。”[36]

【注释】

①问为国：朱熹《集注》云：“文公以礼聘孟子，故孟子至滕而文公问之。” ②民事：指与民众有关的事务，朱熹则释为“农事”。 ③《诗》云：此处诗句引自《诗·豳风·七月》，这是一首描写农事的诗篇。于：朱熹《集注》云：“往取也。”茅：茅草，用来盖屋顶。 ④宵：晚上。索绹（táo 陶）：绞绳索。 ⑤亟其乘屋：郑笺云：“亟，急；乘，治也。”亦有人释乘为“升”，即爬上屋顶，亦通。 ⑥百谷：泛指各种粮食作物。 ⑦恭俭礼下：朱熹《集注》云：“恭则能以礼接下，俭则能取民以制。” ⑧阳虎：鲁国执政大夫季孙氏的家臣，曾挟持季桓子，操纵国政。鲁定公八年（前502年），他因废除三桓势力失败而逃奔他国。 ⑨五十而贡：此处所提到的夏、商、周三代所行的贡、助、彻，是历来聚说纷纭的话题。按赵俪生《中国土地制度史》的说法，贡就是贡纳的意思。 ⑩助：《诗·小雅·甫田》孔疏云：“助者，九夫而税一夫之田；贡者，什一而贡一夫之谷。”据赵俪生的见解，“劳动者每人有一小块份地，作为支付对这一小块份地的报酬，劳动者必须到贵族的大田块上去进行无偿的劳动”。 ⑪彻：前人训此字为通、取。现在的研究者一般认为，“彻”是一种双轨制，即在有的地区行缴纳实物的贡法，有的地区行出劳力的助法，但其缴纳比例都是什一。 ⑫藉：赵注云：“借也，犹人相借力助之也。” ⑬龙子：赵注云：“古贤人也。” ⑭校：比较、核定。在有的本子中，此字作“挍”，是明代因避熹宗讳而改。 ⑮粒米：犹言米粒。狼戾：朱熹《集注》云：“犹狼藉，言多也。” ⑯粪：施肥。 ⑰盻盻（xī 系）：赵注云：“勤苦不休息之貌。”又，朱熹《集注》云：“恨视也。” ⑱称贷：朱熹《集注》云：“称，举也；贷，借也。” ⑲世禄：赵注云：“古者诸侯、卿大夫、士有功德，则世禄赐族者也；官有世功者，其子虽未任居官，得世食其父禄。” ⑳《诗》云：此处诗句引自《诗·小雅·大田》，这是一首农事诗。 ㉑庠、序、学、校：除“学”外，一般都认为是古代乡校的名目。此处说它们是不同时代的乡校，据《礼记·学记》称“古之教者，家有塾，党有庠，术有序”，则它们也可能是不同等级的地方学校。
㉒养：赵注、朱熹均认为此处的养、教、射是教育内容，王念孙《广雅疏证》则认为它们“皆是教导之名。” ㉓三代共之：赵注云：“三代同名，皆谓之学。” ㉔为王者师：意为被称王天下的人所效法。 ㉕《诗》云：此处诗句引自《诗·大

雅·文王》。 ㉖子力行之:此处的子指滕文公。 ㉗新:在此作动词用,意为更新。 ㉘毕战:朱熹《集注》云:“滕臣。文公因孟子之言而使毕战主为井地之事,故又使来问其详也。”井地:即井田,传说中殷周时代的一种土地制度,因其地亩为沟洫所界限而呈“井”字形,故名。 ㉙经界:赵注云“经亦界也”,以此词为同义复词;朱熹则以经为动词。 ㉚钧:同“均”。 ㉛谷禄:指俸禄,古代的官员俸禄以谷物计算,故称。 ㉜慢其经界:焦循《正义》云:“心轻慢之,不以先王所定为制。” ㉝圭田:用于祭祀的田。 ㉞余夫:“丁男”之外的人口。 ㉟守望:朱熹《集注》云:“防寇盗也。” ㊱润泽:朱熹《集注》云:“谓因时制宜,使合于人情、宜于土俗而不失乎先王之意也。”

【译文】

滕文公询问治理国家,孟子说:“与民众有关的事务不能放松。《诗》说:‘白天取茅草,晚上把绳绞,房屋赶快修整好,来年庄稼种得早。’民众的一般规律,有固定产业的有恒心,没有固定产业的没有恒心。一旦没有恒心,就会放荡胡来,无所不为。等到陷入罪网,然后跟着惩治他们,这是欺罔民众。哪有仁人当政而去欺罔民众的呢?因此,贤明的君主必定谦恭俭朴,对待臣仆有礼,向民众征税有定规。阳虎说:‘致力于发财就不会仁爱,致力于仁爱就不会发财。’

“夏族以五十亩为单位贡,商族以七十亩为单位助,周族以一百亩为单位彻,其实质都是十分取一。彻是抽取的意思,助是借助的意思。龙子说:‘管理土地没有比助更好的,没有比贡更不好的。’贡是核定了几年收成的平均数作为常度。丰收之年谷物充溢,多收取些不算暴虐,却少收取;歉收之年给田上了肥料还收不上庄稼,却必定要取满定数。作为民众的父母,却使子民忧怨勤苦,即使终年辛劳也不足以赡养自己的父母,还要靠借贷来凑满租税,致使老人小孩在山沟荒野奄奄一息,哪里还算得上是民众的父母呢?世代承袭俸禄的制度,滕国原本已经实行。《诗》说:‘雨水浇灌我们的公田,然后泽及我的私田。’助才会要有公田。由此看来,即使周代也施行助。

“设置庠、序、学、校来教育民众,庠是教养的意思,校是教导的意思,序是训导的意思。夏代称校,商代称序,周代称庠,学是三代都有的,都是用来使人们懂得人与人的伦常关系。在上者懂得了人与人的伦常关系,庶民们就会在下面拥护亲附。若有称王天下的人兴起,必定会来仿效取法,这样就成为称王天下者的老师了。《诗》所谓的‘姬周虽旧国,天命却新受’,是指周文王。你努力实行吧,也使你的国家气象一新。”

滕文公派毕战来询问井田,孟子说:“你的国君要施行仁政,经过挑选才派你来,你一定要努力啊!施行仁政,必定要从田地的分界开始。田地的分界不规整,井田块就不均衡,作为俸禄所分的谷物就不公平,因此,暴君和贪官污吏必定不会重视他们的田地分界。田地的分界规整了,分配田地、制定俸禄就能毫不费力地确定。

"滕国的疆土虽然狭小,一样要有执政的君子,要有耕田的农民。没有执政的君子就无法管理耕田的农民,没有耕田的农民就无法供养执政的君子。希望滕君在郊野施行九分取一的助,在都城中十分取一而让国民自行交纳。国卿以下的官员必定要有用于祭祀的圭田,圭田是五十亩。每户的多余人口给田二十五亩。丧葬、迁居都不出乡里,每个乡里同耕一块井田,出入劳作时相互伴随,抵御寇盗时相互帮助,有病痛意外相互照顾,这样百姓就友爱和睦了。一里见方作为一块井田,一块井田有九百亩,中央的一百亩是公田,八家各以一百亩为私田,共同料理公田。公田上的事情做完了,才可以做私田上的事情,是为了使耕田的农民有所区分。这是井田的大概,至于调整完善就靠国君和你了。"

【段意】

此章是孟子谈论仁政的重要言论之一。其主要观点大致有二,其一,施仁政首先要安定民众,使他们富庶起来,其具体的措施则是井田制;其二,民众富庶之后,要对他们进行"明人伦"的道德教育。此章中叙述井田制度的文字很引起学者的注意,后世研究先秦的井田制度,大都少不了要引述这一段材料,但也因此引起了不少争论。有人认为,孔子时已感叹"文献不足征",何以孟子却能对这一套古制言之凿凿,由此可见,它的真实性大可怀疑。荀子曾指出,思孟学派的特点是"见闻博杂,按往旧造说"(《荀子·非十二子》)。因此,这里的井田状况,很可能也是"按往旧造说"的产物。不过,我们可以由此窥见,孟子的社会理想乃是保持旧有的阶层分野(恒产、恒心),维护带有原始公社遗风的乡村宗族社会。

3.4 有为神农之言者许行自楚之滕,[①]踵门而告文公曰:[②]"远方之人闻君行仁政,愿受一廛而为氓。"[③]文公与之处。其徒数十人,皆衣褐,[④]捆屦、织席以为食。[⑤]

陈良之徒陈相与其弟辛负耒耜而自宋之滕,[⑥]曰:"闻君行圣人之政,是亦圣人也,愿为圣人氓。"陈相见许行而大悦,尽弃其学而学焉。

陈相见孟子,道许行之言曰:"滕君则诚贤君也,虽然,未闻道也。贤者与民并耕而食,饔飧而治。[⑦]今也滕有仓廪府库,则是厉民而以自养也,[⑧]恶得贤?"

孟子曰:"许子必种粟而后食乎?"曰:"然。"

“许子必织布而后衣乎?”曰:“否,许子衣褐。”

“许子冠乎?”曰:“冠。”

曰:“奚冠?”曰:“冠素。”⑨

曰:“自织之与?”曰:“否,以粟易之。”

曰:“许子奚为不自织?”曰:“害于耕。”⑩

曰:“许子以釜甑爨、以铁耕乎?”⑪曰:“然。”

“自为之与?”曰:“否,以粟易之。”

“以粟易械器者,不为厉陶冶;⑫陶冶亦以其械器易粟者,岂为厉农夫哉?且许子何不为陶冶,舍皆取诸其宫中而用之,⑬何为纷纷然与百工交易?何许子之不惮烦?”曰:“百工之事固不可耕且为也。”

“然则治天下独可耕且为与?有大人之事,⑭有小人之事。且一人之身而百工之所为备,如必自为而后用之,是率天下而路也。⑮故曰或劳心、或劳力,劳心者治人,劳力者治于人;治于人者食人,治人者食于人,天下之通义也。

“当尧之时,天下犹未平,洪水横流,氾滥于天下,⑯草木畅茂,禽兽繁殖,五谷不登,⑰禽兽偪人,⑱兽蹄鸟迹之道交于中国。⑲尧独忧之,举舜而敷治焉。⑳舜使益掌火,益烈山泽而焚之,禽兽逃匿。禹疏九河㉑,瀹济漯而注诸海,㉒决汝汉、排淮泗而注之江,㉓然后中国可得而食也。当是时也,禹八年于外,三过其门而不入,虽欲耕,得乎?后稷教民稼穑,㉔树艺五谷,㉕五谷熟而民人育。人之有道也,饱食、暖衣、逸居而无教,则近于禽兽。圣人有忧之,使契为司徒,㉖教以人伦,父子有亲,君臣有义,夫妇有别,长幼有叙,㉗朋友有信。放勋曰:㉘‘劳之来之,㉙匡之直之,辅之翼之,使自得之,㉚又从而振德之。’㉛圣人之忧民如此,而暇耕乎?

“尧以不得舜为己忧,舜以不得禹、皋陶为己忧,㉜夫以百亩之不易为己忧者农夫也。㉝分人以财谓之惠,教人以善谓之忠,为天下得人者谓之仁。是故以天下与人易,为天下得人难。孔子曰:㉞‘大哉尧之为君!惟天为大,惟尧则之。㉟荡荡乎,民无能名焉。㊱君哉舜也!巍巍乎,有天下而不与焉。’㊲尧舜之治天下,岂无所用其心哉?亦不用于耕耳。㊳

“吾闻用夏变夷者，[39]未闻变于夷者也。陈良，楚产也，[40]悦周公、仲尼之道，北学于中国，北方之学者未能或之先也，彼所谓豪杰之士也。子之兄弟事之数十年，师死而遂倍之。[41]昔者孔子没，三年之外门人治任将归，[42]入揖于子贡，相向而哭，皆失声，然后归。子贡反，筑室于场独居三年，然后归。他日，子夏、子张、子游以有若似圣人，欲以所事孔子事之，强曾子。曾子曰：‘不可。江汉以濯之，[43]秋阳以暴之，[44]皓皓乎不可尚已。’[45]今也南蛮鴃舌之人非先王之道，[46]子倍子之师而学之，亦异于曾子矣。吾闻出于幽谷迁于乔木者，[47]未闻下乔木而入于幽谷者。《鲁颂》曰：‘戎狄是膺，[48]荆舒是惩。’[49]周公方且膺之，[50]子是之学，亦为不善变矣。”

“从许子之道，则市贾不贰，[51]国中无伪，虽使五尺之童适市，[52]莫之或欺。布帛长短同则贾相若，麻缕丝絮轻重同则贾相若，五谷多寡同则贾相若，屦大小同则贾相若。”

曰：“夫物之不齐，物之情也，或相倍蓰，[53]或相什百，或相千万。子比而同之，[54]是乱天下也。巨屦小屦同贾，人岂为之哉？从许子之道，相率而为伪者也，恶能治国家？”

【注释】

①神农之言：神农是传说中上古时代发明农业和医药的圣人。春秋战国时代百家争鸣，学者多托始于古代圣人以自重，《汉书·艺文志》“诸子略”的农家中即有《神农》二十篇，班固自注云：“六国时，诸子疾时怠于农业，道耕农事，托之神农。”许行：生平无考，钱穆《先秦诸子系年考辨》卷三认为他可能就是《吕氏春秋·当染》中提到的“学于禽滑釐”的许犯，但又感到证据不够充分，未能论定。　②踵门：犹现在所谓的登门拜访。　③廛（chán 缠）：赵注云：“居也。”古时一家所居占地二亩半，称一廛。氓：此指治下的民众。　④褐：以粗麻编织的衣服。　⑤捆屦：织草鞋。以为食：赵注云：“卖屦席以供食饮也。”　⑥陈良：赵注云：“儒者也。”　⑦饔飧（sūn 孙）：指自己煮饭，赵注云：“熟食也，朝曰饔，夕曰飧。”　⑧厉：病、害，此处是刻剥的意思。　⑨素：白色的生绢。　⑩害：妨碍。　⑪釜：煮物的锅。甑：蒸物的瓦器。铁：指农具。　⑫陶冶：制陶、冶铁的工匠。　⑬舍：钱玄同、章太炎均训为“什么”，指许行自为陶冶生产的东西。朱熹谓，亦有人将此字属上读，指制作陶冶的场所，意思相近。宫：指居室。　⑭大人之事：赵注云：“大人之事，谓人君行教化也；小人之事，谓农工

商也。” ⑮路：朱熹《集注》云：“谓奔走道路，无时休息也。” ⑯氾：同“泛”。⑰五谷：古代以稻、黍（黄米）、稷（小米）、麦、菽（大豆）为五谷。此处是泛指粮食作物。登：朱熹《集注》云：“成熟也。” ⑱偪：同“逼”。 ⑲交于中国：赵注云：“猛兽之迹当在山林，而反交于中国。”朱熹《集注》云：“言禽兽多也。”⑳敷：赵注训“治”，朱熹、焦循《正义》均训作“布”，布有施行之意。 ㉑九河：据《尚书·禹贡》，当时的黄河流到华北平原中部后“播为九河”，《尔雅·释水》还具体列举了这九条河的名称。 ㉒瀹（yuè 月）：疏通。济：水名，源于河南济源以西的王屋山，南下流入黄河，入河口几经变迁，近代为河堤所阻塞，已折入漭河。漯（tà 踏）：古代黄河下游的主要支流之一，自今河南浚县西南别流，东北经濮阳入山东入海。今山东徒骇河俗名“上河”，与其名古音相近，河道流经又大致相合，当即古漯水之残迹。 ㉓汝：水名，源出今河南鲁山大盂县，注入淮河。汉：水名，源出今陕西宁强县北蟠冢山，流入长江。淮：水名，出河南桐柏山，东经安徽、江苏入洪泽湖。泗：水名，源于今山东泗水陪尾山，流入淮水。 ㉔后稷：名弃，周族的始祖。相传他善于种植各种粮食作物，曾在尧、舜时代担任过农官，教民耕种。稼穑：播种和收获，泛指一般农事。 ㉕树艺：朱熹《集注》云：“树，亦种也；艺，殖也。” ㉖契（xiè 卸）：传说中商代的祖先，因佐禹治水有功，被舜任命为司徒，掌管教化。司徒：当时掌管民事的官职。 ㉗叙：同“序”。㉘放勋：尧名放勋。以下所述，当是尧训示契的话。 ㉙劳之来之：《尔雅·释诂》：“劳、来，勤也。”据此，此处两“之”是同义词，意为督促、勤勉。下文“匡之直之”、“辅之翼之”与此类似。 ㉚自得：赵注云：“使自得其本善性。” ㉛振德：提携、教诲。 ㉜皋陶（yáo 摇）：传说中东夷族的首领，在舜时担任掌管刑法的官。 ㉝百亩之不易：朱熹《集注》云：“易，治也。” ㉞孔子曰：此处引语见于《论语·泰伯》，个别词语稍有不同。 ㉟则：取则、效法。 ㊱无能名：无法形容。 ㊲与（yù 预）：占有、私有。 ㊳亦：据杨树达《词诠》，此处的“亦”为只是的意思。 ㊴夏：古代称中原地区为诸夏，朱熹《集注》云：“夏，诸夏礼义之教也。”变夷：朱熹《集注》云：“变夷，变化蛮夷之人也；变于夷，反见变化于蛮夷之人也。” ㊵产：此指出生。 ㊶倍：同“背”。 ㊷任：赵注云：“担也。”治任犹现在所谓的收拾行李。 ㊸江汉以濯之：濯意为洗涤。㊹秋阳：赵注云：“周（历）之秋，夏（历）之五六月，盛阳也。”暴：同“曝”。㊺皓皓：朱熹《集注》云：“洁白貌。”尚：超越、增加。 ㊻鴃（jué 决）舌：说话如鸟叫一般难懂。旧说谓指许行“其舌之恶如鴃鸟耳”（赵注）。 ㊼出于幽谷迁于乔木：典出《诗·小雅·伐木》。幽谷喻低，乔木喻高。 ㊽《鲁颂》曰：此处诗句引自《诗·鲁颂·閟宫》，这是一首赞颂鲁僖公功绩的诗歌。膺：朱熹《集注》

云:“击也。” ㊾荆:楚原建国于荆山一带,故旧名荆。中原诸侯亦因此而蔑称其为荆蛮。舒:楚的与国,故地在今安徽舒城县。惩:赵注云:“惩止荆舒之人,使不敢侵陵也。” ㊿周公:朱熹《集注》云:“此诗为僖公之颂,而孟子以周公言之,亦断章取义也。” 51贾:同“价”。 52五尺之童:古代成年人自称丈夫,五尺只及成年人的一半,朱熹云:“言幼小无知也。” 53蓰(xǐ 喜):五倍。54比:并列,朱熹《集注》云:“次也。”

【译文】

有个主张神农家学说的许行从楚国来到滕国,登门求见对滕文公说:“我这偏远地方的人听说您施行仁政,希望领受一间住所而成为您的子民。”文公给了他一个住所。他的门徒有几十个,都穿着粗麻编织的衣服,以打草鞋、织座席谋生。

陈良的门徒陈相和他的弟弟陈辛背着农具从宋国来到滕国,对文公说:“听说您施行圣人的政治,您也是圣人了,我们愿意成为您的子民。”陈相见了许行非常高兴,抛弃了自己的学问去向他学习。

陈相见了孟子,转述许行的话说:“滕君确实是个贤明的君主,然而却未曾听到真理。贤者应该与民众一起种出庄稼来吃,做出饭来才处理政务。现在滕国有粮仓钱库,是以刻剥民众来奉养自己,怎么能贤明呢?”

孟子说:“许子一定要种出粟米来才吃吗?”陈相说:“是的。”

孟子说:“许子一定要织出布来才穿吗?”陈相说:“不,许子穿粗麻编织的衣服。”

孟子说:“许子戴冠吗?”陈相说:“戴的。”

孟子说:“什么样的冠?”陈相说:“白色的粗绸冠。”

孟子说:“是自己织出来的吗?”陈相说:“不,用粟米换来的。”

孟子说:“许子为什么不自己织呢?”陈相说:“因为妨碍耕作。”

孟子说:“许子是用瓦罐煮饭、铁器耕田吗?”陈相说:“是的。”

孟子说:“是自己制作的吗?”陈相说:“不,用粟米换来的。”

孟子说:“用粟米换用具的人,并没有刻剥陶工、铁匠;陶工、铁匠也用自己所造的用具来换粟米,难道是刻剥农夫吗?而且许子为什么不兼做陶工、铁匠,把做出来的用具都拿到自己家中使用,干什么这样一一与各种工匠进行交易?为什么许子如此不厌其烦?”陈相说:“各种工匠的工作,本来就不能耕种着庄稼来兼做。”

孟子说:“那么,难道治理国家就能耕种着庄稼来兼做吗?有君子的事务,有小人的事务。以一人的生活来说,各种工匠的制品都不可缺少,如果必须自己制作才来使用,是指使着天下的人疲于奔命。所以说有的人劳动心力、有的人劳动体力,劳动心力的人治理人,劳动体力的人被人治理;被人治理的人养活人,治理人的人被人养活,这是普天之下通行的道理。

“在尧的时候,天下还不安定,洪水横溢,四处泛滥,草木无限地生长,鸟兽成群地繁殖,庄稼没有收获,禽兽危害民众,飞鸟走兽的踪迹横七竖八地布满中原国土。尧对此独自忧虑,选拔了舜来进行治理。舜派益掌管焚火,益在山野沼泽点起烈火进行焚烧,鸟兽奔逃藏匿。接着,由禹疏浚九河,治理济水、漯水,引流入海;开掘汝水、汉水,疏通淮水、泗水,导流入江,这样一来,民众才能在中原大地上得以生息。在那时,禹一连八年在外边奔走,三次经过自己的家门都不进去,纵使要耕种,可能吗?后稷教民众耕种收获,种殖谷物,谷物成熟了才能养育民众。人有人的行事准则,吃饱、穿暖、住得安逸却没有教养,就和禽兽差不多了。圣人对此感到忧虑,派契担任司徒,以人与人的伦常关系来教诲民众,父子之间要亲密无间,君臣之间要正义忠诚,夫妇之间要内外有别,长幼之间要尊卑有序,朋友之间要遵守信用。放勋说:‘督促他们,纠正他们,帮助他们,使他们各得其本性,随后再提高他们的道德。’圣人为民众思虑到这种程度,还有闲暇耕种吗?

“尧以不能得到舜这样的人作为自己的忧虑,舜以不能得到禹和皋陶这样的人作为自己的忧虑,而以一百亩农田没有种好作为自己忧虑的是农夫。把财物分给他人叫做惠,把善德教给他人叫做忠,为天下民众找到贤才叫做仁。因此,把天下让给别人容易,为天下民众找到贤才难。孔子说:‘尧作为君主伟大啊!唯有天最高大,唯有尧效法它。浩瀚啊,民众无法形容。真正的君主啊,舜!崇高啊,拥有了天下却不占有它。’尧舜的治理天下,难道没有用他们的心思吗?只是不用在耕作上而已。

“我只听说用中土的德教来影响蛮夷,没听说过被蛮夷所影响的。陈良是楚人,喜好周公、孔子的学说,北来中土进行学习,北方的学者没有一个能超过他的,他就是所谓的豪杰之士。你们兄弟事奉他数十年,老师死了却背叛他的学说。过去孔子去世,门徒们守丧三年之后收拾行李准备回去,进屋与子贡揖别,相对而哭,都泣不成声,然后才回去。子贡回到墓地,在祭坛边筑屋独自居住了三年,然后才回去。过了些日子,子夏、子张、子游因为有若长得像孔子,打算像事奉孔子那样礼待他,并强求曾子也这样做。曾子说:‘不行。如同在江汉之水中洗濯过,好似在六月骄阳下曝晒过,老师那样的纯净精洁是无法超越的。’如今许行这种话语难懂的南蛮人来非难先王之道,你却背叛了你的老师向他学习,与曾子真是大相径庭了。我只听说鸟儿从幽暗的山谷飞往高大的树木,从没听说过从高大的树木飞到幽暗的山谷中去的。《鲁颂》说:‘痛击戎狄,遏止荆舒。’周公正要痛击他们,你却赞同他们的学说,这真算不上好的变更。”

陈相说:“要是听从了许子的学说,市场上的物价就没有差别,都市里没有欺骗行为,即使是五尺高的孩童到市场上去,也没有人会欺负他。布匹丝绸的长短相等,价钱就一样;麻线丝絮的分量相等,价钱就一样;粟米谷物的多少相等,价钱就一样;鞋履的大小相等,价钱就一样。"

孟子说:"物品之间不相一致,是物品本身的特性,或者相差一倍五倍,或者相差十倍百倍,或者相差千倍万倍。你要把它们等量齐观,是淆乱天下。优质的鞋和粗劣的鞋卖同样的价钱,人们怎么会接受呢?要是听从了许子的学说,是引导着天下的人去进行欺骗,怎么能治理国家呢?"

【段意】

此章记载了孟子与信奉"神农之言"者的论战。所谓"神农之言",是当时诸子百家中属于农家的一个流派,《汉书·艺文志》"诸子略"著录有《神农》二十篇,可能就是他们的经典,由于该书已散佚,所以现今要研究这一派的主张,《孟子》此章是极重要的资料。农家学派的主张,貌似激进,实际上却是反对社会分工,要求退回到原始状态的社会中去,正如《汉书·艺文志》所说:"及鄙者为之,以为无所事圣王,欲使君臣并耕,誖上下之序。"孟子根据社会分工的合理性,论证了劳力和劳心、统治者与被统治者的区别问题。从社会进化的角度来看,孟子的观点有其正确的方面。孟子所说的"劳心者治人,劳力者治于人",在近两千年的封建社会中有很大的社会影响。以今日的眼光来看,孟子把它视为"天下之通义"未免存在片面性,但这是不能苛求他的。

3.5 墨者夷之因徐辟而求见孟子,①孟子曰:"吾固愿见,今吾尚病,病愈我且往见。"夷子不来。②

他日,又求见孟子,孟子曰:"吾今则可以见矣。不直则道不见,③我且直之。吾闻夷子墨者,墨之治丧也以薄为其道也。④夷子思以易天下,⑤岂以为非是而不贵也?然而夷子葬其亲厚,⑥则是以所贱事亲也。"

徐子以告夷子,夷子曰:"儒者之道,古之人'若保赤子',⑦此言何谓也?之则以为爱无差等,施由亲始。"⑧

徐子以告孟子,孟子曰:"夫夷子信以为人之亲其兄之子为若亲其邻之赤子乎?彼有取尔也,赤子匍匐将入井,非赤子之罪也。且天之生物也,使之一本,⑨而夷子二本故也。盖上世尝有不葬其亲者,其亲死则举而委之于壑。他日过之,狐狸食之,蝇蚋姑嘬之。⑩其颡有泚,⑪睨而不视。⑫夫泚也非为人泚,中心达于面目,盖归反蘽梩而掩之。⑬掩之诚是也,则孝子仁人之掩其亲亦必有道矣。"

徐子以告夷子,夷子怃然,为间曰:[14]"命之矣!"[15]

【注释】

①夷之:生平无考,赵注云:"治墨家之道者。"徐辟:赵注云:"孟子弟子也。" ②夷子不来:有人以此句亦孟子所言,意为夷子不必来了。 ③见:同"现"。 ④墨之治丧也以薄为其道:薄葬是墨家的基本观点之一,《墨子》书中有《节葬》篇专言此事。 ⑤易:改易。 ⑥葬其亲厚:赵注以为这是孟子的假设之言,焦循《正义》谓"近时通解以夷子葬其亲厚乃是夷子实事"。 ⑦若保赤子:语出《书·康诰》,这是周公据成王的命令告诫康叔的话。 ⑧施:施行。 ⑨一本:赵注云:"天生万物各由一本而出,今夷子以他人之亲与己亲等,是为二本。" ⑩蝇蚋姑嘬之:朱熹《集注》云:"蚋,蚊属。姑,语助声,或曰蝼蛄也。嘬,攒共食之也。" ⑪颡:赵注云:"额也。"泚(cǐ 此):赵注云:"汗出泚泚然也。" ⑫睨:朱熹《集注》云:"邪视也。" ⑬虆梩(léilǐ 雷厘):盛土的箕和挖土的锹。 ⑭为间:赵注云:"有倾之间也。" ⑮命:朱熹《集注》云:"犹教也,言孟子已教我矣。"

【译文】

墨家信徒夷之通过徐辟求见孟子,孟子说:"我本来愿意见,但现在还在病中,等病好了我去见他。"夷之就没有去。

过了些日子,夷之又来求见孟子,孟子说:"我现在可以见他了。话不直截了当地说便讲不清道理,我就直截了当地说吧!我听说夷子是墨家的信徒,墨家办理丧事以俭约作为他们的准则。夷子想用它来改易天下的礼俗,难道以为不这样就不足贵吗?但夷子安葬他的父母亲却很丰厚,那是拿自己看不起的东西来事奉父母亲。"

徐辟把这些话告诉夷之,夷之说:"按儒家信徒的说法,古时候对待民众'如同爱护婴儿一般',这话是什么意思呢?我认为它是指爱没有等级区分,只是从父母亲开始实施罢了。"

徐辟把这些话告诉孟子,孟子说:"夷子真的认为人们爱护自己侄儿等同于爱护邻居的婴儿吗?他是有依据的,例如婴儿爬着将要掉到井里去时,这当然不能归罪于婴儿。上天生养万物,让他们各有一个本源,而夷子却要他们有两个本源。上古时代曾经有不安葬自己父母亲的人,他的父母亲死了就扛起来丢在山沟里。过了些日子经过那里,只见狐狸在撕食尸体,蚊蝇在叮咬尸体。那人额头流出汗来,避开眼光不敢正视。这汗不是为他人所流的,而是内心的愧疚表露在面目上,于是就回去拿了锄头土畚把尸体掩埋了。如果掩埋尸体确实是对的,那么,孝子仁人安葬自己的父母亲也必定是符合道理的。"

徐辟把这些话告诉夷之,夷之茫然自失,好一会才说:"他教育了我!"

【段意】

此章记述了孟子与墨家学派的一次交锋。墨家学派是当时著名的“显学”之一,孟子在此主要批驳了他们“薄葬”、“兼爱”的观点。儒家虽然也说“仁者爱人”,但在本质上是认为人与人之间有等差区别的,正因为有这样的区分,才产生了一系列伦理道德规范。值得注意的是,孟子把儒家行为规范的基点,奠立在人之常情的基础上,这就大大增强了儒家理论的说服力。正如朱熹所说:“此掩其亲者若所当然,则孝子仁人所以掩其亲者必有其道,而不以薄为贵矣。”(《集注》)

滕文公下

3.6　陈代曰："不见诸侯宜若小然，①今一见之，大则以王、小则以霸，且志曰'枉尺而直寻'，②宜若可为也。'"

孟子曰："昔齐景公田，招虞人以旌，③不至，将杀之。'志士不忘在沟壑，勇士不忘丧其元'，孔子奚取焉？取非其招不往也。如不待其招而往，何哉？且夫'枉尺而直寻'者，以利言也。如以利，则枉寻直尺而利，亦可为与？昔者赵简子使王良与嬖奚乘，④终日而不获一禽。嬖奚反命曰：'天下之贱工也。'或以告王良，良曰：'请复之。'强而后可，⑤一朝而获十禽。嬖奚反命曰：'天下之良工也。'简子曰：'我使掌与女乘。'谓王良。良不可，曰：'吾为之范我驰驱，⑥终日不获一；为之诡遇，⑦一朝而获十。《诗》云："不失其驰，⑧舍矢如破。"⑨我不贯与小人乘，⑩请辞。'御者且羞与射者比，比而得禽兽虽若丘陵，弗为也。如枉道而从彼，何也？且子过矣，枉己者未有能直人者也。"

【注释】

①陈代：赵注云："孟子弟子也。"小：朱熹《集注》云："谓小节也。"　②枉尺而直寻：朱熹《集注》云："枉，屈也；直，伸也。"寻是古代的长度单位，等于八尺。③虞人：管理狩猎场的官员。旌：用牦牛尾和彩色鸟羽作竿饰的旗。按当时的礼仪，旌是用来招请大夫的，招请虞人应用皮冠。因齐景公的做法不合乎礼仪，所以虞人不应命。　④赵简子：即赵鞅，亦称赵孟。春秋末年晋国的卿，曾击败范氏、中行氏，大大扩张了自己的封地，为后来分晋建立赵国打下了基础。王良：即《左传·哀公二年》所载的邮无恤，春秋末年著名的御手。　⑤强而后可：朱熹《集注》云："嬖奚不肯，强之而后肯也。"　⑥范：规范、法度。　⑦诡遇：朱熹《集注》云："不正而与禽遇也。言奚不善射，以法驰驱则不获，废法诡遇而后中

也。” ⑧此处诗句引自《诗·小雅·车攻》，这是一首以周宣王田猎为题材的颂歌。不失其驰：赵注云：“言御者不失其驰驱之法。” ⑨舍矢如破：舍矢指放箭，王引之《经传释词》解此句为“言其中之速也。” ⑩贯：同“惯”。

【译文】

陈代说：“不去见诸侯似乎是小事，现今一去见他们，大可以称王天下、小可以称霸诸侯，记载上说‘屈曲一尺而伸直八尺’，似乎可以见一见的。”

孟子说：“过去齐景公田猎，用旌去传唤管理山林的虞人，虞人不去，景公要处死他。孔子得知后说‘志士不怕弃尸山沟，勇士不怕丧失头颅’，孔子赞赏什么呢？是赞赏虞人对不符合礼仪的传唤不应承。要是不待传唤而去应承，那算什么呢？所谓‘屈曲一尺而伸直八尺’，是从利上来说的。要说利，如果屈曲八尺而伸直一尺有利，是否也能做呢？过去赵简子派王良为他宠幸的小臣奚驾车，一整天捕不到一只鸟。奚向赵简子汇报说：‘王良是天下最拙劣的车手。’有人把这话告诉了王良，王良说：‘请让我们再去一次。’经过强求之后才获允准，结果一个早上就捕到了十只鸟。奚向赵简子汇报说：‘王良是天下最优秀的车手。’赵简子说：‘我派他专门为你驾车。’便告诉了王良。王良不同意，说：‘我替他按规范驾车，一整天捕不到一只；不按照规范驾车，一个早上就捕到了十只。《诗》说：“不失规范地奔驰，一箭发出就射中。”我不习惯替小人驾车，请不要任命。’车手尚且羞于与奚这样的射手合作，即使合作所得的鸟兽多得像山丘一样，也不肯干。要是损害了原则去阿附诸侯，那算什么呢？而且你错了，自己不行正道的人未曾有过能匡正他人的。”

【段意】

陈代是孟子的弟子，他对于孟子坚持原则，得不到礼请不去见诸侯的行为，觉得太迂了一点，要求老师在礼仪问题上暂且委曲一点，以换取“大可以称王天下，小可以称霸诸侯”的大目标。孟子认为，陈代的想法不正确，如果一开始就在礼仪这样的原则问题上让步，又怎样能达到大目标呢？有人指出：“古之人宁道不行而不轻其去就，是以孔、孟虽在春秋战国之时而进必以正，以至终不得行而死也。使不恤其去就而可以行道，孔、孟当先为之矣。孔、孟岂不欲道之行哉？”（见朱熹《集注》）

3.7 景春曰：“公孙衍、张仪岂不诚大丈夫哉？①一怒而诸侯惧，安居而天下熄。”②

孟子曰：“是焉得为大丈夫乎？子未学礼乎？丈夫之冠也，③父命之；④女子之嫁也，母命之，往送之门，戒之曰：‘往之女家，必敬必戒，无违夫子。’⑤以顺为正者，妾妇之道也。居天下之广居，⑥立天下之正位,行天下之大道,得志与民由之,不得志独行其道,富贵不能淫,[7]贫贱不能移,[8]威武不能屈,此之谓大丈夫。"

【注释】

①景春:赵注云:"孟子时人,为纵横之术者。"公孙衍:魏国人,名衍,战国中期的纵横家。张仪:魏国人,战国中期著名的纵横家,曾多次游说各国与秦国结盟,瓦解齐楚联盟,使秦国更为强大。 ②熄:赵注云:"天下兵革熄也。" ③冠:古代男子到了二十岁,要举行冠礼,以示成年。 ④父命之:命是训示的意思。 ⑤夫子:此指丈夫。 ⑥广居:朱熹《集注》云:"仁也。" ⑦淫:赵注云:"乱其心也。" ⑧移:朱熹《集注》云:"变其节也。"又赵注释为"易其行"。

【译文】

景春说:"公孙衍、张仪难道不确实是大丈夫吗?一发怒,诸侯就害怕;安居无事,天下就没有冲突。"

孟子说:"这怎么能算是大丈夫呢?你没有学礼吗?男子行冠礼时,父亲训导他;女子出嫁时,母亲训导她,亲自送到门口,告诫她说:'到了你的夫家,必须恭敬,必须谨慎,不要违抗丈夫。'以顺从作为准则,是为人之妻的道理。居住在天下最广大的居所里,站立在天下最正大的位置上,行走在天下最广阔的大道上,能实现志向就与民众一起去实现,不能实现志向就独自施行自己的原则,富贵无法诱惑,贫贱无法动摇,威武无法逼迫,这才叫做大丈夫。"

【段意】

此章是谈论什么是"大丈夫"。当时所谓的"大丈夫",犹如现今所说的"男子汉"。孟子认为,像公孙衍、张仪之类的纵横家,曲附君主,摇唇鼓舌,不过是女子、小人。真正的大丈夫应该行得正、站得直,为着一个理想的正义目标去奋斗。孟子在此章中所提出的"富贵不能淫,贫贱不能移,威武不能屈",曾鼓励了后世许多志士仁人,成为他们不畏强暴、坚持正义的座右铭。

3.8 周霄问曰:"古之君子仕乎?"[1]

孟子曰:"仕。传曰'孔子三月无君则皇皇如也,出疆必载质',[2]公明仪曰:'古之人三月无君则吊。'"[3]

"三月无君则吊,不以急乎?"

曰:"士之失位也,犹诸侯之失国家也。礼曰:'诸侯耕助以供粢盛,[4]夫人蚕缫以为衣服。[5]牺牲不成,[6]粢盛不洁,衣服不备,不敢以祭。'惟士无田则亦不祭,牲杀、器皿、衣服不备,不敢以祭,则不敢以宴,亦不足吊乎?"

"出疆必载质,何也?"

曰:"士之仕也犹农夫之耕也,农夫岂为出疆舍其耒耜哉?"⑦

曰:"晋国亦仕国也,⑧未尝闻仕如此其急。仕如此其急也,君子之难仕何也?"

曰:"丈夫生而愿为之有室,女子生而愿为之有家,父母之心人皆有之。不待父母之命、媒妁之言,⑨钻穴隙相窥,逾墙相从,则父母、国人皆贱之。古之人未尝不欲仕也,又恶不由其道。不由其道而往者,与钻穴隙之类也。"

【注释】

①周霄:赵注云:"魏人也。"在《战国策·魏策二》中曾提到他。 ②质:同"贽",古代初次与人相见所送的礼品。 ③吊:哀伤。 ④耕助:耕种藉田。藉田是古代统治者为勉励农民而亲自参加耕种的"样板田"。粢盛:祭祀时所用的米粮。 ⑤夫人:诸侯的正妻。蚕缫:养蚕缫丝。衣服:指祭祀所穿用的衣服。 ⑥牺牲:祭祀所杀的牛羊,下文的"牲杀"与此同意。成:此指肥壮。 ⑦耒耜:泛指耕地所用的农具。 ⑧仕国:可出仕的国家。 ⑨媒妁:妁与媒同义,均为古代的婚姻介绍人。

【译文】

周霄问道:"古代的君子出仕吗?"

孟子说:"出仕的。记载上说'孔子要是三个月没有事奉的君主就会惶惶不安,所以每离开一处必定带着拜见君主的礼物',公明仪说:'古代的人要是三个月没有事奉的君主就会感到悲伤。'"

周霄说:"三个月没有事奉的君主就感到悲伤,不是太性急了吗?"

孟子说:"士人失去了职位,犹如诸侯失去了国家。礼书上说:'诸侯亲自耕种农田以生产祭品,他们的夫人亲自养蚕以制作祭服。祭奠用的牲畜不肥壮,祭奠用的食品不洁净,祭奠用的礼服不完备,不敢用来祭祀。'士人如果没有了土地也不能祭祀,因为牲畜、器皿、礼服不完备,不敢用来祭祀,于是就不敢进行宴乐,难道不足以感到悲伤吗?"

周霄说:"每离开一处必定带着拜见君主的礼物是什么道理呢?"

孟子说:"士人去出仕好比农夫去耕地,农夫如果离开一个地方难道会丢下他的农具吗?"

周霄说:"魏国也是个能出仕的国家,但我从未听说过士人出仕有如此急迫的。既然士人出仕是如此的急迫，那么君子的出仕为什么那样艰难呢？”

孟子说：“男子生下来就希望为他找到妻室，女子生下来就希望为他找到夫家，父母的这种心情是人人都有的。但要是不得到父母亲的同意，没有媒人的介绍，就钻洞穴私下相见，翻墙头进行幽会，那么父母、国人都会看不起他们。古人不是不想出仕，但又嫌恶不通过正当途径的出仕。不通过正当途径去出仕的，就和钻洞翻墙差不多。”

【段意】

此章的涵义，与本篇陈代劝说孟子那一章基本相同。孔子“三月无君则皇皇如也”，不是担心没有官做，而是忧虑没有行道的机遇。然而，君子虽然急于出仕行道，却又不见利忘义，为了出仕而忘记自己的大目标。孟子在此章中所举的例子，就很确切、形象地说透了这一层道理。

3.9　彭更问曰：“后车数十乘，[1]从者数百人，以传食于诸侯，[2]不以泰乎？”

孟子曰：“非其道，则一箪食不可受于人；如其道，则舜受尧之天下不以为泰。子以为泰乎？”

曰：“否，士无事而食，不可也。”

曰：“子不通功易事，[3]以羡补不足，则农有余粟，女有余布；子如通之，则梓匠轮舆皆得食于子。[4]于此有人焉，入则孝，出则悌，守先王之道，以待后之学者，[5]而不得食于子，子何尊梓匠轮舆而轻为仁义者哉？”

曰：“梓匠轮舆其志将以求食也，君子之为道也，其志亦将以求食与？”

曰：“子何以其志为哉？其有功于子，可食而食之矣。且子食志乎，食功乎？”

曰：“食志。”

曰：“有人于此，毁瓦画墁，其志将以求食也，则子食之乎？”

曰：“否。”

曰：“然则子非食志也，食功也。”

【注释】

①彭更：杨注云：“孟子弟子。”后车：随从的副车。　②传食：或释为“转

食”,或释为“舍止诸侯之客馆而受其饮食”,均通。 ③通功易事:朱熹《集注》云:“谓通人之功而交易其事。” ④梓匠轮舆:这些工匠在《考工记》中都列为“攻木之工”,分而言之,梓人掌造礼器,匠人掌土木工程,轮人、舆人掌造车的轮、舆(车厢)。 ⑤待:焦循《正义》引杜子春说云“‘待’当为‘持’”,“谓扶持后之学者”。

【译文】

彭更问道:“后面跟着几十乘车辆,身边随从着几百个人,走来走去都受到诸侯的供养,这样不觉得过分吗?”

孟子说:“不合乎道德,一碗饭都不能受之于人;合乎道德,舜接受了尧的天下都不觉得过分。你觉得过分吗?”

彭更说:“不对,士人没有成就而吃人家,是不可以的。”

孟子说:“你如果不沟通人们的劳绩、交换他们的成果,用多余来弥补不足,农夫就会有剩余下来的粟米,女子就会有剩余下来的布匹;你如果沟通他们,那么工匠们都能从你那儿得到吃的。现在有这么个人,在家孝顺,出外友爱,恪守先王的准则,以此扶持后进的学者,却不能从你那儿得到吃的,你为什么看重工匠而轻视实行仁义的人呢?”

彭更说:“工匠们的愿望是要以此来谋求吃的,君子的施行道德,其愿望也是要以此来谋求吃的吗?”

孟子说:“你何必管愿望呢?他们对你有劳绩,可以酬劳才酬劳他们的。你到底是酬劳愿望呢,还是酬劳劳绩?”

彭更说:“酬劳愿望。”

孟子说:“现在有个人,干活时毁坏了瓦片、污损了墙壁,其愿望是要以此来谋求吃的,你酬劳他吗?”

彭更说:“不。”

孟子说:“那么你就不是酬劳愿望,而是酬劳劳绩。”

【段意】

彭更是孟子的弟子,他认为孟子“后车数十乘,从者数百人,以传食于诸侯”过于奢泰,提出疑问。孟子认为,士人是以行道来服务于社会,所以他们的“得食”与农民生产粮食、妇女纺纱织布而“得食”一样合理,也就是说,士人是以“精神产品”来“求食”的。彭更后来所提出的“君子之为道也,其志将以求食与?”则是另外一方面的问题。君子固然应“谋道不谋食”,但社会在给予报酬时,却不能因为君子“不谋食”而不给或少给,而应该根据他们所作出的实际贡献,即孟子所谓的“功”来衡估。

3.10　万章问曰:[①]“宋小国也,今将行王政,[②]齐、楚恶而伐之,则如之何?”

孟子曰:“汤居亳,[③]与葛为邻,葛伯放而不祀。汤使人问之曰:‘何为不祀?’曰:‘无以供牺牲也。’汤使遗之牛羊,葛伯食之,又不以祀。汤又使人问之曰:‘何为不祀?’曰:‘无以供粢盛也。’汤使亳众往为之耕,老弱馈食,葛伯率其民要其有酒食黍稻者夺之,[④]不授者杀之。有童子以黍肉饷,杀而夺之。《书》曰‘葛伯仇饷’,[⑤]此之谓也。为其杀是童子而征之,四海之内皆曰:‘非富天下也,为匹夫匹妇复仇也。’汤始征自葛载,[⑥]十一征而无敌于天下。东面而征,西夷怨;南面而征,北狄怨,曰:‘奚为后我!’民之望之若大旱之望雨也,归市者弗止,芸者不变,[⑦]诛其君、吊其民,如时雨降,民大悦。《书》曰‘徯我后,后来其无罚。’‘有攸不惟臣,[⑧]东征,绥厥士女,匪厥玄黄,[⑨]绍我周王见休,[⑩]惟臣附于大邑周。’[⑪]其君子实玄黄于篚以迎其君子,其小人箪食壶浆以迎其小人,救民于水火之中、取其残而已矣。《太誓》曰:[⑫]‘我武惟扬[⑬],侵于之疆,[⑭]则取于残,杀伐用张,[⑮]于汤有光。’[⑯]不行王政云尔,苟行王政,四海之内皆举首而望之,欲以为君,齐、楚虽大,何畏焉?”

【注释】

①万章:孟子的弟子。本书中他与孟子的问答甚多。　②将行王政:朱熹《集注》云:“宋王偃尝灭滕伐薛,败齐、楚、魏之兵,欲霸天下,疑即此时也。”　③亳:此处所说的亳在今河南商丘东南,即前人所谓的南亳。　④要:通“邀”,拦截。　⑤《书》曰:赵注云:“《尚书》逸篇文。”伪古文《尚书》将其采入《仲虺之诰》。　⑥汤始征自葛载:此句亦见于本书《梁惠王下》齐伐燕取之章,也是《书》的逸文,唯文字略有出入。载,朱熹《集注》云:“亦始也。”　⑦芸:通“耘”。　⑧有攸不惟臣:有攸,诸侯国名,故地在今河南安阳和淇县的东南。攸侯在殷商征伐东夷时出有大力,故得到商王的赏赐,成为东方的大国。周初东方诸侯起来叛乱,攸也参加了。不惟臣,即不臣服。　⑨匪:同“篚”,装东西的筐子。玄黄:指贡献的丝帛。　⑩绍:朱熹《集注》云:“继也,犹言事也。”休:朱熹《集注》云:“美也。”　⑪大邑周:这一称呼亦见于金文,犹如殷商的甲骨文自称“大邑商”、“天邑商”,乃尊大之辞。　⑫《太誓》:即《泰誓》,据传是周武王伐商大会诸侯的誓词。　⑬扬:赵注训为“鹰扬”,朱熹训作“奋扬”。

⑭侵:《穀梁传·隐公五年》云:“苞人民、殴牛马曰侵。”于:赵注释此句意为“侵纣之疆界”,以“于”为虚词。陈梦家《尚书通论》谓此处与下文“取于残”之“于”同“邘”,都是殷商的诸侯国名。　⑮张:张大,即彰明正道。　⑯有光:即“又光”,犹今言更为辉煌。

【译文】

万章问道:“宋是个小国,现在要施行称王天下的政措,齐国、楚国感到憎恨而去讨伐它,怎么办呢?”

孟子说:“成汤居住在亳地,与葛国相邻,葛伯放纵无道,不祭祀先祖。汤派人询问他们说:‘为什么不祭祀?’葛伯说:‘没有牲畜来做祭祀用的牺牲。’汤派人送给他们牛羊,葛伯把牛羊吃了,还是不用来祭祀。汤又派人询问他们说:‘为什么不祭祀?’葛伯说:‘没有谷物来做祭品。’汤派亳地的民众去为他们耕田,年老体弱的人去送饭时,葛伯带领着他的民众拦住那些带着酒食米饭的人抢夺,不肯给的就杀死。有个孩子带着米饭和肉,遭到杀害而被夺走了食物。《书》说‘葛伯与送饭者为仇’,就是指这件事。成汤因为葛伯杀死了这个孩子而去征讨他,四海之内都说:‘这不是贪图天下的财富,是为平民百姓复仇。’成汤的征讨从葛国开始,先后征战十一次而无敌于天下。他东向征讨,西方的夷人便埋怨;南向征讨,北方的狄人便埋怨,都说:‘为什么丢下我们啊!’民众对他的盼望犹如大旱时盼望下雨一样,所到之处,赶集的不停止买卖,种田的不改变耕作,诛杀了残暴的君主而抚慰那儿的民众,如同及时降下的甘霖一样,民众非常喜悦。《书》说:‘等待我们的君王,他来了,我们就不受罪了。’‘攸国助纣为虐不肯服从,周王东向征讨,安抚那儿的士民,他们用筐装着黑色和黄色的丝帛,以能够事奉我们周王为荣,归服了大邦周室。’那儿的官吏把黑色和黄色的丝帛装在筐里来迎接周的官吏,那儿的小民用筐装着饭食、用壶盛着饮水来迎接周的士兵,是因为周把民众从水深火热中拯救出来、去除了残暴的君主。《泰誓》说:‘把我们的军队发动起来,攻入他们的国土,除掉那残暴的君主,用杀伐来彰明正道,比成汤的功业还要辉煌。’不施行称王天下的政措便罢,如果施行,四海之内都抬头盼望,要拥护这样的人来做君主,齐国、楚国即使大,有什么可怕的呢?”

【段意】

孟子认为,强弱之势是可以改变的,关键在于行仁政,得民心。如果真正这样做了,弱者有可能变强,而不行此道的强者将因失去民众的拥护而变弱。

3.11　孟子谓戴不胜曰:[①]“子欲子之王之善与?我明告子。有楚大夫于此,欲其子之齐语也,则使齐人傅诸,使楚人傅诸?”

曰："使齐人傅之。"

曰："一齐人傅之，众楚人咻之，虽日挞而求其齐也不可得矣；引而置之庄岳之间数年，[2]虽日挞而求其楚亦不可得矣。子谓薛居州善士也，[3]使之居于王所。在于王所者长幼卑尊皆薛居州也，王谁与为不善？在王所者长幼卑尊皆非薛居州也，王谁与为善？一薛居州，独如宋王何？"[4]

【注释】

①戴不胜：赵注云："宋臣。" ②庄岳：朱熹《集注》云："齐街里名也。" ③薛居州：赵注云："宋之善士也。" ④独：王引之《经传释词》云："独犹将也。"

【译文】

孟子对戴不胜说："你是想要你的国君达到善的境界吧？让我明确地告诉你。有位楚国的大夫，希望他的儿子能说齐语，是让齐人来教他呢，还是让楚人来教他？"

戴不胜说："让齐人来教他。"

孟子说："一个齐人教他，许多楚人吵扰他，即使每天责打要他说齐语仍不能做到；带他到临淄的闹市里住上几年，即使每天责打要他说楚语也不能做到。你说薛居州是善士，要让他居住在国君的身边。如果在国君身边的人无论年纪大小、地位高低都是薛居州那样的人，国君和谁去做不善的事呢？如果在国君身边的人无论年纪大小、地位高低都不是薛居州那样的人，国君和谁去做善事呢？一个薛居州，能把宋王怎么样呢？"

【段意】

戴不胜与薛居州都是宋国的大臣。据清代学者崔述的研究，孟子来到宋国，是在他离开齐国之后(《孟子事实录》卷下)。当时的宋国，正处在周围各大国的虎视眈眈之中，宋国的君臣们想振兴国运，却又缺乏良策。孟子认为，如果单纯比实力，宋无论如何不是大国的敌手，若要坚决保卫国土(参见本书《梁惠王》篇孟子与滕文公的两章谈话)，就必须得到民众的拥护，"效死而民弗去"。所以，孟子多次向宋国的君臣进言行"仁政"。此章所说的是，要施行善政，必须摒斥奸佞，进用贤达，否则，"小人众而君子独，无以成正君之功"。(朱熹《章句》)

3.12 公孙丑问曰："不见诸侯何义？"

孟子曰："古者不为臣不见。段干木逾垣而辟之、泄柳闭门而不内，[1]是皆已甚，迫，斯可以见矣。阳货欲见孔子而恶无礼，[2]大夫有赐于士，[3]不得受于其家则往拜其门。阳货瞰孔子之亡也而馈孔子蒸豚，[4]孔子亦瞰其亡也而往拜之，当是时，阳货先，岂得不见？曾子曰：'胁肩谄笑，[5]病于夏畦。'[6]子路曰：'未同而言，[7]观其色赧赧然，非由之所知也。'由是观之，则君子之所养可知已矣。"

【注释】

①段干木：名木（一说名干木），战国初年魏文侯时贤者，曾师事子夏。内：同"纳"。 ②阳货欲见孔子：事见《论语·阳货》篇。 ③士：当时孔子没有担任官职，故阳虎以"士"视之。 ④瞰：窥伺、趁。《论语》中作"时"，含意相同。豚：小猪。 ⑤胁肩：耸起肩来故作恭敬状。谄笑：强装笑容。 ⑥病于夏畦：赵注云："言其意苦劳极，甚于仲夏之月治畦灌园之勤也。" ⑦未同而言：言见解不一致而勉强交谈，犹孔子所谓的"道不同，不相为谋"。

【译文】

公孙丑问道："不去见诸侯是什么道理呢？"

孟子说："古时候，不是臣仆就不去见。段干木翻墙逃避魏文侯、泄柳关门不接待鲁穆公，都太过分，如求见迫切，就可以去见了。阳货想要孔子来见他，又厌恶别人认为他没有礼仪，大夫赠送东西给士人，士人如果不能在家亲自接受，就应去大夫门下拜谢。于是，阳货探知孔子不在家时送给他蒸乳猪，孔子也探知阳货不在家时前往拜谢，在那时，如果阳货先去拜访，孔子怎么会不见呢？曾子说：'耸肩做出毕恭毕敬的样子，强装出讨好的笑容，比夏天浇菜地还累。'子路说：'内心并不相投却要去交谈，看他那脸色羞惭的样子，我不懂这一套。'从这些话来看，就能明了君子应该保有的操行了。"

【段意】

此章与本篇孟子和陈代谈论不去见诸侯章的涵义基本相同。此章中引述的曾子、子路两段话表明，勉强去见的结果，必将是十分尴尬的。

3.13 戴盈之曰：[1]"什一，去关市之征，今兹未能，[2]请轻之，以待来年然后已，何如？"

孟子曰："今有人日攘其邻之鸡者，[3]或告之曰：'是非君子之道。'曰：'请损之，[4]月攘一鸡，以待来年然后已。'如知其非义，斯速已矣，何待来年？"

【注释】

①戴盈之：赵注云："宋大夫。"或说其即此篇前章的"戴不胜"，恐非。 ②今

兹:今年。 ③攘:《经典释文》云:“攘,盗窃也。” ④损:朱熹《集注》云:“减也。”

【译文】

戴盈之说:“田租十分取一,取消关卡、市场的税收,今年还办不到,我先减轻征收,等到明年再完全改正,怎么样?”

孟子说:“现在有个人每天偷他邻居的鸡,有人对他说:‘这不是君子的行为。’那人说:‘我先少偷些,每月偷一只,等到明年再完全改正。’如果知道这样做不符合正道,就赶快改正,为什么要等到明年?”

【段意】

戴盈之觉得自己的做法不恰当,但又下不了决心马上改正,孟子就用偷鸡的故事作比喻来开导他。朱熹说:“知义理之不可而不能速改,与月攘一鸡何以异哉?”(《集注》)

3.14 公都子曰:[①]“外人皆称夫子好辩,敢问何也?”

孟子曰:“予岂好辩哉?予不得已也!天下之生久矣,一治一乱。当尧之时,水逆行,汜滥于中国,蛇龙居之,民无所定,下者为巢、上者为营窟。[②]《书》曰‘洚水警余’,[③]洚水者洪水也。使禹治之,禹掘地而注之海,驱蛇龙而放之菹,[④]水由地中行,江、淮、河、汉是也。险阻既远,鸟兽之害人者消,然后人得平土而居之。

“尧、舜既没,圣人之道衰。暴君代作,[⑤]坏宫室以为汙池,[⑥]民无所安息;弃田以为园囿,使民不得衣食。邪说暴行又作,园囿、汙池、沛泽多而禽兽至。[⑦]及纣之身,天下又大乱。周公相武王诛纣、伐奄,[⑧]三年讨其君,驱飞廉于海隅而戮之,[⑨]灭国者五十,驱虎、豹、犀、象而远之,天下大悦。《书》曰:‘丕显哉,[⑩]文王谟;[⑪]丕承者,武王烈。佑启我后人,[⑫]咸以正无缺。’[⑬]

“世衰道微,邪说暴行有作,臣弑其君者有之,子弑其父者有之,孔子惧,作《春秋》。[⑭]《春秋》,天子之事也,[⑮]是故孔子曰:‘知我者其惟《春秋》乎,罪我者其惟《春秋》乎。’

“圣王不作,诸侯放恣,[⑯]处士横议,[⑰]杨朱、墨翟之言盈天下,[⑱]天下之言不归杨则归墨。杨氏为我,是无君也;[⑲]墨氏兼爱,[⑳]是无父也，无父无君是禽兽也。公明仪曰：'庖有肥肉，厩有肥马，民有饥色，野有饿莩，此率兽而食人也。'杨墨之道不息，孔子之道不著，是邪说诬民、充塞仁义也。[21]仁义充塞则率兽食人，人将相食。吾为此惧，闲先圣之道，[22]距杨墨，放淫辞，[23]邪说者不得作。作于其心，害于其事；作于其事，害于其政。圣人复起，不易吾言矣。

"昔者禹抑洪水而天下平，周公兼夷狄、驱猛兽而百姓宁，孔子成《春秋》而乱臣贼子惧。《诗》云：[24]'戎狄是膺，荆舒是惩，则莫我敢承。'[25]无父无君，是周公所膺也。我亦欲正人心，息邪说，距诐行，[26]放淫辞，以承三圣者。岂好辩哉？予不得已也！能言距杨墨者，圣人之徒也。"

【注释】

①公都子：赵注云："孟子弟子也。" ②营窟：朱熹释为"穴处"，焦循《正义》云："当是相连为窟穴。" ③《书》曰：赵注云："《尚书》逸篇也。"洚：河流不遵河道，赵注云："洚洞无涯，故曰洚水。" ④菹(jū 居)：多水草的沼泽地。⑤代作：代有所出，言频繁。作，在此是兴起的意思。 ⑥宫室：此指民居。汙池：深池。 ⑦沛泽：朱熹《集注》云："沛，草木之所生也；泽，水所钟也。"⑧奄：商的与国名，故地在今山东曲阜东。周成王初年，随同武庚和东方的夷族起兵反周，被周公诛灭。 ⑨飞廉：亦作"蜚廉"，殷纣王的佞臣。 ⑩《书》曰：赵注云："《尚书》逸篇也。"丕：大。显：明。 ⑪谟：谋。 ⑫佑启：朱熹《集注》云："佑，助也；启，开也。" ⑬咸：都、皆。 ⑭《春秋》：记载春秋史事的编年体史书。过去一般认为此书经过孔子的编修，书中用辞含有褒贬之意，号为"春秋笔法"。 ⑮天子之事：《春秋》尊王，故谓该书所记为"天子之事"。⑯恣：《说文》云："纵也。" ⑰处士：《汉书·异姓诸侯王表》颜师古注云："处士谓不官于朝而居家者也。" ⑱杨朱：魏国人，战国初年的著名思想家。相传他反对儒、墨，主张贵生、重己。墨翟：春秋末年的著名思想家，墨家学说的创始人，该学派有《墨子》一书传世。 ⑲无君：朱熹《集注》云："杨朱但知爱身，而不复知有致身之义，故无君。" ⑳兼爱：墨家的基本观点之一，认为应该不加区别的爱一切人。朱熹《集注》云："墨子爱无差等，而视其至亲无异众人，故无父。"㉑充塞：朱熹《集注》云："谓邪说遍满，妨于仁义也。" ㉒闲：《说文》云："阑也，从门中有木。"引申转义为捍卫。 ㉓放：放逐，在此是驳斥的意思。㉔《诗》云：此处诗句引自《诗·鲁颂·閟宫》。 ㉕莫我敢承：朱熹训"承"为"当"，即抵御的意思。 ㉖诐(bì 闭)行：偏邪不正当的行为。

【译文】

公都子说:“别人都说夫子喜好辩论,请问是为什么呢?”

孟子说:“我难道喜好辩论吗? 我是不得已啊! 社会产生很久了,时而太平,时而动乱。在尧的时候,洪水横流,在中土泛滥,龙蛇在大地上居处,民众无处安身,低处的人筑巢、高处的人挖洞。《书》说‘洚水告诫我们’,洚水就是洪水。于是派禹去治理,禹掘地引水注入大海,把龙蛇驱赶到泽地,水沿着地上的沟道流动,这就是大江、淮水、黄河、汉水。水患既已解除,鸟兽不再危害人们,百姓们才得以在平原上居住。

“尧、舜去世以后,圣人之道逐渐衰微。暴君接连出现,毁坏了居室来做池沼,使民众无处安息;废弃了农田来做园苑,使民众不能谋生。邪说、暴行随之兴起,园苑、池沼、草泽增多并招来了禽兽。到了殷纣时,天下又大乱了。周公辅佐武王诛杀殷纣、讨伐奄国,与这些暴君征战了三年,把飞廉追逐到海边处死,灭掉的国家有五十个,将虎、豹、犀、象驱赶得远远的,天下的民众都非常喜悦。《书》说:‘多么英明伟大啊,文王的谋略;大大地继承发扬啊,武王的功业。帮助、启发我们后人的,都是正道而没丝毫缺陷。’

“周室衰微,正道荒废,邪说、暴行随之兴起,臣属杀害自己君主的事出现了,儿子杀害自己父亲的事出现了,孔子为之忧虑,写作了《春秋》。《春秋》所记述的是天子的事,因此孔子说:‘将使世人了解我的恐怕只有《春秋》了,将使世人责怪我的恐怕只有《春秋》了。’

“圣王不出现,诸侯肆无忌惮,在野人士横加议论,杨朱、墨翟的言论充斥天下,世上的言论不属于杨朱一派便属于墨翟一派。杨家主张为我,是不要君王;墨家主张兼爱,是不要父母,不要父母、不要君王就是禽兽。公明仪说:‘厨房里有肥肉,马厩里有肥马,而民众却脸带饥色,野外有饿死的人,这是放任野兽去吃人。’杨墨的学说不破除,孔子的学说不发扬,就是用邪说来欺罔民众、遏止仁义。仁义被遏止就是放任野兽去吃人,人们将会相互残杀。我为此感到忧虑,所以捍卫先圣的准则,抵制杨墨的学说,批驳错误的言论,这样主张邪说的人就无法兴起。邪说兴起在人们的心中,会危害他们所做的事情;兴起在所做的事情里,会危害他所施行的政务。即使圣人再度兴起,也不会改变我的结论。

“过去禹制服了洪水使天下太平,周公兼并夷狄、驱赶猛兽使百姓安定,孔子写作《春秋》使作乱的臣属、不孝的儿子害怕。《诗》说:‘痛击戎狄,遏止荆舒,无人敢于抗拒我。’不要父母、不要君王,是周公所要痛击的。我也想去端正人心,破除邪说,抵制偏颇的行为,批驳错误的言论,来继承三位圣人。我难道喜好辩论吗? 我是不得已啊! 敢于抵制杨墨学说的人,就是圣人的门徒。”

【段意】

从《孟子》一书中可以体察到，孟子的辩论色彩是比较浓的，不仅后人如此言，当时人即有此定论。而孟子觉得，自己处在大道败坏的年代与社会中，如果不奋起捍卫圣道，端正人心，破除邪说，圣人之学将会中衰，所以，他说自己的喜好辩论是"不得已"。由此，也可以窥见当时杨朱，墨翟之学流行的状况。儒家学者对于孟子的这一功绩一向十分推崇，唐代文学家韩愈甚至说："向无孟子，则皆左衽而言侏离矣。故愈尝推尊孟氏，以为功不在禹下者，为此也。"（朱熹《孟子序说》引）

3.15　匡章曰："陈仲子岂不诚廉士哉？①居於陵，②三日不食，耳无闻、目无见也。井上有李，螬食实者过半矣，③匍匐往将食之，④三咽，然后耳有闻、目有见。"

孟子曰："于齐国之士，吾必以仲子为巨擘焉。⑤虽然，仲子恶能廉？充仲子之操，⑥则蚓而后可者也。夫蚓，上食槁壤，下饮黄泉。仲子所居之室，伯夷之所筑与，抑亦盗跖之所筑与？⑦所食之粟，伯夷之所树与，抑亦盗跖之所树与？是未可知也。"

曰："是何伤哉？彼身织屦、妻辟纑，⑧以易之也。"

曰："仲子，齐之世家也，兄戴盖禄万钟。⑨以兄之禄为不义之禄而不食也，以兄之室为不义之室而不居也，辟兄离母，⑩处于於陵。他日归，则有馈其兄生鹅者，己频颇曰：⑪'恶用是鶃鶃者为哉？'⑫他日，其母杀是鹅也与之食之，其兄自外至，曰：'是鶃鶃之肉也。'出而哇之。⑬以母则不食，以妻则食之；以兄之室则弗居，以於陵则居之，是尚为能充其类也乎？⑭若仲子者，蚓而后充其操者也。"

【注释】

①匡章：齐国人，曾在齐威王和宣王时担任过齐国的将军，据本书《离娄下》，他是孟子的友人。陈仲子：亦称"田仲"，齐人，因其居于於陵，后人亦称之为"於陵子"。　②於（wū 乌）陵：据前人考证，其地在今山东长山以南。　③螬：金龟子的幼虫。　④将：取。　⑤巨擘：大拇指，朱熹《集注》云："言齐人中有仲子，如众小指中有大指也。"　⑥充：完全做到，朱熹《集注》云："推而满之也。"操：操守。　⑦盗跖：春秋时有名的大盗。　⑧辟纑（lú 卢）：赵注云："缉绩其麻曰辟，练其麻曰纑。"　⑨盖：地名，其兄的采邑。故地约在今山东沂水县西北。　⑩辟：同"避"。　⑪频颇：同"颦蹙"，形容不高兴时愁眉皱额

的样子。 ⑫鶃鶃(yì 义):朱熹《集注》云:“鹅声也。” ⑬哇:呕吐。
⑭其类:指陈仲所主张的“廉”。

【译文】

匡章说:“陈仲子难道不确实是位廉士吗?居住在於陵,三天不吃东西,耳朵听不见、眼睛看不到。井边有颗李子,被金龟子吃去了大半,他摸索着爬过去取来吃,吞咽了三口,耳朵才能听、眼睛才能看。”

孟子说:“在齐国的人士中,我是必定把仲子看作最突出的。然而,仲子怎么能做到廉呢?完全符合仲子的品行,只有蚯蚓才能做到。蚯蚓吞食地面上的干土,饮用地下的泉水。仲子所居住的房屋,是伯夷所建造的,还是盗跖所建造的呢?他所吃的粟米,是伯夷所种植的,还是盗跖所种植的呢?这是无法得知的。”

匡章说:“这有什么关系呢?是他亲自编草鞋、妻子纺麻线,用以交换来的。”

孟子说:“仲子是齐国的世家大族,他的兄长陈戴在盖邑有万石粟米的俸禄。仲子认为兄长的俸禄是不义之禄而不吃,认为兄长的房屋是不义之室而不住,避开了兄长、离开了母亲,到於陵居住。有一天回家,有人送给他兄长活鹅,他皱着眉头说:‘要这种嘎嘎叫的东西干吗?’另一天,他母亲杀了这只鹅给他吃,他的兄长从外面回来,说:‘这是嘎嘎叫的肉啊!’他跑到外面呕了出来。母亲的食物不吃,妻子的食物却吃;兄长的房屋不住,於陵的房屋却住,这还算是能完全做到自己的操守吗?像仲子那样,只有蚯蚓才能完全符合他的品行。”

【段意】

陈仲子是齐国著名的“廉士”,孟子认为,作为一种个人的人生态度,陈仲子的作为也不能说完全不对,但要把它推广开来,是有问题的,即使仲子本人也不得彻底履行自己的主张,是以孟子不取。汉代学者赵岐在《孟子注》中指出:“志士之操,耿介独立,可以激浊,不可常法。”还有的学者认为:“仲子避兄离母,无亲戚、君臣、上下,是无人伦也,岂有无人伦而可以为廉哉?”(朱熹《章句》引范氏说)

离 娄 上

4.1　孟子曰："离娄之明、公输子之巧，①不以规矩不能成方圆；②师旷之聪，③不以六律不能正五音；④尧舜之道，不以仁政不能平治天下。今有仁心仁闻而民不被其泽，不可法于后世者，不行先王之道也。故曰，徒善不足以为政，徒法不能以自行。《诗》云：'不愆不忘，⑤率由旧章。'⑥遵先王之法而过者，未之有也。圣人既竭目力焉，继之以规矩准绳，⑦以为方员平直不可胜用也；⑧既竭耳力焉，继之以六律，正五音不可胜用也；既竭心思焉，继之以不忍人之政，而仁覆天下矣。故曰，为高必因丘陵，为下必因川泽，为政不因先王之道可谓智乎？是以惟仁者宜在高位，不仁而在高位是播其恶于众也。上无道揆也，⑨下无法守也，⑩朝不信道，工不信度，君子犯义，小人犯刑，国之所存者幸也。故曰，城郭不完、兵甲不多非国之灾也，⑪田野不辟、货财不聚非国之害也，上无礼、下无学、贼民兴，丧无日矣。《诗》曰：'天之方蹶⑫，无然泄泄。'⑬泄泄犹沓沓也。事君无义，进退无礼，言则非先王之道者，犹沓沓也。故曰，责难于君谓之恭，陈善闭邪谓之敬，⑭吾君不能谓之贼。"

【注释】

①离娄：亦称"离朱"，据《经典释文》引司马彪说云："黄帝时人，能于百步之外见秋毫之末。"公输子：名班（亦作"般"），鲁国人，故亦称为鲁班，是春秋末年的著名巧匠。　②规矩：规（圆规）是画圆的工具，矩（曲尺）是画方的工具。③师旷：春秋晋平公（前557—前532年在位）时的著名乐师。　④六律：我国古代以阳律管确定乐音的标准音高。此处的"六律"是概称定音律管。五音：古代以宫、商、角、徵、羽为音阶，相当现在的CDEGA，亦称"五声"。　⑤《诗》云：此处的诗句引自《诗·大雅·假乐》，这是一首赞美周成王的诗歌。愆：郑笺训为

"过",即走样、偏离的意思。 ⑥率:郑笺云:"循也。"旧章:旧有的规章法度。⑦准绳:准是测量水平的仪器,绳是规范垂直的工具。 ⑧员:同"圆"。⑨道揆:朱熹《集注》云:"道,义理也;揆,度也";"谓以义理度量事物而制其宜。"⑩法守:朱熹《集注》云:"谓以法度自守。" ⑪完:坚牢。或训为完好,亦通。⑫此处诗句引自《诗·大雅·板》,旧说这是首讥刺周厉王的诗歌。蹶:赵注云:"动也。"朱熹《集注》云:"言天欲颠覆周室。" ⑬泄:同"詍",《说文》云:"多言也。"孟子下文谓"泄泄犹沓沓",《说文》云:"沓,语多沓沓也。" ⑭闭:通"辟",意为排斥、抵制。

【译文】

孟子说:"离娄虽有视力、公输般虽有巧艺,不使用圆规曲尺不能画出方、圆;师旷虽有听力,不依据六律不能校正五音;尧舜虽有大道,不施行仁政不能安抚天下。现今有些国君虽有仁爱之心、仁爱之誉,但民众却不能受到他们的恩惠,不能被后世效法,就是因为不实行先王之道的缘故。所以说,仅有善心不足以用来治理国政,仅有法度不能使之自行实施。《诗》说:'不偏离、不遗忘,一切都按旧规章。'遵循先王的法度而犯过错的,还从来没有过。圣人既已竭尽了视力,再加以圆规、曲尺、水准、墨线,画方、圆、平、直是用不胜用的;既已竭尽了听力,再加以六律,校正五音是用不胜用的;既已竭尽了心思,再加以怜恤民众的政措,仁爱足以遍惠天下。所以说,筑高的必定要依傍山丘,掘深的必定要依傍河泽,治理国政却不依傍先王之道能称得上智吗?因此,只有仁者才适宜处在领导地位,不仁的人处在领导地位就是把他的坏处播扬给众人。在上者没有行为准则,在下者没有法规遵循,官员不相信原则,工匠不相信尺度,君子触犯义理,小人触犯刑律,国家还能保存下来乃是侥幸。所以说,城垒不坚固、武器不充足不是国家的灾难,土地没有开垦、财物没有积蓄不是国家的危害,在上者没有礼义、在下者没有教育、作乱的小人兴起,国家的灭亡就在眼前了。《诗》说:'上天正在震怒,不要那样多嘴。'多嘴就是啰嗦。事奉国君没有道义,进退之间没有礼仪,言谈诋毁先王之道,就好像多嘴啰嗦一样。所以说,用高标准来要求国君叫做恭,陈说善德、抵制邪说叫做敬,认为国君办不到而不作努力叫做贼。"

【段意】

此章讲了两层意思,其一,治理国政必须遵循"先王之道",它的功能就如同圆规、曲尺之于工匠那样,不可须臾而离;其二,要保证大道的正确施行,必须选拔贤者,让仁者居于高位。也就是说,要治理好一个国家,既要有良好的"治法",也要有得力的"治人"。

4.2　孟子曰："规矩，方员之至也；圣人，人伦之至也。欲为君尽君道，欲为臣尽臣道，二者皆法尧舜而已矣。不以舜之所以事尧事君，不敬其君者也；不以尧之所以治民治民，贼其民者也。孔子曰：'道二，仁与不仁而已矣。'暴其民甚，则身弑国亡；不甚，则身危国削，名之曰幽、厉，①虽孝子慈孙，百世不能改也。《诗》云'殷鉴不远，②在夏后之世'，此之谓也。"

【注释】

①幽、厉：在古代的谥号中，这两个名称都是评价不好行为的"恶谥"。如周代的厉王因激起国人反抗而被驱逐，幽王则因信用佞臣而被入侵的犬戎所杀。②《诗》云：此处的诗句引自《诗·大雅·荡》，这是一首哀伤周室统治衰落的诗歌。鉴：原指铜镜，引申为教训。

【译文】

孟子说："圆规、曲尺是方、圆的最高境界，圣人是做人的最高境界。要做国君就应尽国君之道，要做臣属就应尽臣属之道，这两者都是效法尧、舜而已。不以舜事奉尧的做法来事奉君主，就是不敬奉自己的君主；不以尧治理民众的做法来治理民众，就是虐害自己的民众。孔子说：'准则两条，仁与不仁而已。'残虐自己的民众过于厉害的，自身被杀、国家灭亡；不太厉害的，自身危险、国家削弱，死后被称为'幽'、'厉'，即使是孝顺仁慈的子孙，经百世之后也无法更改。《诗》说'殷商的鉴诫并不遥远，就在那夏朝统治的时代'，就是这个意思。"

【段意】

此章承上章而言。既然治理好国家有赖于"治法"与"治人"，那么，作为国君来说，就应效法尧舜推行"先王之道"；作为臣属来说，就应效法圣人以仁道事奉君主，治理民众。也就是说，在这件事情上，国君有国君的职责，臣属有臣属的职责。

4.3　孟子曰："三代之得天下也以仁，其失天下也以不仁，国之所以废兴存亡者亦然。天子不仁不保四海，诸侯不仁不保社稷，①卿、大夫不仁不保宗庙，士、庶人不仁不保四体。②今恶死亡而乐不仁，是犹恶醉而强酒。"

【注释】

①社稷：土地神和农业神，古代在国都立社和稷的神庙，故亦用来代称统治或政权。　②四体：即四肢。

【译文】

孟子说:“夏、商、周三代得到天下是由于仁,他们失去天下是由于不仁,国家之所以兴盛或衰落、存续或灭亡也是如此。天子不仁不能保有天下,诸侯不仁不能保有国家,国卿、大夫不仁不能保有宗庙,士人、庶民不仁不能保有自身。如今憎恶死亡却乐于不仁,就好比憎恶醉酒却偏要去喝酒。”

【段意】

此章是说,仁道是最根本的行为规范,无论在上者、在下者都要遵循仁道,否则不仅保守不住事业,连自身也难免灭亡。

4.4 孟子曰:“爱人不亲,反其仁;治人不治,反其智;礼人不答,反其敬。行有不得者皆反求诸己,其身正而天下归之。《诗》云:‘永言配命,自求多福。’”

【译文】

孟子说:“爱抚他人却得不到亲近,反问自己是否仁;治理民众却得不到治绩,反问自己是否智;礼待他人却得不到回应,反问自己是否敬。凡是所做的得不到应有的效果都返回来从自身寻求原因,自身端正了,天下就会归服。《诗》说:‘行事一直与天命相符,靠自己寻求更多的幸福。’”

【段意】

此章是说,遇到问题应首先检讨自身的行为是否遵循了正道。自身端正了,做事才会取得成效。

4.5 孟子曰:“人有恒言,皆曰天下国家。天下之本在国,国之本在家,家之本在身。”

【译文】

孟子说:“人们有句常说的话,都说‘天下国家’。天下的根本在于国,国的根本在于家,家的根本在于个人。”

【段意】

此章是说天下国家的根本在于个人,个人修养立定了根本,就能把家、国、天下的事情办好。《大学》发挥的“修身、齐家、治国、平天下”,正是这一原理的进一步深化。

4.6 孟子曰:“为政不难,不得罪于巨室。巨室之所慕,一国慕之；一国之所慕，天下慕之，故沛然德教溢乎四海。”

【译文】

孟子说：“治理国政不困难，不要与世家大族结怨。世家大族所仰慕的，整个国家就会仰慕；整个国家所仰慕的，普天之下就会仰慕，因此德教就势不可挡地充满各个地方。”

【段意】

此章所谓的“不要与世家大族结怨”，不是屈从权势。战国时代，国政都操纵在过去的世家大族手中，孟子的意思是说，要推行仁政，首先要做好他们的工作，“彼即悦服，则吾之德教无所留碍，可以及乎天下矣”（朱熹《集注》引林氏语）。

4.7 孟子曰：“天下有道，小德役大德，小贤役大贤；天下无道，小役大，弱役强。斯二者天也，顺天者存，逆天者亡。齐景公曰：‘既不能令，又不受命，是绝物也。’①涕出而女于吴。②今也小国师大国而耻受命焉，是犹弟子而耻受命于先师也。如耻之，莫若师文王。师文王，大国五年、小国七年，必为政于天下矣。《诗》云：‘商之孙子，③其丽不亿。④上帝既命，侯于周服。⑤侯服于周，天命靡常。殷士肤敏，⑥祼将于京。’⑦孔子曰：‘仁不可为众也。夫国君好仁，天下无敌。’今也欲无敌于天下而不以仁，是犹执热而不以濯也，⑧《诗》云：⑨‘谁能执热，逝不以濯？’”⑩

【注释】

①绝物：赵注云：“物，事也，大国不与之通朝聘之事也。”不通朝聘，即没有国家与之来往，犹现在所说的走投无路。 ②涕出而女于吴：吴是当时的强国，齐景公因抵御不了吴的进攻，只好把自己的女儿嫁到吴国去“和亲”。 ③《诗》云：此处诗句引自《诗·大雅·文王》。 ④丽：朱熹《集注》云：“数也。”不亿：犹言不下亿万（古人以十万为亿）。 ⑤侯：发语词，无义。 ⑥肤敏：赵注云：“肤，大；敏，达。”这是称赞向周臣服的“殷士”通达时变。 ⑦祼（guàn 灌）：祭祀时酹酒迎神。将：助祭。京：周的京都，今陕西西安。 ⑧执热：拿了烫手的东西。 ⑨此处诗句引自《诗·大雅·桑柔》，旧说这是首讽刺周厉王的诗。 ⑩逝：发语词，无义。

【译文】

孟子说：“天下得到治理时，小德被大德所役使，小贤被大贤所役使；天下得不到治理时，小的被大的所役使，弱的被强的所役使。这两种情况都是天意，顺从天意者存在，违背天意者灭亡。齐景公说：'既不能号令他人，又不听命于他人，真是无路可走了。'淌着眼泪把女儿嫁往吴国。现今小国效法大国却耻于听命，就好比门徒耻于听命老师。如果感到羞耻，不如效法周文王。效法周文王，大国五年、小国七年，必定能统有整个天下。《诗》说：'殷商的后裔啊，何止万亿。上帝已授予天命，都向周室把头低。都向周室把头低啊，天命并非不变易。明智通变的殷裔，来到周都助祭。'孔子说：'仁德是不能用人数多少来衡量的。如果国君喜好仁，就天下无敌。'现今想要无敌于天下却又不凭藉仁，就好比烫着了却不用凉水冲洗，《诗》说：'有谁能烫着了却不用凉水冲洗？'"

【段意】

天下清平时，以德行为上，所以小德被大德所役使；天下无道时，崇尚强力，所以弱小者为强大者所役使。孟子认为，这两者都是必然的趋势（"天意"），无法违抗。如果不能推行仁政，奋发自强，那么只有听天由命；如果修饬德行、施行仁政，那么天命就有希望转移到自己一方。

4.8　孟子曰："不仁者可与言哉？安其危而利其灾，乐其所以亡者。①不仁而可与言，则何亡国败家之有？有孺子歌曰：'沧浪之水清兮，②可以濯我缨；③沧浪之水浊兮，可以濯我足。'孔子曰：'小子听之！清斯濯缨，浊斯濯足矣，自取之也。'夫人必自侮然后人侮之，家必自毁而后人毁之，国必自伐而后人伐之。《太甲》曰'天作孽犹可违，自作孽不可活'，此之谓也。"

【注释】

①乐：耽乐、沉湎。　②沧浪：这四句歌辞是楚歌，沧浪指汉水上游。③缨：帽子左右的丝带，用于系结颚下以防脱落。

【译文】

孟子说："不仁的人可以与他交谈吗？他们苟安于自身的危险，贪利于自身的灾祸，耽乐于导致自身灭亡的事。不仁的人可以与之交谈，那怎么会有亡国败家的事呢？有个孩子唱道：'清澈的沧浪水啊，能用来洗我的冠缨；浑浊的沧浪水啊，能用来洗我的双脚。'孔子说：'后生们听着！清的水洗冠缨，浊的水洗双脚，都是水自身招致的。'人必定自辱了才有他人来侮辱，家必定自毁了才有他人来毁灭，国必定自伐了才有他人来讨伐。《太甲》说'上天降灾还可躲开，自己作孽无法逃避'，就是这个意思。"

【段意】

此章是说,家、国、个人的兴盛衰微,都有其自身的因素,外部的条件都通过自身的因素而起作用,祸福都由人们自取。这个最根本的自身因素,孟子认为是“行仁”。

4.9 孟子曰:“桀、纣之失天下也,失其民也;失其民者,失其心也。得天下有道,得其民斯得天下矣;得其民有道,得其心斯得民矣;得其心有道,所欲与之聚之,①所恶勿施,尔也。民之归仁也,犹水之就下、兽之走圹也。故为渊殴鱼者獭也,②为丛殴爵者鹯也,③为汤、武殴民者桀、纣也。今天下之君有好仁者,则诸侯皆为之殴矣,虽欲无王不可得已。今之欲王者,犹七年之病求三年之艾也,④苟为不畜,⑤终身不得。苟不志于仁,终身忧辱,以陷于死亡。《诗》云‘其何能淑,⑥载胥及溺’,⑦此之谓也。”

【注释】

①与之聚之:王引之《经传释词》训此处之“与”为“为”。或训“与”为“给予”,即让民众积聚起来,亦通。 ②为渊殴鱼者獭也:渊指深水,獭指水獭,殴同“驱”。水獭善捕鱼,致使鱼儿都逃到深水去躲避。喻实际效果与初衷相反,以下两句的含义与此类似。 ③爵:同“雀”。鹯(zhān 沾):亦称“晨风”,一种似鹞的猛禽。 ④三年之艾:赵注云:“艾可以为灸人病,干久益善,故以为喻。” ⑤畜:同“蓄”,储备。或训为畜养、栽培,亦通。 ⑥《诗》云:此处诗句引自《诗·大雅·桑柔》。淑:郑笺训为“善”。 ⑦载胥及溺:朱熹《集注》云:“载,则也。胥,相也。言今之所为其何能善,则相引以陷于乱亡而已。”

【译文】

孟子说:“夏桀、殷纣的丧失天下,由于失去了天下的民众;之所以失去了天下的民众,是因为失去了他们的心。取得天下是有途径的,得到了天下的民众就取得了天下;得到天下的民众是有途径的,获得了他们的心就得到了天下的民众;获得民众的心是有途径的,他们想要的让他们积蓄起来,他们憎恶的不强加给他们,如此而已。民众归附仁政,犹如水往低处流、兽往旷野跑一样。所以,为渊水把鱼儿驱赶来的是水獭,为丛林把鸟雀驱赶来的是鹞鹰,为成汤、武王把民众驱赶来的是夏桀和殷纣。现今天下若有喜好仁的国君,诸侯们都会为他驱赶民众,即使不想称王天下也是做不到的。现今那些要称王天下的人,好比患了七年的病要寻求三年的艾草来医治,假如不去栽培,是一辈子也找不到的。如果无意于仁政,就会一辈子忧患受辱,以至陷入死亡的境地。《诗》说‘他们怎么能善处,牵扯着溺入水中’，就是这个意思。”

【段意】

此章集中叙述了孟子关于国家存亡与民众、民心关系的观点。孟子认为，民心向背是兴亡的关键，而要获得民心，必须与民众息息相通、忧乐与共。而且，这个效应并不是立时可得的，而是有待于日常的积累蓄存，这就好比是医治积年老病的“三年陈艾”，如不去栽培就一辈子也得不到。

4.10　孟子曰：“自暴者不可与有言也，[1]自弃者不可与有为也。言非礼义谓之自暴也，[2]吾身不能居仁由义谓之自弃也。仁，人之安宅也；义，人之正路也。旷安宅而弗居，舍正路而不由，[3]哀哉！”

【注释】

①暴：朱熹《集注》云：“犹害也。”　②非：朱熹《集注》云：“犹毁也。”③由：遵循，行走。

【译文】

孟子说：“自暴的人不能和他有所言谈，自弃的人不能和他有所作为。言谈诋毁礼义叫做自暴，自身不能依据仁、遵循义来行事叫做自弃。仁是人们安适的住宅，义是人们正当的道路。空着安适的住宅不去居住，丢开正当的道路不去行走，可悲啊！”

【段意】

孟子认为，仁、义都为人性天生所具有，不按照这些准则行事就是自暴自弃。朱熹《集注》说：“此圣贤之深戒，学者所当猛省也。”

4.11　孟子曰：“道在迩而求诸远，事在易而求诸难。人人亲其亲、长其长而天下平。”

【译文】

孟子说：“道在近旁却到远处去寻求，事属容易却往难处去下手。人人都亲近自己的父母、敬重自己的长辈，天下就安定了。”

【段意】

此章是说，要学习圣贤、要施行仁道，不必远求，可以从身旁的日常小事做起，由浅入深；从另一方面来说，人人都能做好自己近身的小事，天下也几乎就太平了。

4.12　孟子曰：“居下位而不获于上，民不可得而治也。获于上有道,不信于友弗获于上矣;信于友有道,事亲弗悦弗信于友矣;悦亲有道,反身不诚不悦于亲矣;[①]诚身有道,不明乎善不诚其身矣。是故,诚者天之道也,思诚者人之道也。[②]至诚而不动者未之有也,不诚未有能动者也。"

【注释】

①反身不诚:朱熹《集注》云:"反求诸身而其所以为善之心有不实也。" ②思诚:赵注云:"思行其诚。"

【译文】

孟子说:"身为臣属不能得到君主的信任,民众就无法整治。得到君主的信任有途径,不能取信于朋友就不能得到君主的信任;取信于朋友有途径,事奉父母不孝顺就不能取信于朋友;孝顺父母有途径,自身不真诚就不能孝顺父母;使自身真诚有途径,不懂得善恶就不能使自身真诚。因此,诚是上天的准则,追求诚是为人的准则。不为至诚所感动的人未曾有过,而不诚则从未有过能感动人的。"

【段意】

此章与《中庸》中叙述治理国家九项准则中的一段文字几乎完全相同,说明《中庸》与思孟学派在思想上的密切联系。一般认为,应该是《中庸》袭取《孟子》,而不是相反。朱熹《集注》说:这一章的观点"亦与《大学》相表里,学者宜潜心矣"。

4.13 孟子曰:"伯夷辟纣,居北海之滨,闻文王作,[①]兴曰:'盍归乎来![②]吾闻西伯善养老者。'[③]太公辟纣,居东海之滨,闻文王作,兴曰:'盍归乎来!吾闻西伯善养老者。'二老者天下之大老也,而归之是天下之父归之也。[④]天下之父归之,其子焉往?诸侯有行文王之政者,七年之内必为政于天下矣。"

【注释】

①作:赵注以"作兴"为一辞,朱熹以"作"属上读,"兴"属下读,云:"作、兴皆起也。"此处从朱说。 ②来:据王引之《经传释词》,此处的"来"是句末助词。 ③西伯:即周文王。 ④天下之父:朱熹《集注》云:"言齿德俱尊,如众父然。既得其心,则天下之心不能外矣。"

【译文】

孟子说:"伯夷躲避殷纣,居住在北海之滨,听说周文王兴起,感奋地说:'何不去归依啊!我听说西伯善于奉养长者。'姜太公躲避殷纣,居住在东海之滨,听说周文王兴起,感奋地说:'何不去归依啊!我听说西伯善于奉养长者。'他们两位是天下有声望的长者，他们去归依文王就是天下做父亲的归依了文王。天下做父亲的归依了文王，他们的儿子还会跑到哪儿去呢？诸侯中如有施行文王之政的，七年之内必定能统有整个天下。”

【段意】

此章是说，养老尊贤是治国的要务，周文王做到了这一点，天下有声望、才能的人都纷纷去归附他，最后终于拥有了天下。

4.14 孟子曰：“求也为季氏宰，[①]无能改于其德，而赋粟倍他日。[②]孔子曰：‘求非我徒也，小子鸣鼓而攻之可也。’[③]由此观之，君不行仁政而富之，皆弃于孔子者也，况于为之强战？争地以战，杀人盈野；争城以战，杀人盈城，此所谓率土地而食人肉，罪不容于死。故善战者服上刑，连诸侯者次之，[④]辟草莱、任土地者次之。”[⑤]

【注释】

①求：孔子的弟子冉求，字子有。他是孔门政事科的高材生。季氏：指当时执掌鲁国大权的季孙氏。宰：大夫的家臣。 ②赋粟：朱熹《集注》云：“赋，犹取也，取民之粟倍于他日也。” ③孔子曰：这段话亦见于《论语·先进》篇。④连诸侯：朱熹《集注》云：“连结诸侯，如苏秦、张仪之类。” ⑤辟草莱、任土地：朱熹《集注》云：“辟，开垦也。任土地，谓分土授民，使任耕稼之责，如李悝尽地力、商鞅开阡陌之类也。”

【译文】

孟子说：“冉求做季氏的总管，没有能改变季氏的德行，而征收的粟米却比过去倍增。孔子说：‘冉求不是我的门徒，后生们大张旗鼓地去声讨他好了。’由此看来，国君不施行仁政而使他富起来，都是被孔子所唾弃的，何况为他们使用强力去争战呢？争地而战，杀死的人充满原野；争城而战，杀死的人充满城邑，这就是所谓的放任土地来吃人肉，其罪行连死都不足以宽恕。所以，好战的人应受最重的刑罚，连结诸侯的人次一等，开垦荒地、扰乱田制的人再次一等。”

【段意】

孟子对于当时各诸侯国依仗武力称雄，感到非常愤慨，因为他们并不是为正义、大道而争斗。基于这一点，他主张对好战者应处以最重的刑罚，其他两种处罚对象都是由这一点延伸出来的。孟子此处主要指责统治者进行全面战争、草菅人命的行为，这种行为与孟子一贯主张的“保民而王”的观点是格格不入的。

4.15 孟子曰："存乎人者，①莫良于眸子，眸子不能掩其恶。②胸中正，则眸子瞭焉；胸中不正，则眸子眊焉。③听其言也，观其眸子，人焉廋哉？"④

【注释】

①存：《尔雅·释诂》云："存，察也。" ②眸（móu 牟）子：朱熹《集注》云："目瞳子也。" ③眊（mào 帽）：赵注云："蒙蒙目不明之貌。" ④廋（sōu 搜）：赵注云："匿也。"

【译文】

孟子说："观察人，没有比眼睛更好的地方了，眼睛不能掩盖他的丑恶。心胸端正，眼睛就明亮；心胸不正，眼睛就昏暗。听他的谈吐时，看他的眼睛，他藏匿到哪里去呢？"

【段意】

眼睛是心灵的窗户，心胸中有正气，眼神自然就坦荡明亮了。孟子在最后还提出以"听其言也，观其眸子"的参照方法来观察人，朱熹《集注》说："言亦心之所发，故并此以观则人之邪正不可匿矣。然言犹可以伪为，眸子则有不容伪者。"

4.16 孟子曰："恭者不侮人，俭者不夺人。侮夺人之君，惟恐不顺焉，恶得为恭俭？恭俭岂可以声音笑貌为哉？"

【译文】

孟子说："谦恭者不欺侮他人，俭朴者不强取他人。欺侮、强取他人的国君，唯恐他人不顺从，怎么能做到谦恭俭朴呢？谦恭俭朴难道能用声音和笑脸来做到吗？"

【段意】

此章是说，谦恭俭朴必须表现在实事上，表面上装出笑脸，实际上却欺侮、强取，不能算真正的谦恭俭朴。此章恐怕是针对当时统治者在外表装出一套来求取声誉的行为而发的议论。

4.17 淳于髡曰：①"男女授受不亲，②礼与？"

孟子曰："礼也。"

曰："嫂溺，则援之以手乎？"

曰："嫂溺不援，是豺狼也。男女授受不亲，礼也；嫂溺援之以手者，权也。"③

曰："今天下溺矣，夫子之不援，何也？"

曰:“天下溺援之以道,嫂溺援之以手,子欲手援天下乎?”

【注释】

①淳于髡:名髡,齐国人,《史记·孟子荀卿列传》说他“博闻强记,学无所主。” ②授受不亲:朱熹《集注》云:“授,与也;受,取也。古礼,男女不亲授受,以远别也。” ③权:变通。

【译文】

淳于髡说:“男女间不亲手传递东西,是礼吗?”

孟子说:“是礼。”

淳于髡说:“嫂嫂淹入水中,要伸手去救援她吗?”

孟子说:“嫂嫂淹入水中不救援,乃是豺狼。男女间不亲手传递东西,是礼;嫂嫂淹入水中伸手去救援,是变通。”

淳于髡说:“现今整个天下淹入水中了,先生不去救援,为什么呢?”

孟子说:“天下淹入水中用道来救援,嫂嫂淹入水中伸手去救援,你想用手去救援天下吗?”

【段意】

淳于髡是齐国著名的辩士,《史记·滑稽列传》载有他的事迹。他与孟子的这一段问答颇有趣味,首先他向孟子提出了一个伦理难题,孟子讲述了守原则与变通的道理。这一答案,正是淳于髡所要求或意料之中的,接着,他就借此讽喻孟子:当今天下有急难,你应该讲变通而不要死抱原则。孟子显然不能同意他的观点,明确地告诉他:要解救天下的急难,必须“援之以道”。朱熹《集注》说:“直己守道,所以济时;枉己殉人,徒为失己。”

4.18 公孙丑曰:“君子之不教子,何也?”

孟子曰:“势不行也。教者必以正,以正不行继之以怒。继之以怒则反夷矣,[①]‘夫子教我以正,夫子未出于正也’,则是父子相夷也。父子相夷则恶矣。古者易子而教之,父子之间不责善。[②]责善则离,离则不祥莫大焉。”

【注释】

①夷:赵注云:“伤也。” ②责善:以善相责备,朱熹《集注》云:“责善,朋友之道也。”

【译文】

公孙丑说:“君子不亲自教育儿子,为什么呢?”

孟子说："在情势上行不通。教育必定要用正道，用正道没有成效接着就会发怒。接着发怒便反而伤感情了，'老人家用正道教育我，可自己却不按正道来做'，这样就是父子间相互伤感情了。父子间相互伤感情，关系就恶化了。古时候交换儿子来进行教育，父子之间不以善相责备。以善相责备就会隔膜，没有比隔膜更不好的了。"

【段意】

此章所讲的是教育方法。古人之所以不主张亲自教育自己的儿子，是为了避免教育中产生的副作用。朱熹《集注》说："易子而教，所以全父子之恩，而亦不失其为教。"

4.19 孟子曰："事，孰为大？事亲为大。守，孰为大？守身为大。不失其身而能事其亲者，吾闻之矣；失其身而能事其亲者，吾未之闻也。孰不为事？事亲，事之本也。孰不为守？守身，守之本也。曾子养曾皙，①必有酒肉，将彻必请所与，问有余，必曰有。曾皙死，曾元养曾子，②必有酒肉，将彻不请所与，③问有余，曰亡矣，将以复进也。此所谓养口体者也，若曾子则可谓养志也。事亲若曾子者，可也。"

【注释】

①曾皙（xī析）：曾参的父亲，他也是孔子的弟子。 ②曾元：曾参的儿子。③不请所与：朱熹《集注》云："曾元不请所与、虽有言无，其意将以复进于亲，不欲其与人也。此但能养父母之口体而已，曾子则能承顺父母之志而不忍伤之也。"

【译文】

孟子说："事奉，以谁最为重大？以事奉父母最为重大。守护，以什么东西最为重大？以守护自身的节操最为重大。不丧失自身的节操又能事奉自己父母的人，我听说过；丧失自身的节操又能事奉自己父母的人，我未曾听说过。谁不做事奉的事呢？但事奉父母是事奉的根本。谁不做守护的事呢？但守护自身的节操是守护的根本。曾子奉养曾皙，每餐必定有酒和肉，将要撤去时必定请示要把它们给谁，如果曾皙询问有没有多余，曾子必定说有。曾皙去世，曾元奉养曾子，每餐必定有酒和肉，将要撤去时不请示要把它们给谁，如果曾子询问有没有多余，曾元就说没有了，要把它们用来再次奉呈。这叫做奉养父母的口腹和身体，像曾子那样才可称为奉养父母的意愿。事奉父母像曾子那样，就好了。"

【段意】

此章主要讲孝。儒家所讲的孝道包括两个方面,一是守护自身,不使双亲因自己的不善而受辱、受累;一是奉养双亲,使他们身心愉快。孟子认为,守护自身的关键是不丧失节操,奉养双亲的关键是愉悦父母的意愿。像曾元那样,只是在衣食方面奉养;只有像曾子那样,才说得上是奉养意愿。当然,曾子的作为并不是到了极点,所以孟子也只是说能做到这样算是合格了。

4.20　孟子曰:"人不足与适也,①政不足间也,②唯大人为能格君心之非。③君仁莫不仁,君义莫不义,君正莫不正,一正君而国定矣。"

【注释】

①适:同"谪",批评、指责。朱熹《集注》云:"言人君用人之非,不足过谴。" ②间:赵注云:"非也。" ③格:纠正。或谓此处之"格"与《大学》"格物"之"格"同义,是穷究的意思,亦通。

【译文】

孟子说:"人事不值得过于指责,政事不值得过于非议,只有君子才能够穷究国君内心的错误。国君仁没有人不仁,国君义没有人不义,国君正没有人不正,只要端正了国君,国家就安定了。"

【段意】

此章是说,天下的治乱,与统治者本身的德行有很大的关系。统治者只有以身作则,才能端正风气,教化民众。因此,要治理好一个国家,首先要使君主本身行为合乎准则。

4.21　孟子曰:"有不虞之誉,①有求全之毁。"

【注释】

①不虞:意想之外。

【译文】

孟子说:"有意想不到的赞誉,有苛求完美的诽谤。"

【段意】

此章是说,称赞与指责未必都合乎实际,所以,修养自身的人不能因此而飘飘然或灰心丧气,观察他人时,也不能轻易根据舆论来下断语。

4.22 孟子曰:“人之易其言也,[1]无责耳矣。”[2]

【注释】

①易:赵注、朱熹均训为“轻易”。 ②无责:没有责任心。

【译文】

孟子说:“人们如此出言轻率,是因为没有责任心的缘故。”

【段意】

儒家在个人品德修养方面,一贯主张要慎于言辞,在《论语》中孔子曾多次以这一条诫饬自己的门徒。这一章的后半句“无责耳矣”,有的学者认为,此处的“责”是“受到责备”的意思。朱熹说:“人之所以轻易其言者,以其未遭失言之责故耳。盖常人之情,无所惩于前则无所警于后。非以为君子之学,必俟有责而后不敢易其言也。”(《集注》)孟子的这段话应该是有所针对的,可惜我们现在已不得而知了。

4.23 孟子曰:“人之患在好为人师。”

【译文】

孟子说:“人们的毛病在于喜好充当他人的老师。”

【段意】

好为人师是骄傲自满的表现,这是修身的大忌。有人指出:“学问有余,人资于己,不得已而应之可也。若好为人师,则自足而不复有进矣,此人之大患也。”(朱熹《集注》引王勉语)

4.24 乐正子从于子敖之齐。[1]乐正子见孟子,孟子曰:“子亦来见我乎?”曰:“先生何为出此言也?”

曰:“子来几日矣?”曰:“昔者。”

曰:“昔者,则我出此言也不亦宜乎!”曰:“舍馆未定。”

曰:“子闻之也,舍馆定然后求见长者乎?”曰:“克有罪。”

【注释】

①子敖:即本书《公孙丑下》篇中提到的王驩,子敖是他的字。

【译文】

乐正子跟随王子敖来到齐国。乐正子去见孟子,孟子说:“你也来见我吗?”乐正子说:“先生为什么说这样的话呢?”

孟子说:“你来了有几天了?”乐正子说:“昨天到的。”

孟子说："既是昨天，那么我说这样的话不也得当么！"乐正子说："因为住所没有确定。"

孟子说："你曾听说过，要住所确定后才去求见长者的吗？"乐正子说："我有过错。"

【段意】

乐正子是孟子的门徒。他出使到了齐国之后，没有马上去看望自己的老师，孟子批评他未能履行尊师之道。

4.25　孟子谓乐正子曰："子之从于子敖来，徒餔啜也。①我不意子学古之道而餔啜也。"

【注释】

①餔啜(bǔzhuì 逋缀)：吃吃喝喝，朱熹《集注》云："餔，食也；啜，饮也。"

【译文】

孟子对乐正子说："这次你跟随王子敖前来，只是吃吃喝喝。我没想到你学了古时候的道理却用来吃吃喝喝。"

【段意】

此章承上一章而言，孟子对于乐正子这次与王子敖一起出使的所作所为感到不满，认为他没有尽到作为一个臣属应尽的责任，因此对他进行批评。孟子的话虽然说得比较婉转，但语气很严厉。据此再反观上一章，可以体会到，孟子对于乐正子没有马上去他的不满倒还在其次，更主要的是，他在这次公务中根本没有干什么正经的大事，既然如此，却又不马上拜见老师，说明他对自己的要求很不严格，所以孟子感到特别生气。

4.26　孟子曰："不孝有三，①无后为大。舜不告而娶，为无后也，君子以为犹告也。"

【注释】

①不孝有三：赵注云："于礼有不孝者三事，谓阿意屈从，陷亲不义，一不孝也；家贫亲老，不为仕禄，二不孝也；不娶无子，绝先祖祀，三不孝也。"

【译文】

孟子说："不孝顺的行为有三件，没有后裔最为重大。舜不禀告父母就娶妻，就因为没有后裔，君子认为这如同禀告了父母一样。"

【段意】

此章所讲的是执行原则的灵活性问题。舜如果去禀告父母，有可能娶不成妻子,这样就会得不到儿子,陷于最大的不孝,所以他就采取变通的办法,不禀告父母而自行娶妻。由于它符合大道理,所以这与禀告了父母是一样的。有人指出:“常道人皆可夺,权非体道者不能用也。盖权出于不得已者也,若父非瞽瞍、子非大舜,而欲不告而娶,则天下之罪人也。”(朱熹《集注》引范氏语)

4.27 孟子曰:“仁之实,事亲是也;义之实,从兄是也;智之实,知斯二者弗去是也;礼之实,节文斯二者是也;[1]乐之实,乐斯二者,乐则生矣。生则恶可已也,[2]恶可已则不知足之蹈之、手之舞之。”

【注释】

①文:指修饰。 ②已:停止。

【译文】

孟子说:“仁的实质就是事奉父母,义的实质就是顺从兄长,智的实质就是明白这两者而不离开,礼的实质就是调节、修饰这两者,乐的实质是乐于这两者,欢乐就由此而生。欢乐萌生了就无法遏止,无法遏止就情不自禁地手舞足蹈起来。”

【段意】

此章是说,儒家的仁、义、礼、智、乐五项道德规范,其中心是仁、义,而仁、义的实质是对父母孝顺、对兄长友爱。朱熹《集注》说:“天下之道皆原于此,然必知之明而守之固,然后节之密而乐之深也。”

4.28 孟子曰:“天下大悦而将归己,视天下悦而归己犹草芥也,惟舜为然。不得乎亲不可以为人,不顺乎亲不可以为子。舜尽事亲之道而瞽瞍底豫,[1]瞽瞍底豫而天下化,瞽瞍底豫而天下之为父子者定,此之谓大孝。”

【注释】

①瞽瞍:舜的父亲。底豫:赵注云:“底,致也;豫,乐也。”

【译文】

孟子说:“整个天下都非常快乐地要来归顺自己,把整个天下快乐地归顺自己看得如同草芥一般,只有舜是如此。得不到父母的欢心不能够做人,不顺从父母不能够做儿子。舜竭尽事奉父母之道使父亲瞽瞍欢乐,使瞽瞍欢乐而感化了整个天下,使瞽瞍欢乐而安定了天下做父子的人,这就叫做大孝。”

【段意】

此章阐发儒家的孝道。“孝”的涵义有广有狭,最狭义也是最起码的,是要能奉养双亲,不使他们挨冻受饿;再进一步,是要愉悦父母的精神、意愿;最广也是最难得的是像舜那样,通过自己的孝行来教化天下之一,通过自己家庭的和睦来使天下安定。后来的理学家则将“孝”概念化了,从中引出了“天下无不是底父母”的结论,要求子女无原则地一味以顺从为准则,有人甚至说:“惟如此而后,天下之为父子者定,彼臣弑其君、子弑其父者,常始于见其有不是处耳。”(朱熹《集注》引魏了翁语)使先秦儒家在“孝”这个范畴上残存的一点有益的意义也完全消失殆尽了。

离 娄 下

4.29　孟子曰："舜生于诸冯，[①]迁于负夏，[②]卒于鸣条，[③]东夷之人也；文王生于岐周，[④]卒于毕郢，[⑤]西夷之人也。地之相去也千有余里，世之相后也千有余岁，得志行乎中国若合符节。[⑥]先圣后圣，其揆一也。"[⑦]

【注释】

①诸冯：地名，相传在今山东菏泽以南。　②负夏：《史记·五帝本纪》谓舜"就时于负夏"，约在今山东滋阳以西。　③鸣条：所相当的今地不详，《史记·五帝本纪》谓舜"南巡狩，崩于苍梧之野"，则其地当在南方。　④岐周：即"岐下"，周族的发祥地，周先祖古公亶父始迁于此。岐下即今之岐山，在陕西岐山县东北。　⑤毕郢：朱熹《集注》云："近丰、镐，今有文王墓。"　⑥若合符节：符、节是古代的一种信物，中分为二，双方各持一半为凭，相合无误以表示身份或传达命令。若合符节，犹今言完全符合。　⑦其揆一也：朱熹《集注》云："揆，度也。其揆一者，言度之而其道无不同也。"

【译文】

孟子说："舜出生在诸冯，迁居到负夏，逝世于鸣条，是东方边地的人；周文王出生在岐周，逝世于毕郢，是西方边地的人。地方相隔一千多里，时代相差一千余年，但他们的意愿得以在中土实施则如同符、节吻合那样一致。无论是在先的圣人还是在后的圣人，他们的准则是相同的。"

【段意】

此章是说，圣人虽有时代、出身地的不同，但他们的作为和准则是一致的、没有差别的。

4.30　子产听郑国之政，[①]以其乘舆济人于溱、洧。[②]孟子曰："惠而不知为政。岁十一月徒杠成,[3]十二月舆梁成,[4]民未病涉也。君子平其政,[5]行辟人可也,[6]焉得人人而济之?故为政者每人而悦之,日亦不足矣。"

【注释】

①子产:即公孙侨,子产是他的字(亦作"子美")。郑国贵族,曾在郑简公、定公时(公元前565—前514年)执政二十多年,实行改革,是当时著名的政治家。郑国:周中期所封的诸侯国名,西周末年东迁至今河南境内,前375年为韩所灭。②乘舆:指子产自己所乘坐的马车。溱:水名,源于今河南密县东北,东南与洧水汇合为双洎河,东流入贾鲁河。洧:水名,源于河南登封以东,东流至密县与溱水汇合。　③岁十一月:孟子所称的月份大多是周历,周历建子,故其十一月相当农历的九月。徒杠:简陋的独木便桥。　④舆梁:孙奭《孟子正义》云:"舆梁者,盖桥上横架之板若车舆者。"　⑤平其政:赵注云:"平治政事刑法。"⑥行辟人:辟同"避"。古代高级官员出行,有专人开路清道,要行人回避。

【译文】

子产主持郑国的政务,用自己的座车在溱水、洧水边载他人过渡。孟子说:"子产有恩惠,但却不懂得治理国政。十一月搭好走人的便桥,十二月搭好行车的梁桥,民众渡河就不会为难了。君子整治好自己的政务,外出使行人避道都没有关系,怎么能一个个地把人渡过河去呢?因此,治理国政的人去使每个人满意,连时间也不够了。"

【段意】

孟子认为,子产的这种恩惠只是小惠。小惠当然比不施恩惠好一点,但对于子产那样主持国政的人来说,就不够了。执政者要治理好国家,使民众安居乐业,是最大的恩惠,这比具体地做一两件事情要好不知多少倍。因此孟子要批评子产"不懂得治理国政",如果懂得的话,早就会由有关部门架好桥梁,不需要他去为人摆渡了。诸葛亮曾说:"治世以大德,不以小惠。"与孟子的意思是一样的。

4.31　孟子告齐宣王曰:"君之视臣如手足,则臣视君如腹心;君之视臣如犬马,则臣视君如国人;[1]君之视臣如土芥,则臣视君如寇雠。"

王曰:"礼,为旧君有服,[2]何如斯可为服矣?"

曰:"谏行言听,膏泽下于民;[3]有故而去,则君使人导之出疆,又先于其所往;去三年不反,然后收其田里:[4]此之谓三有礼焉。如此,则为之服矣。今也为臣,谏则不行、言则不听,膏泽不下于民;有故而去,则君搏执之,[5]又极之于其所往;[6]去之日遂收其田里:此之谓寇雠。寇雠何服之有?”

【注释】

①国人:朱熹《集注》引孔氏说云:“国人,犹言路人,言无怨无德也。” ②为旧君有服:服指丧服。 ③膏泽:即恩惠。 ④收其田里:田里指禄田和居宅。 ⑤搏执:犹言搜索拘捕,赵注云:“搏执其亲族也。” ⑥极:赵注云:“恶而困之也。”

【译文】

孟子告诉齐宣王说:“君主看待臣属如同手足,那臣属就看待君主如同腹心;君主看待臣属如同犬马,那臣属就看待君主如同常人;君主看待臣属如同尘土、草芥,那臣属就看待君主如同强盗、仇敌。”

宣王说:“礼制规定,要为以往事奉过的君主服丧,君主怎样做才能使人为之服丧呢?”

孟子说:“劝谏被接纳、进言被听从,因此而恩惠下及民众;因故要离去,君主派人引导他离开国境,并派人先期前往他所要去的地方;离去了三年不回来,才收掉他的禄田和房屋:这叫做三有礼。这样,臣属就会为之服丧了。现今做臣属的,劝谏不被接纳、进言不被听从,因此而恩惠到不了民众;因故要离去,君主就扣押他,并派人到他所要去的地方为难他;离去的当天就收掉他的禄田和房屋:这叫做强盗、仇敌。对强盗、仇敌有什么丧可服呢?”

【段意】

儒家认为,君主与臣属之间乃是以恩义相合的,君主尊重臣属,臣属也就为君主尽心尽忠;君主轻视臣属,臣属也就可以对君主三心二意。因此,作为君主来说,如果不行仁道,总有一天会被他的臣属所遗弃。

4.32 孟子曰:“无罪而杀士,则大夫可以去;无罪而戮民,则士可以徙。”

【译文】

孟子说:“没有罪名而处死士人,大夫就可以离去;没有罪名而杀戮民众,士人就可以迁徙。”

【段意】

此章是说,君子在遇到无道的时候,如果灾难即将降临到自己的头上,就应该明智地自动离去,以免作无谓的牺牲。先秦儒家是在列国称雄的时代完善自己学说的,因此,他们的思想观点中还没有君主专制时代那种“愚忠”的成分,而带有一定程度人道民主色彩,此章与上一章就是比较典型的例子,这些很值得我们注意。

4.33 孟子曰:“君仁莫不仁,君义莫不义。”

【译文】

孟子说:“国君仁没有人不仁,国君义没有人不义。”

【段意】

此章已见于本篇人不足与适章,有人指出:“上篇主言人臣当以正君为急,此章直戒人君,义亦小异耳。”(朱熹《集注》引张氏语)

4.34 孟子曰:“非礼之礼,[1]非义之义,大人弗为。”

【注释】

①非礼之礼:赵注云:“若礼而非礼。”下句“非义之义”之意与此类似。

【译文】

孟子说:“非礼的礼,非义的义,君子是不去做的。”

【段意】

此章是说,礼、义也有冒牌货,因此履行礼、义时,应当仔细鉴别一下,不符合准则的所谓礼、义就不应该去做。

4.35 孟子曰:“中也养不中,[1]才也养不才,故人乐有贤父兄也。如中也弃不中,才也弃不才,则贤、不肖之相去其间不能以寸。”

【注释】

①中:即孔子所谓的“无过无不及”。养:朱熹《集注》云:“谓涵育熏陶,俟其自化也。”

【译文】

孟子说:“有德行的能影响、教育没有德行的,有才能的能影响、教育没有才能的,所以人们乐于有贤能的父兄。如果有德行的嫌弃没有德行的,有才能的嫌弃没有才能的,那么贤能与品行不好之间的差距比寸还小。”

【段意】

此章是说,贤能者要帮助没有才能的人,如果做不到这一点,那么这个所谓的贤能就应该打个折扣了。

4.36　孟子曰："人有不为也，而后可以有为。"

【译文】

孟子说："人要有所不为，然后才能有所作为。"

【段意】

这一章的意思，看起来有点类似于道家思想。宋代理学家程颐指出："有不为，知所择也。惟能有不为，是以可以有为。无所不为者，安能有所为邪？"（朱熹《集注》引）

4.37　孟子曰："言人之不善，当如后患何？"

【译文】

孟子说："谈论他人的不好，由此带来后患该怎么办呢？"

【段意】

此章应是有所针对而言的，因为孟子本人就经常在"言人之不善"。如果就事论事而言，孟子是提醒人们，在"言人之不善"时要注意保护自己，不要由此引出不必要的麻烦。

4.38　孟子曰："仲尼不为已甚者。"

【译文】

孟子说："孔子不做太过分的事。"

【段意】

此章的意思是说，君子不做过分的事，样样事情都处置得恰如其分，即孔子所谓"过犹不及"之意。

4.39　孟子曰："大人者，言不必信，行不必果，惟义所在。"

【译文】

孟子说："作为君子，说话不拘泥于信守，行为不拘泥于果敢，只依据义的所在指导言行。"

【段意】

此章是说，君子的行为准则是义，大义所在，其他一切都应依从它。如果一味以"言必信，行必果"来规范行为，有可能失去义的准则。

4.40 孟子曰："大人者，不失其赤子之心者也。"

【译文】

孟子说："所谓君子，就是不丧失那婴儿纯朴之心的人。"

【段意】

成就了德行的君子，对问题的考虑自然更深、更全面，但却不应该失却纯朴之心。按照孟子的"性善论"，修养德行这件事本身，就是保护先天的本性不受后天污染。朱熹说："大人之所以为大人，正以其不为物诱，而有以全其纯一无伪之本然。是以扩而充之，则无所不知、无所不能，而极其大也。"(《集注》)

4.41 孟子曰："养生者不足以当大事，惟送死可以当大事。"

【译文】

孟子说："奉养健在的父母算不上大事，惟有安葬送终才算得上是大事。"

【段意】

此章是强调丧礼在礼制中的重要性。朱熹说："事生固当爱敬，然亦人道之常耳，至于送死，则人道之大变，孝子之事亲，舍是无以用其力矣，故尤以为大事，而必诚必信，不使少有后日之悔也。"(《集注》)

4.42 孟子曰："君子深造之以道，欲其自得之也。自得之则居之安，居之安则资之深，[①]资之深则取之左右逢其原，[②]故君子欲其自得之也。"

【注释】

①资：朱熹《集注》云："犹藉也。"　②原：同"源"。

【译文】

孟子说："君子用大道来加深造诣，是希望自己自然把握大道。自然把握了大道才能处之安然，处之安然才能深入地借助它，深入地借助它才能取用起来左右逢源，所以君子希望自己自然把握大道。"

【段意】

此章是说，君子在学问、修养上，要有一定的方法去深入把握最基本的东西，这样才能有独特的心得。

4.43 孟子曰："博学而详说之，将以反说约也。"

【译文】

孟子说:"广博地学习而详尽地加以阐述,是要以此回归到简约地阐述。"

【段意】

博与约,是学习的两种不同的境界或阶段。博学是为了加深理解,返约则是在理解的基础上抓住学问的要点。博是为了以后的约,只有达到约的境界,博才能发挥真正的作用,否则,博只是无系统的大杂烩而已。

4.44　孟子曰:"以善服人者,[1]未有能服人者也;以善养人,[2]然后能服天下。天下不心服而王者,未之有也。"

【注释】

①以善服人:朱熹《集注》云:"服人者,欲以取胜于人。"　②以善养人:赵注云:"养之以仁恩,然后心服矣。"

【译文】

孟子说:"用善来折服他人,未曾能使他人折服;用善来影响、教育他人,才能使整个天下折服。普天之下不心服就能称王天下的,还未曾有过。"

【段意】

称王天下首先要取得民心,要使人从内心折服,不是靠强制,而是通过教育、感化,使人真正由衷地钦服。朱熹说:"服人者,欲以取胜于人;养人者,欲其同归于善。盖心之公私小异,而人之向背顿殊,学者于此不可以不审也。"(《集注》)

4.45　孟子曰:"言无实不祥。[1]不祥之实,蔽贤者当之。"

【注释】

①祥:赵注云:"善。"

【译文】

孟子说:"言谈不符合实际是不好的。这种不好的恶果,埋没贤才者要承当它。"

【段意】

学者们对此章的理解有分歧,朱熹认为,这一章可能有文字阙失(《集注》)。译文采取了其中的一种说法。从字面上来理解,此章是批评对贤者的埋没。

4.46　徐子曰:"仲尼亟称于水,[1]曰'水哉,水哉',何取于水也?"

孟子曰:"原泉混混,[2]不舍昼夜,盈科而后进,[3]放乎四海。[4]有本者如是，是之取尔。苟为无本，七八月之间雨集，[5]沟、浍皆盈，[6]其涸也可立而待也。故声闻过情，[7]君子耻之。”

【注释】

①徐子：即本书《滕文公上》篇中提到的孟子弟子徐辟。　②混混：朱熹《集注》云：“涌出之貌。”　③科：赵注、朱熹均训为“坎”，即洼地。　④放：赵注云：“至也。至于四海者，有原本也。”　⑤七八月之间：周历的七八月，相当于农历的五六月，正是北方的多雨季节。　⑥浍：朱熹《集注》云：“田间水道也。”　⑦情：赵注训作“实”，即实际。

【译文】

徐子说：“孔子多次对水加以赞誉，说‘水呀，水呀’，水有哪一点可取呢？”

孟子说：“从源头流出的水滚滚向前，昼夜不停，注满了低洼才继续向前，一直流入海洋。有本源的东西是这样，孔子所取的就是这一点。倘若没有本源，七、八月间雨水多时沟渠都满了，而它们的干涸是立等可待的。所以，名声超过了实际，君子觉得可耻。”

【段意】

孔子对水的赞叹有多重含义，并随场合不同而相异（例如，《论语·子罕》载，孔子在大河边感叹说：“逝去的就像那河水一般，日夜不停地向前流去。”这是对光阴流逝的感叹）。孟子的阐发，也只是撷取自己所需要的一个侧面加以发挥。孟子认为，有本源的东西与无本源的东西不同，以此来比喻名声和实际，则实际是本源，脱离实际的虚誉是无本之水，没有生命力。

4.47　孟子曰：“人之所以异于禽兽者几希，[1]庶民去之，君子存之。舜明于庶物，[2]察于人伦，由仁义行，非行仁义也。”

【注释】

①几希：赵注云：“无几也。”　②庶物：与庶民的涵义相近，指万物，庶在此是众的意思。

【译文】

孟子说：“人之所以不同于禽兽的地方很细小，普通人把它丢弃了，君子把它保留了。舜懂得万物的原理，明白做人的道理，依从仁义行事，不是去推行仁义。”

【段意】

孟子认为，人与禽兽的不同之处就在于人性，也就是仁义。这一点本是人人都具有的，但之所以人间会有圣贤、普通人、小人之分，就因为圣贤保有了人性，而其他人则或多或少丢弃了它。所谓“推行仁义”，是指带有功名心去行仁义，“非以仁义为美而后勉强行之,所谓安而行之也”(朱熹《集注》)。只有自觉地依从仁义行事,也就是像孔子所说的那样,随心所欲而不违反它,才算是真正保有了仁义的本性。

4.48 孟子曰:“禹恶旨酒而好善言。[①]汤执中,立贤无方。文王视民如伤,望道而未之见。[②]武王不泄迩,[③]不忘远。周公思兼三王,[④]以施四事,[⑤]其有不合者,仰而思之,夜以继日,幸而得之,坐以待旦。”

【注释】

①恶旨酒:《战国策·魏策二》云:“昔者帝女令仪狄作酒而美,进之禹,禹饮而甘之,遂疏仪狄、绝旨酒,曰:‘后世必有以酒亡于国者。’” ②望道而未之见:朱熹《集注》云:“道已至矣,而望之犹若未见。” ③泄:赵注训为“狎”,即亲近的意思。又,赵注认为,武王句中的“迩”即近人,是指朝臣;“远”即远人,是指诸侯。 ④三王:赵注云:“三代之王也。”朱熹《集注》云:“禹也,汤也,文、武也。” ⑤四事:指以上四位君主的行事。

【译文】

孟子说:“禹嫌恶美酒而喜好善言。成汤坚持中和之道,起用贤人没有定规。周文王看待民众如同他们遭到了伤害,接近了大道仍然像还没见到它那样努力。周武王不轻慢亲近的人,不遗忘远离的人。周公想往兼有夏、商、周三朝贤王的长处,来实施禹、汤、文、武的功业,如果有不符合的地方,抬头思考,夜以继日,有幸想明白了,就坐待天明来实施。”

【段意】

此章赞美了五位前代圣贤的德行。其涵义有几种说法,有的人认为,孟子是抽取了他们比较突出的优点来说的,并非说他们只有这一个方面的优异德行(朱熹《集注》引程颐语);有的人认为,此章是赞美周公能集前代圣贤的大成,所以周代的礼乐制度特别完美(赵岐《孟子注》)。

4.49 孟子曰:“王者之迹熄而《诗》亡,[①]《诗》亡然后《春秋》作。晋之《乘》、楚之《梼杌》、鲁之《春秋》,[②]一也。其事则齐桓、晋文,其文则史,孔子曰:‘其义则丘窃取之矣。’”

【注释】

①王者之迹熄:前人多释为王者之道失坠,译文从之。 ②晋之《乘》、楚

之《梼杌》、鲁之《春秋》：朱熹《集注》云："古者列国皆有史官，掌记时事，此三者皆其所记册书之名也。"

【译文】

孟子说："王者的事迹泯没了，《诗》也就散失了，《诗》散失之后才写出了《春秋》。晋国的《乘》、楚国的《梼杌》、鲁国的《春秋》，涵义是一样的。它们所记载的事情是齐桓公、晋文公，它们的文字就是历史，孔子说：'它们的大义被我私下取用了。'"

【段意】

此章是说，《诗》、《春秋》的大义是一致的，它们都是"王者之迹"的产物，而《春秋》则是对王者之道失坠的补充。

4.50　孟子曰："君子之泽五世而斩，①小人之泽五世而斩。予未得为孔子徒也，予私淑诸人也。"②

【注释】

①泽：朱熹《集注》云："犹言流风余韵也。"世：《集注》又云："父子相继为一世，三十年亦为一世。"斩：断绝之意。　②私淑诸人：赵注训为"私善之于贤人"，朱熹《集注》云："人，谓子思之徒也。"

【译文】

孟子说："君子的影响五个世代才止歇，小人的影响也要五个世代才止歇。我没能成为孔子的门徒，我只是私下得益于他的传人而已。"

【段意】

孟子以孔子之道的继承者自任。有人认为，这一章与前两章是有联系的。前章是历叙三代（夏、商、周）圣贤的德行，上一章则褒扬孔子，而这一章则讲述孔子之道的继承者，"其辞虽让，然其所以自任之重，亦有不得而辞者"（朱熹《集注》）。

4.51　孟子曰："可以取可以无取，取伤廉；可以与可以无与，与伤惠；可以死可以无死，死伤勇。"

【译文】

孟子说："可以取可以不取，取了会伤害廉；可以给可以不给，给了会伤害惠；可以死可以不死，死了会伤害勇。"

【段意】

此章是说，过度的"取"会伤害廉，过度的"与"会伤害惠，不适当的"死"会伤害勇。也就是说，任何事物如有一个适当的“度”，过了这个“度”，事物往往就会走向它的反面。它与孔子所说的“过犹不及”是一个意思。

4.52 逢蒙学射于羿，[1]尽羿之道，思天下惟羿为愈己，[2]于是杀羿。孟子曰：“是亦羿有罪焉。”

公明仪曰：“宜若无罪焉。”

曰：“薄乎云尔，[3]恶得无罪？郑人使子濯孺子侵卫，[4]卫使庾公之斯追之。[5]子濯孺子曰：‘今日我疾作，不可以执弓，吾死矣夫！’问其仆曰：[6]‘追我者谁也？’其仆曰：‘庾公之斯也。’曰：‘吾生矣。’其仆曰：‘庾公之斯，卫之善射者也，夫子曰吾生，何谓也？’曰：‘庾公之斯学射于尹公之他，[7]尹公之他学射于我。夫尹公之他，端人也，[8]其取友必端矣。’庾公之斯至，曰：‘夫子何为不执弓？’曰：‘今日我疾作，不可以执弓。’曰：‘小人学射于尹公之他，尹公之他学射于夫子，我不忍以夫子之道反害夫子。虽然，今日之事，君事也，我不敢废。’抽矢，扣轮去其金，[9]发乘矢而后反。”[10]

【注释】

①逢(péng 蓬)蒙：传说中羿的弟子，《世本》称“逢蒙作射”，誉其射技高超。羿：神话中射日的英雄，他与篡夺夏政的后羿不是一个人。 ②愈：同“逾”，胜过。 ③薄：朱熹《集注》云：“言其罪差薄耳。” ④子濯孺子：赵注云：“郑大夫。”卫：周初所封诸侯国名，始封国君是周武王的弟弟康叔，其疆土在今河南境内，前254年为魏所灭，后一度复国，前209年灭于秦。 ⑤庾公之斯：赵注云：“卫大夫。”庾公之斯、尹公之他等姓名中的“之”是称呼时所加的虚词，并非是固定的成分。 ⑥仆：指驾车的车手。 ⑦尹公之他：朱熹《集注》云：“尹公他亦卫人也。” ⑧端人：犹今言正派人。 ⑨金：指箭头。 ⑩乘矢：古称四马所拉的车为一乘，故乘矢当谓四箭。

【译文】

逢蒙向羿学习射技，完全学得了羿的技艺，觉得天下只有羿胜过自己，因此杀死了羿。孟子说：“这件事羿也有过错。”

公明仪说：“似乎没有过错吧。”

孟子说：“不过轻一点罢了，怎么会没有过错呢？郑人派子濯孺子侵犯卫国，卫国派庾公之斯追击他。子濯孺子说：‘今天我犯病，拿不了弓，我没命了！’便询问他的车手说：‘追赶我的是谁？’他的车手说：‘是庾公之斯。’子濯孺子说：‘我有生路了。'他的车手说:'庾公之斯是卫国最优秀的射手,先生说有生路,是什么道理呢?'子濯孺子说:'庾公之斯向尹公之他学习射技,尹公之他向我学习射技。尹公之他是正派人,他选取的朋友必定正派。'庾公之斯追上了,说:'先生为什么不拿弓?'子濯孺子说:'今天我犯病,拿不了弓。'庾公之斯说:'在下向尹公之他学习射技,尹公之他向先生学习射技,我不忍心用先生的技艺反过来伤害先生。虽然如此,今天的事情是国家公务,我不敢废弃。'就抽出箭来,在车轮上磕去箭头,射了四箭之后回去了。"

【段意】

孟子认为,羿虽然被逢蒙所杀,但羿本人也应对此事负责。原因就在于,羿在教授技术的同时没有注意提高逢蒙的德行。朱熹说,后羿曾篡夺了有穷国的王位,逢蒙则是他的帮凶;庾公之斯虽然卫护了私人的交情,却放弃了公义,"其事皆无足论者,孟子盖特以取友而言耳"(《集注》)。

4.53 孟子曰:"西子蒙不洁,①则人皆掩鼻而过之。虽有恶人,②齐戒沐浴则可以祀上帝。"③

【注释】

①西子:即春秋末年的西施,旧注亦有称西施为"夏姬"者。 ②恶人:此指面貌丑陋之人。 ③齐戒:即斋戒,"齐"同"斋"。

【译文】

孟子说:"西施蒙上了不洁,人们都会捂着鼻子走过去。即使是相貌丑陋的人,洁净了身心就能祭祀上帝。"

【段意】

此章是警戒人们要行善,像西施这样被人们称赞的人,只要有一点不善之处,就会失去人们的欢心;而相貌丑陋的人,只要洗心革面,也能事奉上帝。从后半句来看,孟子是在勉励人们不要因为过去的不善而自暴自弃,如果悬崖勒马,还是有重新做人的希望的。

4.54 孟子曰:"天下之言性也,则故而已矣,①故者以利为本。②所恶于智者为其凿也,如智者若禹之行水也,则无恶于智矣。禹之行水也,行其所无事也,如智者亦行其所无事,则智亦大矣。天之高也,星辰之远也,苟求其故,千岁之日至可坐而致也。"③

【注释】

①故:赵注训为本原。 ②利:朱熹《集注》云:"犹顺也,语其自然之势也。" ③日至:冬夏二至的准确时刻是古代历算的重要数据。

【译文】

孟子说:"普天之下所谈论的人性,不过是行为的本原罢了,本原的东西以顺乎自然为原则。之所以嫌恶聪明人是因为他们穿凿,如果聪明人像禹疏通水流那样就不会对聪明嫌恶了。禹的疏通水流,是让它们不违反自然地流行,如果聪明人也使自己不违反自然地行事,那么也就更聪明了。天如此之高,星辰如此之远,假如寻求他们运行的本原,千年的日至都能坐着得知。"

【段意】

此章主要讨论"智"的概念。孟子认为,大智是顺应事物的规律办事,而不是卖弄小聪明。朱熹说:"事物之理莫非自然,顺而循之则为大智,若用小智而凿以自私,则害于性而反为不智。"(《集注》)

4.55 公行子有子之丧,①右师往吊。②入门,有进而与右师言者,有就右师之位而与右师言者。孟子不与右师言,右师不悦曰:"诸君子皆与驩言,孟子独不与驩言,是简驩也。"

孟子闻之曰:"礼,朝廷不历位而相与言,③不逾阶而相揖也。我欲行礼,子敖以我为简,不亦异乎?"

【注释】

①公行子:赵注云:"齐大夫也。" ②右师:官名。据下文说他名驩、字子敖来看,此人就是本书《公孙丑下》篇中提到的齐王宠臣王驩。 ③朝廷:孟子的意思是说,既以君命来吊丧,那就如同上朝一样,应该遵循朝廷上的礼仪。历位:指越过位次。

【译文】

公行子的儿子死了,右师子敖前往吊唁。走进大门,有走上前来与右师说话的人,有来到右师席位与右师说话的人。孟子不与右师说话,右师不高兴地说:"各位君子都与我交谈,唯有孟子不与我交谈,这是简慢我。"

孟子得知后说:"礼仪规定,在朝堂上不越过位次相互交谈,不隔着阶梯相互作揖。我要想履行礼仪,子敖却认为我简慢,不也可怪吗?"

【段意】

右师子敖是当时有权势的人物,所以人们纷纷去趋附他,以致不顾正常的礼仪。孟子偏偏不肯这么做,并对子敖的傲慢进行了批评。

4.56 孟子曰:"君子所以异于人者,以其存心也。君子以仁存心,以礼存心。仁者爱人,有礼者敬人。爱人者,人恒爱之;敬人者,人恒敬之。有人于此,其待我以横逆,[①]则君子必自反也:我必不仁也,必无礼也,此物奚宜至哉?其自反而仁矣,自反而有礼矣,其横逆由是也,[②]君子必自反也:我必不忠。自反而忠矣,其横逆由是也,君子曰:'此亦妄人也已矣。如此,则与禽兽奚择哉?[③]于禽兽又何难焉?'是故君子有终身之忧,无一朝之患也。乃若所忧则有之:舜人也,我亦人也,舜为法于天下,可传于后世,我由未免为乡人也。是则可忧也,忧之如何?如舜而已矣。若夫君子所患则亡矣。非仁无为也,非礼无行也,如有一朝之患,则君子不患矣。"

【注释】

①横逆:朱熹《集注》云:"谓强暴不顺礼也。" ②由是:犹言依然如此。③奚择:朱熹《集注》云:"何异也。"

【译文】

孟子说:"君子之所以不同于常人,是由于他们所存的心。君子把仁存于心,把礼存于心。仁人爱护他人,有礼的人尊敬他人。爱护他人的人,人们常常爱护他;尊敬他人的人,人们常常尊敬他。在此有个人,他用蛮横的态度对待我,君子必定会反躬自省:一定是我不仁,一定是我无礼,否则怎么会遭到这样的事呢?反躬自省而仁了,反躬自省而有礼了,而蛮横的态度依然如故,君子必定会反躬自省:一定是我不忠。反躬自省而忠了,而蛮横的态度依然如故,君子会说:'这不过是个狂妄的人罢了。像这样,与禽兽有什么不同呢?对于禽兽又有什么可责备的呢?'因此,君子有终身的忧愁,没有一时的担心。至于忧愁的事是有的:舜是人,我也是人,舜被天下的人所效法,能传之后世,我仍不免是个乡里的普通人。这才是值得忧愁的,忧愁这些干什么呢?要像舜那样罢了。至于君子所担心的事就没有了。不合乎仁的事不去干,不合乎礼的事不去做,即使有一时的祸患,君子也不担心了。"

【段意】

此章包含两层意思:其一,遇到问题应该首先检讨自己的不足之处,孔子也多次提到过这一点;其二,君子行得正、站得直,没有什么可患得患失的,唯一值得担忧的是,自己还没有达到圣贤那样的道德水准。

4.57 禹、稷当平世,[①]三过其门而不入,[②]孔子贤之;颜子当乱世,[③]居于陋巷,一箪食、一瓢饮,人不堪其忧,颜子不改其乐,孔子贤之。孟子曰:“禹、稷、颜回同道。禹思天下有溺者,由己溺之也;稷思天下有饥者,由己饥之也,是以如是其急也。禹、稷、颜子易地则皆然。今有同室之人斗者,救之,虽被发缨冠而救之可也;[④]乡邻有斗者,被发缨冠而往救之则惑也,虽闭户可也。”

【注释】

①平世:太平的世道。 ②三过其门不入:这是禹的事迹,称稷是连类并及。 ③颜子:即孔子的弟子颜渊。 ④被发缨冠:“被”同“披”,缨在此作动词用。古时候戴冠必先结发,因此披发戴冠是反常的,但如果是为了解救同室之人相斗之急,还是可以理解的。乡邻与同室有亲疏之分,所以“被发缨冠而往救之则惑也”。

【译文】

禹、稷处于太平时代,三次经过自己家门却不进去,孔子称赞他们;颜回处于动乱时代,住在狭小的巷子里,用一个筐吃饭、一个瓢喝水,别人受不了这种清苦,颜回却不改变他的志趣,孔子称赞他。孟子说:“禹、稷、颜回是一个道理。禹想到天下有淹入水中的人,如同是自己使他们淹入水中一样;稷想到天下有挨饿的人,如同是自己使他们挨饿一样,所以他们是如此的急迫。禹、稷、颜回互换了位置都一样。现今有同屋的人在争斗,就援救他们,即使披散着头发就戴上冠帽去援救他们都没有关系;乡里的邻居有人在争斗,披散着头发就戴上冠帽去援救他们就糊涂了,这时即使关起门来都没有关系。”

【段意】

此章是说,前代圣贤虽然时代不同、地位不同,他们的行为也不尽相同,但他们的准则是一样的,相互交换了位置也会做出同样的事来。所以,朱熹说:“圣贤之心无所偏倚,随感而应,各尽其道。”(《集注》)

4.58 公都子曰:“匡章,通国皆称不孝焉,夫子与之游,又从而礼貌之,[①]敢问何也?”

孟子曰:“世俗所谓不孝者五:惰其四支,不顾父母之养,一不孝也;博弈好饮酒,[②]不顾父母之养,二不孝也;好货财,私妻子,不顾父母之养,三不孝也;从耳目之欲,[③]以为父母戮,[④]四不孝也;好勇斗很,[⑤]以危父母,五不孝也。章子有一于是乎?夫章子,子父责善而不相遇也。[6]责善,朋友之道也;父子责善,贼恩之大者。夫章子岂不欲有夫妻子母之属哉?为得罪于父,不得近,出妻屏子,终身不养焉。其设心以为不若是,是则罪之大者,是则章子已矣。”

【注释】

①礼貌之:赵注云:“礼之以颜色喜悦之貌也。” ②博弈:六博与围棋,这是当时流行的棋类游戏。 ③从:同“纵”。 ④戮:朱熹《集注》云:“羞辱也。” ⑤很:同“狠”。 ⑥责善而不相遇:朱熹《集注》云:“遇,合也。相责以善而不相合,故为父所逐也。”

【译文】

公都子说:“匡章这个人,举国上下都说他不孝,夫子却和他来往,又因此礼待他,请问是什么道理呢?”

孟子说:“一般所谓不孝的行为有五项:怠惰自己的四肢,不顾及父母的赡养,是一不孝;下棋、喜欢饮酒,不顾及父母的赡养,是二不孝;喜好钱财,偏爱妻子儿女,不顾及父母的赡养,是三不孝;放纵声色的欲望,因而给父母带来耻辱,是四不孝;逞强好斗,因而危及父母,是五不孝。章子有一种这样的行为吗?章子是儿子、父亲互相责备而不相亲近。互相责备是朋友的准则,父亲、儿子互相责备是最伤感情的事。章子难道不想有丈夫妻子、儿子母亲的亲属关系吗?因为得罪了父亲,不能亲近,就离弃了妻子、疏远了子女,终身不要他们奉养。他的用心认为,不这样做罪过更大,章子不过如此罢了。”

【段意】

从孟子的话中可以看出,孟子并不完全赞同匡章的行为,但对之表示理解。孟子曾说过,无论是众人赞同还是厌恶的事情,都要经过考察,不能随意附和(见本书《梁惠王》篇所谓故国章)。此章正是这一主张的具体体现。

4.59 曾子居武城,[1]有越寇。[2]或曰:“寇至,盍去诸?”曰:“无寓人于我室,[3]毁伤其薪木。”寇退,则曰:“修我墙屋,我将反。”寇退,曾子反。左右曰:“待先生如此其忠且敬也,寇至则先去以为民望,[4]寇退则反,殆于不可。”[5]沈犹行曰:[6]“是非汝所知也。昔沈犹有负刍之祸,[7]从先生者七十人未有与焉。”

子思居于卫,有齐寇。或曰:“寇至,盍去诸?”子思曰:“如伋去,君谁与守?”

孟子曰:“曾子、子思同道。曾子,师也,父兄;子思,臣也,微也。

曾子、子思易地则皆然。”

【注释】

①武城：鲁国的城邑名，在今山东费城西南。 ②越寇：越灭吴以后，其疆土与鲁相邻接，故能直接入侵鲁国。 ③寓：赵注云：“寄也。曾子欲去，戒其守人曰：‘无寄人于我室，恐其伤我薪草树木也。’” ④民望：朱熹《集注》云：“言使民望而效之。” ⑤殆于：恐怕。 ⑥沈犹行：名行，赵注云：“曾子弟子也。” ⑦有负刍之祸：赵注云：曾子居住在沈犹氏家中时，“有作乱者曰负刍，来攻沈犹氏。”

【译文】

曾子居住在武城，有越人入侵。有人说：“敌寇来了，何不离开这儿呢？”曾子说：“只是不要让他人住在我的屋子里，毁坏那些树木。”敌寇退去，曾子便说：“整修我的院墙和屋子，我就要回去了。”敌寇一退走，曾子就回去了。他身边的门徒们说：“他们对待先生是那样忠诚、恭敬，敌寇来了却为民众做了个带头离去的榜样，敌寇退走了就回去，恐怕不可以吧。”沈犹行说：“这不是你们所知道的。过去先生住在我那儿，有个叫负刍的作乱，跟随先生的七十个人没有一个介入这件事。”

子思居住在卫国，有齐人入侵。有人说：“敌寇来了，何不离开这儿呢？”子思说：“连我都离开了，国君和谁一起防守呢？”

孟子说：“曾子、子思是一个道理。曾子是老师，是武城人的父亲、兄长；子思是卫国的臣属，身份低微。曾子、子思互换了位置都会这样做。”

【段意】

此章仍是讲先贤虽然行为不同，但所遵循的准则是一致的。曾子在武城的地位是宾客，而子思在卫国任职，所以，遇到入侵者时，曾子可以离去而子思必须留下尽职。有人指出：“其事不同者，所处之地不同也。君子之心不系于利害，惟其是而已，故易地则皆能为之。”（朱熹《集注》引尹氏语）

4.60 储子曰：①“王使人瞷夫子，②果有以异于人乎？”

孟子曰：“何以异于人哉？尧舜与人同耳。”

【注释】

①储子：赵注云：“齐人也。”据本书《告子下》篇，他还担任过齐国的相。 ②瞷（jiàn 见）：窥视、观察。

【译文】

储子说：“大王派人观察夫子，是否真有不同于他人之处。”

孟子说:“哪有不同于他人之处呢?连尧、舜都与常人一样。”

【段意】

孟子的意思是说,圣人也是人,他们的行为与普通人没有很大的区别,只是内在的德行与见识不同常人而已。这些,从外表上是看不出来的。

4.61 齐人有一妻一妾而处室者,①其良人出则必餍酒肉而后反。②其妻问所与饮食者,则尽富贵也。其妻告其妾曰:“良人出则必餍酒肉而后反,问其与饮食者,尽富贵也,而未尝有显者来,吾将瞷良人之所之也。”

蚤起,③施从良人之所之。④遍国中无与立谈者,⑤卒之东郭墦间,⑥之祭者乞其余,不足,又顾而之他,此其为餍足之道也。其妻归告其妾曰:“良人者所仰望而终身也,⑦今若此。”与其妾讪其良人,⑧而相泣于中庭。⑨而良人未之知也,施施从外来,骄其妻妾。

由君子观之,则人之所以求富贵利达者,其妻妾不羞也而不相泣者,几希矣。

【注释】

①齐人:朱熹认为,此章“章首当有‘孟子曰’字,阙文也。” ②良人:赵注云:“夫也。” ③蚤:同“早”。 ④施:赵注云:“施者,邪施而行,不欲使良人觉也。” ⑤国:此指城。 ⑥墦间:赵注云:“郭外冢间也。” ⑦仰望:仰赖、指望。 ⑧讪:朱熹《集注》云:“怨詈也。” ⑨中庭:犹言庭中,即堂阶前。

【译文】

齐国人中有户一妻一妾住在一起的人家,她们的丈夫出去就必定吃饱了酒肉才回来。他妻子询问他一同吃喝的人,则说都是有钱有势的。他妻子告诉他的妾说:“丈夫出去就必定吃饱了酒肉才回来,询问他一同吃喝的人,都是有钱有势的,但从没有显赫的人来,我要暗中看看丈夫的行踪。”

早上起来,她悄悄地跟着丈夫出去。满城中没有站下来和他交谈的,结果他去了东郊的墓地,向上坟祭奠的人乞讨剩余的供品,不够,又张望着向其他人乞讨,这就是他吃饱喝足的方法。他妻子回来告诉他的妾说:“丈夫是我们依靠着过一辈子的人,现在却做出这样的事来。”便与他的妾咒骂他们的丈夫,在厅堂相对哭泣。他们的丈夫还不知道,洋洋自得地从外面回来,向自己的妻妾炫耀。

由君子看来,人们用来求取富贵腾达的手段,能使他们的妻妾不感到羞耻、不相对哭泣的，是很少的。

【段意】

这是一个很有名的寓言故事，它在一定程度上反映了当时的社会状况。孟子讲这个故事的目的，是抨击当时求取富贵者的行径极其鄙陋，他们在光天化日之下衣冠楚楚、自我炫耀，而暗中却卑躬屈膝、无所不为，令人感到羞耻。

万　章　上

5.1　万章问曰："舜往于田，[①]号泣于旻天，何为其号泣也？"

孟子曰："怨慕也。"[②]

万章曰："'父母爱之，喜而不忘；父母恶之，劳而不怨'，然则舜怨乎？"

曰："长息问于公明高曰：[③]'舜往于田，则吾既得闻命矣；号泣于旻天，于父母，则吾不知也。'公明高曰：'是非尔所知也。'夫公明高以孝子之心为不若是恝：[④]我竭力耕田，共为子职而已矣，[⑤]父母之不我爱，于我何哉？[⑥]帝使其子九男二女，[⑦]百官、牛羊、仓廪备，以事舜于畎亩之中，天下之士多就之者，帝将胥天下而迁之焉。[⑧]为不顺于父母，如穷人无所归。天下之士悦之，人之所欲也，而不足以解忧；好色，人之所欲，妻帝之二女而不足以解忧；富，人之所欲，富有天下而不足以解忧；贵，人之所欲，贵为天子而不足以解忧。人悦之、好色、富贵，无足以解忧者，惟顺于父母可以解忧。人少则慕父母，知好色则慕少艾，[⑨]有妻子则慕妻子，仕则慕君，不得于君则热中。[⑩]大孝终身慕父母，五十而慕者，[⑪]予于大舜见之矣。"

【注释】

①舜往于田：万章所问的两句话，文字古奥，似出于《书》，但行文未称《书》，赵注亦不提。伪古文《尚书》将其辑入《大禹谟》。　②怨慕：朱熹《集注》云："怨己之不得其亲而思慕也。"　③长息问于公明高：赵注云："长息，公明高弟子；公明高，曾子弟子。"　④恝（jiā 夹）：赵注云："无愁之貌。"　⑤共：同"供"，与今言供职之"供"义同。　⑥于我何哉：意为与我有什么关系。⑦子：古代对子女的统称。九男二女：尧将二女嫁给舜之事见于《书·尧典》；使九男事舜之事不详，赵注认为当见于《尚书》逸篇。《史记·五帝本纪》云："尧乃

以二女妻舜以观其内,使九男与处以观其外。"当有所本。 ⑧胥:《尔雅·释诂》云:"胥,皆也。"胥天下即整个天下。迁之:移交给舜。 ⑨少艾:年轻美貌之人。艾是美好的意思。 ⑩热中:即"热衷",朱熹《集注》云:"躁急心热也。" ⑪五十:朱熹《集注》云:"舜摄政时年五十也。"

【译文】

万章问道:"舜到农田去,向苍天哭诉,他为什么要哭诉呢?"

孟子说:"因为怨恨、思慕。"

万章说:"曾子说'父母喜爱,高兴而不忘怀;父母嫌恶,忧愁而不怨恨',既然如此,舜会怨恨吗?"

孟子说:"长息问公明高说:'舜到农田去,我已经聆听了你的教诲;向苍天、向父母哭诉,我就不明白了。'公明高说:'这不是你所能明白的。'公明高认为,孝子之心是不会如此满不在乎的:我竭尽全力耕田,只是完成做儿子的职责罢了,父母不喜爱我,跟我有什么关系呢?帝尧派他的九个儿子、两个女儿,百官、牛羊、粮仓都齐备,到农田里去事奉舜,天下的士人有许多去归附他,帝尧就要把整个天下交付给他了。他由于没能得到父母的欢心,就如同贫困的人找不到归宿一般。被天下的士人所喜爱,是他人所追求的,却不足以解除他的忧愁;美貌的女子,是他人所追求的,娶了帝尧的两个女儿却不足以解除他的忧愁;富有,是他人所追求的,拥有整个天下的财富却不足以解除他的忧愁;显贵,是他人所追求的,身为天子那样的尊贵却不足以解除他的忧愁。为他人所喜爱、美貌的女子、富有尊贵,没有一项能解除忧愁,惟有得到父母的欢心才能解除忧愁。人们年幼时就思慕父母,知道了女子的美貌就思慕少女,有了妻室、子女就思慕妻室、子女,担任了官职就思慕君主,得不到君主信任就很急切地盼望。大孝的人一辈子思慕父母,到了五十岁仍在思慕的,我在大舜身上见到了。"

【段意】

此章是说,舜的孝顺父母之心,始终如一。再深入一步来理解,孟子的意思是说,对于根本原则的追求,要像古代圣人那样不被其他事物所诱惑。

5.2 万章问曰:"《诗》云:①'娶妻如之何?必告父母'。信斯言也宜莫如舜,舜之不告而娶,何也?"

孟子曰:"告则不得娶。男女居室,人之大伦也。如告,则废人之大伦以怼父母,②是以不告也。"

万章曰:"舜之不告而娶,则吾既得闻命矣,帝之妻舜而不告,何也?”

曰:“帝亦知告则不得妻也。”

万章曰:“父母使舜完廪,[3]捐阶,[4]瞽瞍焚廪;使浚井,[5]出,[6]从而揜之。[7]象曰:[8]‘谟盖都君咸我绩。[9]牛羊父母,仓廪父母,干戈朕,琴朕,弤朕,[10]二嫂使治朕栖。’[11]象往入舜宫,舜在床琴。[12]象曰:‘郁陶思君尔!’[13]忸怩。[14]舜曰:‘惟兹臣庶,[15]汝其于予治。’[16]不识舜不知象之将杀己与?”

曰:“奚而不知也?[17]象忧亦忧,象喜亦喜。”

曰:“然则舜伪喜者与?”

曰:“否。昔者有馈生鱼于郑子产,子产使校人畜之池。校人烹之,[18]反命曰:‘始舍之圉圉焉,少则洋洋焉,攸然而逝。’子产曰:‘得其所哉,得其所哉!’校人出,曰:‘孰谓子产智?予既烹而食之,曰得其所哉,得其所哉。’故君子可欺以其方,[19]难罔以非其道。彼以爱兄之道来,故诚信而喜之,奚伪焉?”

【注释】

①此处诗句引自《诗·齐风·南山》,相传这是首讥刺齐襄公的诗歌。 ②怼(duì对):朱熹《集注》云:“雠怨也。舜父顽母嚚,常欲害舜,告则不听其娶,是废人之大伦以雠怨于父母也。” ③完:赵注云:“治也。” ④捐阶:朱熹《集注》云:“捐,去也;阶,梯也。” ⑤浚井:淘井。按,井用久了,井底会积存淤泥,所以要定期淘洗。 ⑥出:赵注云:“使舜浚井,舜入而即出,瞽瞍不知其已出,从而盖其井。”一说,此“出”是指瞽瞍等人出来。 ⑦揜:同“掩”,掩盖。 ⑧象:舜的同父异母弟弟。 ⑨谟盖都君咸我绩:朱熹《集注》云:“谟,谋也。盖,盖井也。舜所居三年成都,故谓之都君。咸,皆也。绩,功也。” ⑩弤(dǐ抵):赵注云:“雕弓也。” ⑪栖:朱熹《集注》云:“床也,象欲使为己妻也。” ⑫在床琴:坐在床上弹琴。 ⑬郁陶:朱熹《集注》云:“思之甚而气不得伸也。” ⑭忸怩:惭愧的样子。 ⑮惟兹臣庶:《说文》云:“惟,凡思也。”段玉裁注:“凡思,谓浮泛之思。”兹,此。 ⑯于予治:此处的“于”作“为”解。 ⑰奚而:犹言如何、怎么。 ⑱校人:赵注云:“主池沼小吏也。” ⑲欺以其方:朱熹《集注》云:“谓诳之以理之所有。”

【译文】

万章问道:“《诗》说:‘娶妻该怎么办?必先禀告父母。’相信这道理的该没人比得上舜了,舜不禀告父母就娶妻,是什么道理呢?”

孟子说："禀告就不能娶了。男女生活在一起，是人与人的重要伦常关系。如果禀告，就是把废弃这一重要的伦常关系归咎于父母，所以就不禀告了。"

万章说："舜不禀告父母就娶妻，我已经聆听了你的教诲，帝尧嫁女儿给舜却不告诉他父母，是什么道理呢？"

孟子说："帝尧也知道告诉了就不能把女儿嫁给他了。"

万章说："父母叫舜去整修谷仓，抽去了梯子，父亲瞽瞍放火焚烧谷仓；要他去淘井，等其他人出来后就堵塞了井口。弟弟象说：'设法除掉舜都是我的功劳。牛羊给父母，粮仓给父母，盾和戈归我，琴归我，雕漆的弓归我，两个嫂嫂让她们伺候我睡觉。'象走进舜的屋子，舜坐在床上弹琴。象说：'我想得你好苦啊！'神色羞愧。舜说：'我想着那些臣民，你替我来管理。'我不明白，舜难道不知道象要杀害自己吗？"

孟子说："怎么会不知道呢？象忧愁他也忧愁，象高兴他也高兴。"

万章说："那么，舜是假装高兴吗？"

孟子说："不。过去有人送了条活鱼给子产，子产叫校人把它养在水池里。校人把鱼烹煮了，回来报告说：'刚放掉它时还游得不太灵活，过了一会，就自在地甩着尾巴，悠然地游走了。'子产说：'得到合适的去处了，得到合适的去处了！'校人退了出来，说：'谁说子产聪明？我已经把鱼烹煮着吃了，他却说，得到合适的去处了，得到合适的去处了。'因此，君子能用合乎情理的方法欺罔，却难以用违背常规的手段诳骗。象用喜爱兄长的做法作表示，所以舜真诚地相信而感到高兴，假装什么呢？"

【段意】

此章仍是讲述舜的孝行。舜的父亲、弟弟都加害于他、不喜爱他，但他仍然恪守道德。万章用"假装"来理解舜的行为，孟子不同意，他认为舜是真诚地相信了父亲和弟弟的解释。因为君子是恪守正道的，所以他可能会受到"合乎情理"的蒙蔽，但这并不表明君子不聪明。

5.3　万章问曰："象日以杀舜为事，立为天子则放之，[①]何也？"

孟子曰："封之也，或曰放焉。"

万章曰："舜'流共工于幽州，[②]放驩兜于崇山，[③]杀三苗于三危，[④]殛鲧于羽山，[⑤]四罪而天下咸服'，诛不仁也。象至不仁，封之有庳，[⑥]有庳之人奚罪焉？仁人固如是乎？在他人则诛之，在弟则封之？"

曰:“仁人之于弟也,不藏怒焉,不宿怨焉,亲爱之而已矣。亲之,欲其贵也;爱之,欲其富也。封之有庳,富贵之也。身为天子,弟为匹夫,可谓亲爱之乎?”

“敢问或曰放者,何谓也?”

曰:“象不得有为于其国,天子使吏治其国而纳其贡税焉,故谓之放。岂得暴彼民哉?虽然,欲常常而见之,故源源而来。[⑦]‘不及贡,[⑧]以政接于有庳’,此之谓也。”

【注释】

①放:放逐,犹如后来的充军。　②流共工于幽州:此处引文见于《书·尧典》。共工,《淮南子·本经训》:“舜之时,共工振滔洪水,以薄空桑。”旧注谓共工是“水官名”。幽州,此指北方边远的地方。　③驩(huān 欢)兜:即尧的儿子丹朱。一说,他是尧臣,因朋比共工为恶而被放逐。崇山:此指南方的边远之地。④杀:《尚书》作“窜”、《史记》作“迁”,焦循《正义》云:“窜、杀为同音假借。”朱熹以三苗为国名,故训“杀”为“杀其君”。三苗:一说为古国名,一说是指远古三凶(浑敦、穷奇、饕餮)的后裔。三危:此指西方的边远之地。　⑤殛:朱熹《集注》云:“诛也。”焦循《正义》谓“殛”通“极”,亦放逐之意。又,在古文中,“诛”有惩罚之意,下文“在他人则诛之”即用此意。鲧:禹的父亲。相传他因治水无功而获罪。羽山:此指东方的边远之地。　⑥有庳(bì 避):地名,旧说在今河南道县之北。　⑦源源:犹今言源源不断。　⑧不及贡:此下两句当是《尚书》逸篇或其他古书之文,故孟子说“此之谓也”。朱熹《集注》云:“谓不待及诸侯朝贡之期而以政事接见有庳之君。”

【译文】

万章问道:“象成天把杀害舜作为事务,舜即位做了天子只是放逐他,是什么道理呢?”

孟子说:“舜封了土地给他,有人说是放逐。”

万章说:“舜‘把共工流迁到幽州,把驩兜放逐到崇山,把三苗驱赶到三危,把鲧诛杀在羽山,这四项惩罚整个天下都信服’,是除去了不仁的缘故。象极其不仁,却把他封在有庳,有庳的人有什么过错?仁人就应该是这样的吗?他人有罪就惩处,弟弟有罪就封给土地。”

孟子说:“仁人对于弟弟,不存忿怒,不留怨恨,只是亲近爱护他罢了。亲近他,是希望他显贵;爱护他,是希望他富有。把他封在有庳,是使他显贵富有。自己做了天子,弟弟是一介平民,能说是亲近爱护他吗?”

万章说："请问，有人说是放逐，指什么呢？"

孟子说："象不能在他的封邑有所作为，天子派遣官吏治理他的封邑、缴纳他的贡税，所以称为放逐。象怎么能暴虐他的民众呢？即使如此，舜希望常常见到他，所以象不断地来朝见。记载说'不等到朝贡，就因政务接见有庳的君长'，就是指这件事。"

【段意】

此章是说，舜做了天子之后，不因为象是自己的弟弟而废弃原则，也不因为要坚持原则而废弃了兄弟情义。

5.4 咸丘蒙问曰：①"语云：②'盛德之士，君不得而臣，父不得而子。'舜南面而立，尧帅诸侯北面而朝之，瞽瞍亦北面而朝之。舜见瞽瞍，其容有蹙。③孔子曰：④'于斯时也，天下殆哉，岌岌乎！'⑤不识此语诚然乎哉？"

孟子曰："否，此非君子之言，齐东野人之语也。⑥尧老而舜摄也，《尧典》曰：'二十有八载，放勋乃徂落，⑦百姓如丧考妣，⑧三年，四海遏密八音。'⑨孔子曰：⑩'天无二日，民无二王。'舜既为天子矣，又帅天下诸侯以为尧三年丧，是二天子矣。"

咸丘蒙曰："舜之不臣尧，则吾既得闻命矣。《诗》云：⑪'普天之下，莫非王土；率土之滨，⑫莫非王臣。'而舜既为天子矣，敢问瞽瞍之非臣，如何？"

曰："是诗也非是之谓也，劳于王事而不得养父母也，曰'此莫非王事，我独贤劳也'。⑬故说《诗》者，不以文害辞，⑭不以辞害志，以意逆志，⑮是为得之。如以辞而已矣，《云汉》之诗曰'周余黎民，⑯靡有孑遗'，⑰信斯言也，是周无遗民也。孝子之至，莫大乎尊亲；尊亲之至，莫大乎以天下养。为天子父，尊之至也；以天下养，养之至也。《诗》曰'永言孝思，⑱孝思维则'，此之谓也。《书》曰'祗载见瞽瞍，⑲夔夔齐栗，⑳瞽瞍亦允若'，㉑是为父不得而子也。"

【注释】

①咸丘蒙：赵注云："孟子弟子。" ②语云：语是古代的一种著作体裁，主要用于记述古人的言论行事，如《论语》、《国语》、《新语》。故此处的"语云"不是俗语，而是指类似的语书。 ③蹙（cù 促）：朱熹《集注》云："颦蹙不自安也。"

④孔子曰:此处所引孔子言论,亦见于《墨子·非儒》、《韩非子·忠孝》篇。⑤岌岌:赵注云:"不安貌也。" ⑥齐东野人:朱熹《集注》云:"齐东,齐国之东鄙也。" ⑦放勋:尧的称号。徂落:《尔雅·释诂》云:"徂落,死也。"朱熹《集注》云:"徂,升也;落,降也。人死则魂升而魄降,故古者谓死为徂落。" ⑧百姓:此指各姓的贵族。考妣:《尔雅·释亲》以父死为考、母死为妣。 ⑨遏密八音:赵注云:"遏,止也。密,无声也。八音不作,哀思甚也。" ⑩孔子曰:此处引语,亦见于《礼记》之《曾子问》、《坊记》篇。 ⑪《诗》云:此处诗句引自《诗·小雅·北山》,相传这是首讥刺周幽王的诗歌。 ⑫率土之滨:犹今言四海之内,赵注云:"率,循也,遍天下循土之滨。" ⑬贤劳:赵注、朱熹均释为"以贤才而劳苦"。 ⑭以文害辞:朱熹《集注》云:"文,字也;辞,语也。" ⑮逆:推求、揣测。 ⑯《云汉》:《诗·大雅》篇名,相传这是首赞美周宣王的诗歌。⑰孑(jié 洁):《方言》云:"孑,遗也。周郑之间或曰孑,青徐楚之间曰孑。"⑱《诗》曰:此处诗句引自《诗·大雅·下武》,这是首赞美周武王的诗歌。永:长。朱熹《集注》云:"言人能长言孝思不忘,则可以为天下法则也。" ⑲《书》曰:赵注谓此处引文出自"《尚书》逸篇"。伪古文《尚书》将其辑入《大禹谟》。祗载:赵注云:"祗,敬;载,事也。" ⑳夔夔齐栗:朱熹《集注》云:"敬谨恐惧之貌。"㉑允若:朱熹《集注》云:"允,信也;若,顺也。"信,在此是确实之意。

【译文】

咸丘蒙问道:"语书说:'道德崇高的人,君主不能把他作为臣属,父亲不能把他作为儿子。'舜面南就天子之位,尧带领诸侯面北朝见他,他的父亲瞽瞍也面北朝见他。舜见到瞽瞍,神情局促不安。孔子说:'在那时,天下危险呀,要垮台了!'不知道这话确实如此吗?"

孟子说:"不,这不是君子的话,是齐国东郊乡巴佬的话。尧年老了由舜代理天下,《尧典》说:'过了二十八年,尧才去世,诸侯们如同死去了父母一样,整整三年,四海之内停止奏乐。'孔子说:'上天没有两个太阳,民众没有两位天子。'舜如果已经做了天子,又带领天下的诸侯为尧服丧三年,就是有两位天子了。"

咸丘蒙说:"舜不以尧为臣,我已经聆听了你的教诲。《诗》说:'整个苍天之下,没有一处不是天子的土地;全部土地之上,没有一个不是天子的臣民。'舜已经做了天子,请问瞽瞍却不是臣民是怎么回事?"

孟子说:"这首诗不是这样讲说的,乃是为天子的事务操劳而不能奉养父母,意思是说'这些没有一件不是天子的事务,只有我最操劳'。所以,解说《诗》的人,不因为文字而误解词句,不因为词句而误解诗意,要用自己的心去推求诗意,这才对了。如果只看词句,《云汉》的诗篇说'周室余下的庶民,没有一个存留',

确实如它所说，周室就没有存留的民众了。孝子的极致，没有比尊敬父母更重大的；尊敬父母的极致，没有比以整个天下来奉养更重大的。成为天子的父亲，是尊敬的极致；以整个天下来奉养，是奉养的极致。《诗》说‘永远尽孝道，孝道是法则’，就是这个意思。《书》说‘舜恭敬地去见瞽瞍，谨慎小心，瞽瞍也确实顺从了’，这就是父亲不能把天子作为儿子。”

【段意】

此章仍然是讲君臣父子的大义，两者之间既有从属关系，又不能偏废。咸丘蒙在谈论中引用《诗》来做证明，孟子告诫他，对《诗》的理解应首先注重大义，不能以文字上的涵义来曲解语句，不能因为语句而误解《诗》的真正涵义，要用自己的心设身处地地去理解作者的本意。这是孟子对于学习《诗》的见解，在《诗》的研究上很值得重视、很有影响。

5.5　万章曰："尧以天下与舜，有诸？"

孟子曰："否，天子不能以天下与人。"

"然则舜有天下也，孰与之？"

曰："天与之。"

"天与之者，谆谆然命之乎？"①

曰："否，天不言，以行与事示之而已矣。"

曰："以行与事示之者，如之何？"

曰："天子能荐人于天，不能使天与之天下；诸侯能荐人于天子，不能使天子与之诸侯；大夫能荐人于诸侯，不能使诸侯与之大夫。昔者尧荐舜于天而天受之，暴之于民而民受之，②故曰天不言，以行与事示之而已矣。"

曰："敢问荐之于天而天受之，暴之于民而民受之，如何？"

曰："使之主祭而百神享之，是天受之；使之主事而事治、百姓安之，是民受之也。天与之，人与之，故曰天子不能以天下与人。舜相尧二十有八载，非人之所能为也，天也。尧崩，三年之丧毕，舜避尧之子于南河之南③，天下诸侯朝觐者，不之尧之子而之舜；讼狱者，不之尧之子而之舜；讴歌者，不讴歌尧之子而讴歌舜，故曰天也。夫然后之中国，④践天子位焉。而居尧之宫，逼尧之子，是篡也，非天与也。《太誓》曰‘天视自我民视，天听自我民听’，此之谓也。"

【注释】

①谆谆:赵注释为“有声音”,朱熹云:“详语之貌。” ②暴:朱熹《集注》云:“显也。” ③南河:古称黄河自潼关以上北南流向一段为西河,潼关以下西东流向一段为南河。 ④中国:此指国都,《史记正义》引刘熙说云:“帝王所都为中,故曰中国。”

【译文】

万章说:“尧把天下交给舜,有这回事吗?”

孟子说:“不,天子不能把天下交给他人。”

万章说:“那么舜拥有天下,是谁给他的呢?”

孟子说:“上天给他的。”

万章说:“上天给他,谆谆地告诫他吗?”

孟子说:“不,上天不说话,只是用行为和事情来示意罢了。”

万章说:“用行为和事情来示意是怎么回事呢?”

孟子说:“天子能向上天推荐人,不能要上天把天下交给他;诸侯能向天子推荐人,不能要天子授给他诸侯的爵位;大夫能向诸侯推荐人,不能要诸侯授给他大夫的职务。过去尧向上天推荐人,上天接受了;向民众亮相,民众接受了,所以说,上天不说话,只是用行为和事情来示意罢了。”

万章说:“请问,向上天推荐,上天接受了;向民众亮相,民众接受了,是怎么回事呢?”

孟子说:“要舜主持祭祀,神明们享用了,就是上天接受了;要舜主持政务,政务治理、百姓满意,就是民众接受了。是上天把天下交给了舜,是民众把天下交给了舜,所以说,天子不能把天下交给他人。舜辅佐尧二十八年,不是人力所能左右的,是天意。尧去世了,三年服丧结束,舜到南河以南回避尧的儿子,天下的诸侯前来朝见的,不去见尧的儿子而去见舜;诉讼的人,不去见尧的儿子而去见舜;歌颂的人,不歌颂尧的儿子而去歌颂舜,所以说是天意。这样,舜才来到国都,登上了天子的座位。如果住在尧的宫室,逼迫尧的儿子,就是篡夺,不是上天给的了。《太誓》说‘上天所见,依从我民众所见;上天所听,依从我民众所听’,就是这个意思。”

【段意】

儒家认为,是否能得到统治天下的资格,取决于天命,而天命在某种程度上又是民众意向的集中体现。此章主要就是阐发这个道理。

5.6 万章问曰:“人有言至于禹而德衰,不传于贤而传于子。

有诸?”

孟子曰:“否,不然也。天与贤则与贤,天与子则与子。昔者舜荐禹于天,十有七年,舜崩,三年之丧毕,禹避舜之子于阳城,[1]天下之民从之,若尧崩之后不从尧之子而从舜也。禹荐益于天,七年,禹崩,三年之丧毕,益避禹之子于箕山之阴,[2]朝觐、讼狱者不之益而之启,[3]曰‘吾君之子也’;讴歌者不讴歌益而讴歌启,曰‘吾君之子也’。丹朱之不肖,舜之子亦不肖,舜之相尧、禹之相舜也历年多,施泽于民久;启贤,能敬承继禹之道,益之相禹也历年少,施泽于民未久。舜、禹、益相去久远,[4]其子之贤、不肖,皆天也,非人之所能为也。莫之为而为者天也,莫之致而至者命也。匹夫而有天下者,德必若舜、禹,而又有天子荐之者,故仲尼不有天下。继世以有天下,天之所废必若桀纣者也,故益、伊尹、周公不有天下。伊尹相汤以王于天下,汤崩,太丁未立,外丙二年,仲壬四年。太甲颠覆汤之典刑,[5]伊尹放之于桐,[6]三年,太甲悔过,[7]自怨自艾,[8]于桐处仁迁义三年,以听伊尹之训己也,复归于亳。周公之不有天下,犹益之于夏、伊尹之于殷也。孔子曰:‘唐、虞禅,夏后、殷、周继,[9]其义一也。’”

【注释】

①阳城:山名,在今河南登封以北。 ②箕山:在今河南登封东南。 ③启:禹的儿子。 ④久远:犹今言长短。 ⑤颠覆:朱熹《集注》云:“坏乱也。”典刑:朱熹《集注》云:“常法也。” ⑥桐:在今河南商丘以西,位处当时商国都的西南方。旧说桐是汤的葬地,伊尹将太甲流放于此是要让他对照先王而反省。 ⑦太甲悔过:《书序》谓“太甲既立,不明,伊尹放诸桐,三年复归于亳”。 ⑧艾:赵注云:“治也。”朱熹《集注》云:“斩绝自新之意。” ⑨后:古称君王为后,《尔雅·释诂》:“后,君也。”

【译文】

万章问道:“人们说到了禹时道德就衰败了,天下不传给贤人而传给儿子。有这回事吗?”

孟子说:“不对,不是这样的。上天把天下给贤人就给贤人,上天把天下给儿子就给儿子。过去舜向上天推荐禹,过了十七年,舜去世了,三年服丧结束,禹到阳城回避舜的儿子,天下的民众跟随他,如同尧去世后不跟随尧的儿子而跟随舜一样。禹向上天推荐益,过了七年,禹去世了,三年服丧结束,益到箕山之北回避禹的儿子,朝见、诉讼的人不去见益而去见启,说'是我们君主的儿子';歌颂的人不歌颂益而歌颂启,说'是我们君主的儿子'。尧的儿子丹朱品行不好,舜的儿子也品行不好,舜辅佐尧、禹辅佐舜经历年岁多,给予民众恩惠很长久;启很贤明,能虔诚地继承禹的德行,益辅佐禹经历年岁少,给予民众恩惠不长久。舜、禹、益相隔年岁的长短、他们儿子的贤明或品行不好,是天意,不是人力所能左右的。没有人叫他们做的却做到了是天意,没有人给予他们的却得到了是命运。一介平民得以拥有天下的人,德行必定如舜、禹一样,而且还要有天子推荐他,所以孔子没能拥有天下。继承祖先而拥有天下的,上天所废弃的必定是如同桀、纣那样的人,所以益、伊尹、周公没能拥有天下。伊尹辅佐成汤称王天下,成汤去世了,太丁还没继位就死了,外丙在位二年,仲壬在位四年。太甲破坏了成汤的法度,伊尹把他放逐到桐邑,过了三年,太甲悔悟了过错,怨恨自己、改正自己,在桐邑的三年,他安心于仁、以义来改变行为,听从伊尹训导自己,终于重新回到了亳都。周公没能拥有天下,犹如益在夏代、伊尹在殷代一样。孔子说:'陶唐氏、有虞氏禅让,夏、殷、周三代继位,他们的道理是一样的。'"

【段意】

此章的基本涵义与上章相同。

5.7 万章问曰:"人有言伊尹以割烹要汤,[①]有诸?"

孟子曰:"否,不然。伊尹耕于有莘之野,[②]而乐尧舜之道焉。非其义也,非其道也,禄之以天下弗顾也,系马千驷弗视也;非其义也,非其道也,一介不以与人,一介不以取诸人。汤使以币聘之,嚣嚣然曰:[③]'我何以汤之聘币为哉?我岂若处畎亩之中,由是以乐尧舜之道哉?'汤三使往聘之,既而幡然改曰:[④]'与我处畎亩之中,由是以乐尧舜之道,吾岂若使是君为尧舜之君哉?吾岂若使是民为尧舜之民哉?吾岂若于吾身亲见之哉?天之生此民也,使先知觉后知,使先觉觉后觉也。予,天民之先觉者也,予将以斯道觉斯民也。非予觉之,而谁也?'思天下之民匹夫匹妇有不被尧舜之泽者,若己推而内之沟中,[⑤]其自任以天下之重如此,故就汤而说之以伐夏救民。吾未闻枉己而正人者也,况辱己以正天下者乎?圣人之行不同也,或远或近,或去或不去,归洁其身而已矣。吾闻其以尧舜之道要汤,未闻以割烹也,《伊训》曰:'天诛造攻自牧宫,[⑥]朕载自亳。'"[⑦]

【注释】

①以割烹要汤：谓伊尹因无法接近汤，所以通过烹饪之道来进身，此事在《墨子·尚贤》、《吕氏春秋·本味》及《史记·夏本纪》中均有记载。要，是干求、邀结的意思。　②有莘(shēn 深)：古称国名常在前加“有”，当时的莘国约在今河南开封东南，一说在今山东曹县以北。　③嚣嚣然：朱熹《集注》云：“无欲自得之貌。”　④幡然：“幡”同“翻”，朱熹《集注》云：“变动之貌。”　⑤内：同“纳”。　⑥《伊训》：赵注云：“《尚书》逸篇名。”造：朱熹《集注》云：“始也。”牧宫：赵注云：“桀宫。”　⑦载：赵注云：“始也。”

【译文】

万章问道：“人们说伊尹用切割、烹饪来邀结成汤，有这回事吗？”

孟子说：“不对，不是这样的。伊尹在莘国的郊野耕种，乐于尧舜之道。不合乎大义，不合乎大道，用整个天下作为俸禄他都不顾盼，给他一千辆马车他都不看一眼；不合乎大义，不合乎大道，一点东西也不给他人，一点东西也不从他人那儿拿取。成汤派人用币帛礼聘他，他不在乎地说：‘我要成汤的聘礼干什么呢？我何不栖身在这耕田中间，由此乐于尧舜之道呢？’成汤三次派人去礼聘他，才完全改过来说：‘与其栖身在这耕田中间，由此乐于尧舜之道，我何不使这位君主成为尧舜那样的君主呢？我何不使这些民众成为尧舜治下的民众呢？我何不在我有生之年亲眼见到这些呢？上天生育这些民众，让先明理的人启发后明理的人，让先觉悟的人启发后觉悟的人。我是上天所生民众中先觉悟的人，我要用上天的大道来启发上天所生的民众。不是我去启发他们，又有谁呢？’他觉得，天下的平民百姓如果有没受到尧舜之道恩惠的，就如同自己被推入到沟壑里一般，他自我把天下的责任承担得如此之重，所以到了成汤那儿就用讨伐夏桀、拯救民众来进说。我从未听说过自己不行正道而能匡正他人的，更何况以屈辱自己来匡正天下的呢？圣人的行为是不一样的，或疏远君主或接近君主，或离去或不离去，归根结底只是洁净自身罢了。我只听说伊尹用尧舜之道来邀结成汤，没听说过用切割、烹饪，《伊训》说：‘上天的惩罚由夏桀自己造成，我从亳都开始着手。’”

【段意】

孟子认为，伊尹是以尧舜之道来得到成汤欢心的，否认他曾以切割、烹饪之道来进身。因为，后者不行正道，也就不可能匡正他人、使天下平定。

5.8　万章问曰：“或谓孔子于卫主痈疽，①于齐主侍人瘠环，②有诸乎？”

孟子曰：“否，不然，好事者为之也。于卫主颜雠由，③弥子之妻与子路之妻兄弟也，[4]弥子谓子路曰：'孔子主我，卫卿可得也。'子路以告，孔子曰：'有命。'孔子进以礼，退以义，得之不得曰'有命'，而主痈疽与侍人瘠环是无义无命也。孔子不悦于鲁、卫，遭宋桓司马将要而杀之，[5]微服而过宋。是时孔子当阨，主司城贞子，[6]为陈侯周臣。[7]吾闻观近臣以其所为主，[8]观远臣以其所主。若孔子主痈疽与侍人瘠环，何以为孔子？"

【注释】

①主：朱熹《集注》云："谓舍于其家，以之为主人也。"痈疽：赵注谓指治痈疽的医生，是卫君的亲信。　②侍人：即后来所谓的宦官。瘠环：名环，赵注谓其亦齐君所亲近之人。　③颜雠由：赵注云："卫之贤大夫。"　④弥子：即卫灵公的宠臣弥子瑕。　⑤遭宋桓司马将要而杀之：《史记·孔子世家》云："孔子去曹适宋，与弟子习礼与大树下，宋司马桓魋欲杀孔子，拔其树，孔子去。"⑥司城贞子：据《史记·孔子世家》，此人是陈国人。　⑦陈侯周：名周的陈国国君。　⑧近臣：赵注云："近臣当为远方来贤者为主，远臣自远而至，当主于在朝之臣贤者。"

【译文】

万章问道："有人说，孔子在卫国受宠臣痈疽接待，在齐国受近侍瘠环接待，有这回事吗？"

孟子说："不对，不是这样的，这是好事之徒编造的。孔子在卫国受颜雠由接待，弥子的妻子和子路的妻子是姊妹，弥子告诉子路说：'孔子要是受我接待，就能当上卫国的国卿。'子路把弥子的话告诉了孔子，孔子说：'这取决于命运。'孔子依据礼进身，按照义退处，能否得到官位说'取决于命运'，而受宠臣痈疽和近侍瘠环的接待就无义无命了。孔子在鲁国、卫国不顺心，又遇上宋国的司马桓魋要拦截杀死他，就改变装束通过宋国。当时孔子处境困难，受司城贞子接待，向陈国国君称臣。我听说，观察在朝的臣子要看他所接待的宾客，观察外来的士人要看他受什么人接待。如果孔子受宠臣痈疽和近侍瘠环接待，怎么称得上是孔子呢？"

【段意】

此章是说，圣人的行为都依据礼义的准则，即使在危难之中，也不可能放弃准则去迁就他人。

5.9　万章问曰："或曰百里奚自鬻于秦养牲者五羊之皮，[1]食牛以要秦穆公，[2]信乎？"

孟子曰:“否,不然,好事者为之也。百里奚,虞人也,③晋人以垂棘之璧与屈产之乘假道于虞以伐虢,④宫之奇谏,⑤百里奚不谏,知虞公之不可谏而去,之秦年已七十矣。曾不知以食牛干秦穆公之为汙也,可谓智乎?不可谏而不谏,可谓不智乎?知虞公之将亡而先去之,不可谓不智也。时举于秦,知穆公之可与有行也而相之,可谓不智乎?相秦而显其君于天下,可传于后世,不贤而能之乎?自鬻以成其君,乡党自好者不为,而谓贤者为之乎?”

【注释】

①百里奚:春秋时人,原为虞国大夫,《史记·商君列传》说他听说秦穆公贤明,“而愿望见,行而无资,自粥(同“鬻”)于秦客,被褐食牛。期年,缪(同“穆”)公知之,举之牛口之下而加之百姓之上”。万章所问的就是这个传说。 ②食牛:赵注云:“为人养牛。” ③虞:周初所封诸侯国名,始封国君是周先祖古公亶父之子虞仲的后裔,故地在今山西平陆。前655年被晋所灭。 ④垂棘之璧:赵注云:“垂棘,美玉所出地名。”璧是用玉制作的礼器。屈产之乘:朱熹《集注》云:“屈地所生之良马也。”按,晋以璧和良马向虞借路伐虢在前658年。虢:周初所封诸侯国名,其始封国君是周文王的弟弟虢仲,原封地在今陕西宝鸡,西周灭亡后随周平王迁至今河南陕县,前655年被晋所灭。 ⑤宫之奇:虞臣,他进谏虞君之事载《左传》的僖公二年与五年。

【译文】

万章问道:“有人说,百里奚把自己卖给秦国养牲畜的人,代价是五张羊皮,通过养牛来邀结秦穆公,确实吗?”

孟子说:“不是,不是这样的,这是好事之徒编造的。百里奚是虞国人,晋人用垂棘的美玉与屈地的良马向虞国借路讨伐虢国,宫之奇劝谏,百里奚不劝谏,他知道虞君不可劝谏而离去,来到秦国时年已七十了。他竟不懂得以养牛与秦穆公拉关系属于秽行,能说是智吗?知道不可劝谏而不劝谏,能说是不智吗?洞悉虞君将要覆亡而事先离开他,不能说是不智。当他被秦国举用时,知道秦穆公是能够与之有所作为的而辅佐他,能说是不智吗?做了秦的国相而使他的国君扬名天下,能流传于后世,不贤明能如此吗?以出卖自身来迁就国君,乡里中洁身自好的人都不干,反倒说贤者会这样做吗?”

【段意】

此章的涵义与上章相近。有人指出:“伊尹、百里奚之事皆圣贤出处之大节,故孟子不得不辩。”(朱熹《集注》引范氏语)

万　章　下

5.10　孟子曰："伯夷，目不视恶色，耳不听恶声，非其君不事，非其民不使，治则进，乱则退。横政之所出，[①]横民之所止，不忍居也。思与乡人处，如以朝衣朝冠坐于涂炭也。当纣之时，居北海之滨以待天下之清也。故闻伯夷之风者，顽夫廉，懦夫有立志。

"伊尹曰：'何事非君，何使非民。'治亦进，乱亦进。曰：'天之生斯民也，使先知觉后知，使先觉觉后觉。予，天民之先觉者也，予将以此道觉此民也。'思天下之民匹夫匹妇有不与被尧舜之泽者，若己推而内之沟中，其自任以天下之重也。

"柳下惠不羞汙君，不辞小官；进不隐贤，必以其道；遗佚而不怨，阨穷而不悯。与乡人处，由由然不忍去也，'尔为尔，我为我，虽袒裼裸裎于我侧，尔焉能浼我哉？'故闻柳下惠之风者，鄙夫宽，薄夫敦。

"孔子之去齐，接淅而行；[②]去鲁，曰'迟迟吾行也'，去父母国之道也。可以速而速，可以久而久，可以处而处，可以仕而仕，孔子也。"

孟子曰："伯夷，圣之清者也；伊尹，圣之任者也；[③]柳下惠，圣之和者也；[④]孔子，圣之时者也。孔子之谓集大成，[⑤]集大成也者，金声而玉振之也。[⑥]金声也者始条理也，[⑦]玉振之也者终条理也。始条理者智之事也，终条理者圣之事也。智譬则巧也，圣譬则力也。由射于百步之外也，其至尔力也，其中非尔力也。"

【注释】

①横政：朱熹《集注》云："横，谓不循法度。"下文的"乡民"，亦指不循法度的

“横民”。 ②接淅：朱熹《集注》云：“接，犹承也。淅，渍米水也。渍米将炊，而欲去之速，故以手承水取米而行，不及炊也。” ③任：朱熹《集注》引孔氏说云：“以天下为已责也。” ④和：朱熹《集注》引张子说云：“无所异者和之极。” ⑤集大成：古称乐曲一终为一成，朱熹《集注》云：“此言孔子集三圣之事而为一大圣之事，犹作乐者集众音之小成而为一大成也。” ⑥金声而玉振之：指奏乐时以钟声起音而以磬声收尾。 ⑦条理：焦循《正义》谓指“节奏次第”。

【译文】

孟子说：“伯夷，眼睛不看丑恶的景象，耳朵不听丑恶的声音，不够格的君主不事奉，不够格的民众不使唤，世道太平就做官，世道昏乱就退隐。暴政产生的地方，暴民栖息的地方，他不忍心居留。他认为，和横暴的人在一起，就好比穿戴着上朝的衣冠坐在污泥黑炭之中一样。当殷纣时，他居住在北海之滨来等待天下的清平。所以，听说伯夷之风范的，贪鄙者廉洁，懦弱者有自立的志向。

“伊尹说：‘任何君主都可以事奉，任何民众都可以使唤。’他世道太平也做官，世道昏乱也做官。他说：‘上天生育这些民众，让先明理的人启发后明理的人，让先觉悟的人启发后觉悟的人。我是上天所生民众中先觉悟的人，我要用上天的大道来启发上天所生的民众。’他觉得，天下的平民百姓如果有没受到尧舜之道恩惠的，就如同自己被推入到沟壑里一般，他自己把天下的责任承担得如此之重。

“柳下惠不以事奉滥恶的君主为羞辱，不以自己官职卑微为低下；进身任职不隐蔽自己的才干，必定按照自己的原则办事；遭到抛弃而不怨恨，困于贫穷而不忧愁。他和乡里平民在一起，悠然自得而不忍心离去，说：‘你是你，我是我，纵然赤身裸体站在我旁边，你怎么能玷污我呢？’所以，听说柳下惠之风范的，鄙吝者宽容，刻薄者敦厚。

“孔子离开齐国，捞起下锅的米漉着水上路；离开鲁国，说‘慢慢地走我的路’，这是离开祖国的做法。能短暂就短暂，能长久就长久，能退处就退处，能做官就做官，这就是孔子。”

孟子说：“伯夷是圣贤中的清高者，伊尹是圣贤中的尽责者，柳下惠是圣贤中的随和者，孔子是圣贤中的合时宜者。孔子被称为集大成，所谓集大成，好比是敲钟起音、击磬收尾。敲钟起音是井然有序地发端，击磬收尾是井然有序地终结。井然有序地发端是智的做法，井然有序地终结是圣的做法。智就好比技艺，圣就好比膂力。犹如在百步之外射箭，射得到靠你的膂力，射得中就不是靠你的膂力了。”

【段意】

此章是说，当时所赞扬的圣贤，都有他们突出的长处，也有自己的局限，唯有孔子才是集大成的“圣之时者”。以射箭来打比方，唯有孔子才既具备膂力，又拥有技艺，所以所作所为都合乎准则；而其他的人只是在膂力或技艺上有所特长罢了。朱熹认为，其他三人都是膂力有余而技艺不足，所以虽然在某一方面的行为上达到了圣贤的水准，却没有像孔子那样从容自如地处世(《集注》)。

5.11 北宫锜问曰："周室班爵禄也，[1]如之何？"

孟子曰："其详不可得闻也，诸侯恶其害己也而皆去其籍，[2]然而轲也尝闻其略也。天子一位，公一位，侯一位，伯一位，子、男同一位，凡五等也。君一位，卿一位，大夫一位，上士一位，中士一位，下士一位，凡六等。

"天子之制地方千里，公、侯皆方百里，伯七十里，子、男五十里，凡四等。不能五十里，[3]不达于天子，附于诸侯，[4]曰附庸。天子之卿受地视侯，[5]大夫受地视伯，元士受地视子、男。[6]

"大国地方百里，君十卿禄，卿禄四大夫，大夫倍上士，上士倍中士，中士倍下士，下士与庶人在官者同禄，禄足以代其耕也。次国地方七十里，君十卿禄，卿禄三大夫，大夫倍上士，上士倍中士，中士倍下士，下士与庶人在官者同禄，禄足以代其耕也。小国地方五十里，君十卿禄，卿禄二大夫，大夫倍上士，上士倍中士，中士倍下士，下士与庶人在官者同禄，禄足以代其耕也。耕者之所获，一夫百亩，百亩之粪，上农夫食九人，上次食八人，中食七人，中次食六人，下食五人。庶人在官者，其禄以是为差。"

【注释】

①北宫锜(qí 奇)：名锜，赵注云："卫人。"班：排比。 ②籍：指有关的文书档案。 ③不能：朱熹《集注》云："犹不足也。" ④附于诸侯：赵注云："因大国以名通。" ⑤视：比照。 ⑥元士：即上士。

【译文】

北宫锜问道："周王室排比爵位、俸禄，是怎样做的呢？"

孟子说："详情不能得知了，诸侯们嫌它妨碍自己都剔除了有关的文献，不过我曾听说过大概。天子一级，公一级，侯一级，子和男同一级，总共五等。君一级，卿一级，大夫一级，上士一级，中士一级，下士一级，总共六等。

"天子所管辖的土地方圆千里，公、侯都是方圆百里，伯七十里，子、男五十里，总共四等。土地方圆不足五十里的，不上达天子，附属于诸侯，叫做附庸。天子的卿所受的土地比照侯，天子的大夫所受的土地比照伯，天子的士所受的土地比照子、男。

"大国的土地方圆百里，国君的俸禄十倍于卿，卿的俸禄四倍于大夫，大夫倍于上士，上士倍于中士，中士倍于下士，下士与在官府服役的平民同样俸禄，俸禄足以代替他们耕种。中等国家的土地方圆七十里，国君的俸禄十倍于卿，卿的俸禄三倍于大夫，大夫倍于上士，上士倍于中士，中士倍于下士，下士与在官府服役的平民同样俸禄，俸禄足以代替他们耕种。小国的土地方圆五十里，国君的俸禄十倍于卿，卿的俸禄二倍于大夫，大夫倍于上士，上士倍于中士，中士倍于下士，下士与在官府服役的平民同样俸禄，俸禄足以代替他们耕种。耕种者的所得，农夫每户一百亩地，百亩地经上肥耕作，上等的农夫供养九人，次上供养八人，中等的供养七人，次中供养六人，下等的供养五人。在官府服役的平民，他们的俸禄按这个来分等。"

【段意】

此章叙述周代的爵位、俸禄制度。孟子当然不会泛泛而谈，因为这一套制度正是孟子理想的"王道"典范。这一章所叙述的制度，与《周礼》、《礼记·王制》中所述的"周制"不尽相同，因而具有一定的史料价值。

5.12　万章问曰："敢问友。"

孟子曰："不挟长、不挟贵、不挟兄弟而友。[①]友也者，友其德也，不可以有挟也。孟献子，[②]百乘之家也，有友五人焉，[③]乐正裘、牧仲，其三人则予忘之矣。献子之与此五人者友也，无献子之家者也，此五人者亦有献子之家，则不与之友矣。非惟百乘之家为然也，虽小国之君亦有之。费惠公曰：[④]'吾于子思则师之矣，吾于颜般则友之矣，王顺、长息则事我者也。'非惟小国之君为然也，虽大国之君亦有之。晋平公之于亥唐也，[⑤]入云则入、坐云则坐、食云则食，虽蔬食菜羹未尝不饱，[⑥]盖不敢不饱也。然终于此而已矣，弗与共天位也，[⑦]弗与治天职也，弗与食天禄也，士之尊贤者也，非王公之尊贤也。舜尚见帝，[⑧]帝馆甥于贰室，[⑨]亦飨舜，迭为宾主，是天子而友匹夫也。用下敬上，谓之贵贵；用上敬下，谓之尊贤。贵贵尊贤，其义一也。"

【注释】

①挟：朱熹《集注》云："兼有而恃之之称。"兄弟：赵注云："兄弟有富贵者。"　②孟献子：即鲁国大夫仲孙蔑，献是他死后的谥号。　③有友五人：焦循《正

义》云："《国语·晋语》'赵简子曰：鲁孟献子有斗臣五人'注云：'斗臣，捍难之士。'未知即此五人否？" ④费惠公：朱熹《集注》云："费邑之君也。"据下文"于子思则师之"，其当为战国时人。 ⑤晋平公：春秋时晋国国君，名彪，前557—前532年在位。亥唐：赵注云："晋贤人也，隐居陋巷者。平公尝往造之，亥唐言入，平公乃入，言坐乃坐，言食乃食也。" ⑥蔬：同"疏"。 ⑦天位：朱熹《集注》引范氏说云："位曰天位，职曰天职，禄曰天禄，言天所以待贤人，使治天民，非人君所得专者也。" ⑧尚：同"上"。据下文"天子而友匹夫"，则当时舜还是平民，所以他见尧帝称"上"。 ⑨甥：即今所谓女婿。贰室：赵注云："副官也。"

【译文】

万章问道："请问如何交友。"

孟子说："不倚仗年长、不倚仗显贵、不倚仗兄弟的富贵来交友。交友，是结交他的道德，不能有所倚仗。孟献子是拥有百乘马车的世家，他有五位友人，乐正裘、牧仲，另外三位我忘记了。孟献子与这五个人相交，是因为他们并不看重献子的家世，这五个人如果也看重献子的家世，就不和献子结交了。不仅拥有百乘马车的世家如此，即使是小国的国君也有交友的。费惠公说：'我对于子思是待之以师礼，我对于颜般是与他交友，王顺、长息则是事奉我的人。'不仅小国的国君如此，即使是大国的国君也有交友的。晋平公到亥唐那儿去，亥唐说进去就进去、说坐下就坐下、说吃饭就吃饭，即使是糙米饭、蔬菜汤也不会不吃饱，因为不敢不吃饱。不过也仅此而已，他们不一起共有官位，不一起治理政务，不一起享受爵禄，这是士人般的尊敬贤者，不是王公贵族式的尊敬贤者。舜去进见帝尧，帝尧让女婿住在自己备用的房间里，也受舜的宴请，互为宾主，这是天子结交平民。以在下者敬礼在上者，叫做敬重贵要；以在上者敬礼在下者，叫做尊重贤达。敬重贵要、尊重贤达，它们的意义是相同的。"

【段意】

此章是说，作为人际五种重要关系之一的朋友，是为了结交道德、辅助自己的德行。这也就是尧、舜之所以成为圣贤的原因之一。

5.13 万章问曰："敢问交际何心也？"[①]

孟子曰："恭也。"

曰："却之却之为不恭，[②]何哉？"

曰："尊者赐之，曰其所取之者义乎不义乎，而后受之，以是为不恭，故弗却也。"

曰："请无以辞却之，以心却之。曰其取诸民之不义也，[3]而以他辞无受，[4]不可乎？"

曰："其交也以道，其接也以礼，斯孔子受之矣。"

万章曰："今有御人于国门之外者，[5]其交也以道，其馈也以礼，斯可受御与？"

曰："不可。《康诰》曰：'杀越人于货，[6]闵不畏死，[7]凡民罔不譈。'[8]是不待教而诛者也，殷受夏、周受殷所不辞也，[9]于今为烈。[10]如之何其受之？"

曰："今之诸侯取之于民也，犹御也。苟善其礼际矣，斯君子受之，敢问何说也？"

曰："子以为有王者作，将比今之诸侯而诛之乎，其教之不改而后诛之乎？夫谓非其有而取之者盗也，充类至义之尽也。[11]孔子之仕于鲁也，鲁人猎较，[12]孔子亦猎较。猎较犹可，而况受其赐乎？"

曰："然则孔子之仕也，非事道与？"[13]

曰："事道也。"

"事道，奚猎较也？"

曰："孔子先簿正祭器，[14]不以四方之食供簿正。"

曰："奚不去也？"

曰："为之兆也。[15]兆足以行矣，而不行，而后去，是以未尝有所终三年淹也。[16]孔子有见行可之仕，[17]有际可之仕，[18]有公养之仕。[19]于季桓子，[20]见行可之仕也；于卫灵公，际可之仕也；[21]于卫孝公，公养之仕也。"[22]

【注释】

①交际：交往，赵注云："际，接也。" ②却之却之：朱熹《集注》云："却，不受而还之也。再言之，未详。" ③曰：此处是自己认为之意。 ④他辞：犹今言找借口。 ⑤御人：赵注云："以兵御人而夺之货。"兵，指武器。下文"受御与"之"御"，即指抢来的东西。国门之外：朱熹《集注》云："无人之处也。" ⑥《康诰》：《尚书》篇名。越：朱熹训为"颠越"，云："言杀人而颠越之，因取其货。"于货：强取他人货财之意。 ⑦闵：《尚书》作"暋"，伪孔传云："暋，强也。" ⑧譈(duì 对)：朱熹《集注》云："怨也。" ⑨殷受夏：自此至"于今为烈"十四字，朱熹《集注》以为衍文，"故阙之可也"。不辞：赵注认为，三代有法令，对此类

行为可不加讯问而杀之。 ⑩烈：据上文理解，此处之“烈”是指功业。 ⑪充类至义之尽：朱熹《集注》云：“推其类，至于义之至精至密处而极言之耳，非便以为真盗也。” ⑫猎较：赵注云：“田猎相较夺禽兽，得之以祭，时俗所尚，以为吉祥。” ⑬事道：赵注云：“事行其道。” ⑭簿正祭器：朱熹《集注》云：“未详。” ⑮兆：赵注云：“始也。” ⑯淹：淹留。 ⑰见行可：朱熹《集注》云：“见其道之可行也。” ⑱际可：朱熹《集注》云：“接遇以礼也。” ⑲公养：赵注云：“国君养贤者之礼。”其与“际可”之区别，似公养是对一般贤者皆如此，而际可则仅对一人如此。 ⑳季桓子：名斯，职掌鲁国大权季氏家族的成员。孔子一向不满三桓专擅鲁政，故孟子说他在季氏当政时任职是“见可行之仕”。㉑卫灵公：名元，卫襄公的庶子，公元前534—前493年在位。据《史记·孔子世家》，孔子初到卫国时，卫灵公亲自“郊迎”，但后来却无意起用孔子，故孔子离去。孟子所谓“际可之仕”当指此事而言。 ㉒卫孝公：朱熹《集注》云：“《春秋》、《史记》皆无之，疑出公辄也。”卫出公，前491—前481年在位。《史记·孔子世家》说，他曾有意任用孔子。

【译文】

万章问道：“请问，交际应该怎样用心呢？”

孟子说：“恭敬。”

万章说：“拒绝馈赠是不恭敬的，为什么呢？”

孟子说：“尊者赐给礼物，如果考虑他得到这东西是义还是不义然后才接受，这是不恭敬的，所以不拒绝。”

万章说：“我不用言语来拒绝，而从内心来拒绝。如果这东西取自民众不合乎义，就以其他的借口不接受，不行吗？”

孟子说：“他的交往遵循准则，他的接待遵循礼仪，这样连孔子都会接受馈赠。”

万章说：“现今有个在都城郊外打劫他人的人，他的交往遵循准则，他的馈赠遵循礼仪，这样能接受他抢来的东西吗？”

孟子说：“不行。《康诰》说：‘杀人、抢劫财物，蛮横不怕死，这种人没有人不憎恨的。’这是不必等待教育就该处罚的，殷代接受夏代的天下、周代接受殷代的天下就毫无借口，至今仍作为勋业。如此怎么能接受呢？”

万章说：“现在的诸侯取之于民，如同打劫。如果他们好好地以礼仪来接待，君子就接受，请问怎样解释呢？”

孟子说：“你认为若有称王天下者兴起，将会对现在的诸侯一律加以处罚呢，还是教诲他们如不改过才处罚他们呢？所谓不是自己所有的东西而去谋取的就是盗贼,乃是类推究义到极点的说法。孔子在鲁国任官职,鲁人争夺猎物,孔子也争夺猎物。争夺猎物尚且可以,何况接受赐予呢?"

万章说:"那么,孔子任官职不是为了施行道义吗?"

孟子说:"是为了施行道义。"

万章说:"既是为了施行道义,为什么要争夺猎物呢?"

孟子说:"孔子先用文书规范祭器,不拿其他各地的食物供祭祀所用。"

万章说:"他为什么不离去呢?"

孟子说:"他要以此作为开端来施行道义。开端足以施行道义,但国君不肯施行,他才离去,所以未曾在一个地方停留过整整三年。孔子有见到道义能施行而任官职的,有因礼遇而任官职的,有因国君养贤而任官职的。对于季桓子,是见到道义能施行而任官职;对于卫灵公,是因礼遇而任官职;对于卫孝公,是因国君养贤而任官职。"

【段意】

这一章前人颇多歧义,朱熹说:"此章文义多不可晓,不必强为之说。"(《集注》)其大致的观点是:人际交往,应以恭敬为本;对于不合乎准则的行为,不能"不教而诛"。

5.14　孟子曰:"仕非为贫也,而有时乎为贫;娶妻非以为养也,而有时乎为养。为贫者,辞尊居卑,[①]辞富居贫。辞尊居卑,辞富居贫,恶乎宜乎?抱关击柝。[②]孔子尝为委吏矣,[③]曰会计当而已矣;尝为乘田矣,[④]曰牛羊茁壮长而已矣。位卑而言高,罪也;立乎人之本朝而道不行,耻也。"

【注释】

①辞尊居卑:尊卑指官位的高低。同理,下文的贫富是指俸禄的多少。②抱关:守门的吏卒。击柝(tuò 唾):巡夜者,赵注云:"柝,行夜所击木也。"③委吏:赵注云:"主委积仓庾之吏也。"　④乘(chēng 秤)田:赵注云:"苑囿之吏也,主六畜之刍牧者也。"

【译文】

孟子说:"任官职不是因为贫困,但有时是因为贫困;娶妻不是为了奉养父母,但有时是为了奉养父母。因为贫困而任官职,推辞高位担任低职,推辞厚薪接受薄俸。推辞高位担任低职,推辞厚薪接受薄俸,什么职位适宜呢?守门、打更。孔子曾当过管仓库的小吏,只是说说核算得当而已;曾当过管畜牧的小吏,只是说说牛羊壮实大小而已。职位低而谈论高位的事务，是过错；在他人的朝堂上任职而大道得不到施行，是耻辱。"

【段意】

先秦时代的儒家，不排斥为了维持生计而出仕任职，但认为，在这种情况下不应该通过任职去谋求优厚的薪俸，对于自己所任的职事要负责尽心。既然在这种情况下出来任职是为了糊口，所以也就谈不上施行大道；反过来说，如果任职主要不是为了糊口，那么"道不行"就是最大的失职。

5.15 万章曰："士之不讬诸侯，[1]何也？"

孟子曰："不敢也。诸侯失国，而后讬于诸侯，[2]礼也；士也讬于诸侯，非礼也。"

万章曰："君餽之粟，则受之乎？"

曰："受之。"

"受之何义也？"

曰："君之于氓也，[3]固周之。"

曰："周之则受，赐之则不受，何也？"

曰："不敢也。"

曰："敢问其不敢何也？"

曰："抱关击柝者皆有常职以食于上，无常职而赐于上者，[4]以为不恭也。"

曰："君餽之则受之，不识可常继乎？"

曰："缪公之于子思也，亟问亟餽鼎肉，[5]子思不悦。于卒也，[6]摽使者出诸大门之外，[7]北面稽首再拜而不受。[8]曰：'今而后知君之犬马畜伋。'盖自是台无餽也。[9]悦贤不能举，又不能养也，可谓悦贤乎？"

曰："敢问国君欲养君子，如何斯可谓养矣？"

曰："以君命将之，[10]再拜稽首而受。其后廪人继粟，[11]庖人继肉，[12]不以君命将之。子思以为鼎肉使己仆仆尔亟拜，[13]非养君子之道也。尧之于舜也，使其子九男事之、二女女焉，百官、牛羊、仓廪备，以养舜于畎亩之中，后举而加诸上位。故曰王公之尊贤者也。"

【注释】

①讬:依附,朱熹《集注》云:"寄也,谓不仕而食其禄。" ②讬于诸侯:朱熹《集注》云:"古者诸侯出奔他国,食其廪饩,谓之寄公。" ③氓:焦循《正义》云:"不言'君之于民'而言'氓'者,氓是自他国至此国之民,与寄之义合。" ④赐于上:朱熹《集注》云:"赐谓予之禄,有常数,君所以待臣之礼也。" ⑤鼎肉:朱熹《集注》云:"熟肉也。" ⑥卒:犹今言最后。 ⑦摽(biāo 鳔):赵注云:"麾也。"类似于现在所谓的下逐客令。 ⑧稽首再拜:古代跪坐,相见行礼时,以双手交叠前揖至地,头触手,谓之拜;再敬重些,就在拜后以头俯至地,稍迟而后起,谓之稽首。既稽首而再拜,是非常尊重的礼节。 ⑨台:朱熹《集注》云:"贱官,主使令者。盖缪公愧悟,自此不复令台来致馈也。" ⑩将:《尔雅·释言》云:"将,送也。" ⑪廪人:管仓库的官员。继:朱熹《集注》云:"继续所无。" ⑫庖人:供应国君饮食的官员。 ⑬仆仆:赵注云:"烦猥貌。"

【译文】

万章说:"士人不依附于诸侯,是为什么呢?"

孟子说:"是不敢。诸侯失去了国家,去依附于其他的诸侯,合乎礼仪;士人依附于诸侯,不合乎礼仪。"

万章说:"如果国君馈赠粟米,接受吗?"

孟子说:"接受。"

万章说:"接受是什么道理呢?"

孟子说:"国君对于外来的人,原本就该周济。"

万章说:"周济就接受,赐与就不接受,是什么道理呢?"

孟子说:"是不敢。"

万章说:"请问为什么不敢呢?"

孟子说:"守门、打更的人都有一定的职位来受到在上者的供养,没有一定的职位而受到在上者的赐与,被认为是不恭敬的。"

万章说:"国君馈赠就接受,不知道能经常不断吗?"

孟子说:"鲁缪公对待子思,屡次问候屡次馈赠肉食,子思很不高兴。最后一次,他把来人赶出大门,向北磕头作揖而不接受了。他说:'现在我才知道国君把我当狗马那样蓄养。'从此缪公便不馈赠肉食了。喜好贤达却不能举用,又不能奉养,能说是喜好贤达吗?"

万章说:"请问,国君要奉养君子,怎样才能说得上是奉养呢?"

孟子说:"以国君的名义表示馈赠,君子磕头作揖而接受。以后廪人不断地送粟米来,庖人不断地送肉食来,就不再以国君的名义馈赠了。子思认为,馈赠肉食使自己不胜烦琐地屡次行礼，不是奉养君子的做法。尧对待舜，派自己的九个儿子去事奉他、两个女儿嫁给他，百官、牛羊、粮仓都齐备，在农田里奉养舜，后来举用他并提拔到高位。因此，王公贵族该如此尊敬贤者。”

【段意】

此章是说，尊敬贤者，最关键的是要施行贤者的主张，优厚的待遇只是这样做的表现，否则，待遇即使优厚，也与蓄养狗马一样。

5.16 万章曰：“敢问不见诸侯何义也？”

孟子曰：“在国曰市井之臣，在野曰草莽之臣，皆谓庶人。庶人不传质为臣，①不敢见于诸侯，礼也。”

万章曰：“庶人，召之役则往役；君欲见之，召之则不往见，何也？”

曰：“往役，义也；往见，不义也。且君之欲见之也，何为也哉？”

曰：“为其多闻也，为其贤也。”

曰：“为其多闻也，则天子不召师，而况诸侯乎？为其贤也，则吾未闻欲见贤而召之也。缪公亟见于子思，曰：‘古千乘之国以友士，何如？’子思不悦曰：‘古之人有言曰事之云乎，②岂曰友之云乎？’子思之不悦也，岂不曰以位则子君也、我臣也，何敢与君友也？以德则子事我者也，奚可以与我友？千乘之君求与之友而不可得也，而况可召与？齐景公田，招虞人以旌，不至，将杀之。‘志士不忘在沟壑，勇士不忘丧其元’，孔子奚取焉？取非其招不往也。”

“敢问招虞人何以？”

曰：“以皮冠。③庶人以旃，④士以旂，⑤大夫以旌。以大夫之招招虞人，虞人死不敢往，以士之招招庶人，庶人岂敢往哉？况乎以不贤人之招招贤人乎？欲见贤人而不以其道，犹欲其入而闭之门也。夫义路也，礼门也，惟君子能由是路出入是门也。《诗》云：‘周道如砥，⑥其直如矢。君子所履，小人所视。’”⑦

万章曰：“孔子君命召，不俟驾而行，然则孔子非与？”

曰：“孔子当仕有官职，而以其官召之也。”

【注释】

①传质：质同“贽”，是见面时送给对方的礼物。孙奭《孟子音义》云：“执贽请

见,必由将命者传之,故谓之传贽。” ②云乎:句末辞,无义。 ③皮冠:古时田猎所戴之冠,加冒于平常所戴的礼冠之外,以避尘土和雨雪。 ④旃(zhān 毡):《说文》:“旗有曲柄也,所以表士众。《周礼》曰‘通帛为旃’。” ⑤旂(qí 旗):《说文》:“旗有众铃以令众也。” ⑥此处诗句引自《诗·小雅·大东》,旧说这是首东方诸侯国臣民讥刺周室的诗歌。周道:即大路。砥:磨刀石,用以比喻道路的平坦。下文“其直如矢”之“矢”与此类似。 ⑦视:注视。按此语是双关语,表面上是说小人看着君子在大道上往来,实际是说君子的一言一行对小人都有影响,是小人效法、关注的对象。

【译文】

万章说:“请问,不去见诸侯是什么道理呢?”

孟子说:“在都市里叫做市井之臣,在郊野叫做草莽之臣,都称为庶人。庶人不经一定的程序成为臣僚,不敢去见诸侯,是合乎礼仪的。”

万章说:“庶人,传唤他去服役就去服役;而国君要见他,传唤他却不去见,是为什么呢?”

孟子说:“去服役合乎义,去见国君不合乎义。而且,国君要见他是为什么呢?”

万章说:“因为他见闻广,因为他贤明。”

孟子说:“如果因为他见闻广,天子都不传唤老师,何况诸侯呢?如果因为他贤明,我从未听说过要见贤者是传唤他来的。鲁缪公屡次去见子思,说:‘古代拥有千乘兵车的国君结交士人,是怎样做的?’子思不高兴地说:‘古时候的人是说事奉他,哪会说结交他呢?’子思之所以不高兴,难道不是认为,论地位,那你是君主、我是臣仆,怎么敢和君主结交呢?论德行,那你是事奉我的人,怎么能和我结交呢?拥有千乘兵车的国君谋求与他结交都不能做到,何况传唤他呢?齐景公田猎,用旌去传唤管理山林的虞人,虞人不去,景公要处死他。孔子得知后说:‘志士不怕弃尸山沟,勇士不怕丧失头颅。’孔子赞赏什么呢?是赞赏虞人不应承不符合礼仪的传唤。”

万章说:“请问,该用什么传唤虞人呢?”

孟子说:“用皮冠。传唤庶人用旃,士人用旂,大夫用旌。用传唤大夫的礼仪传唤虞人,虞人宁死不敢去,用传唤士人的礼仪传唤庶人,庶人难道敢去吗?何况是用传唤不贤之人的礼仪传唤贤人呢?要见贤人却不遵循见他的途径,犹如要他进来却关上了大门。义是途径,礼是大门,惟有君子能沿着这途径进出这大门。《诗》说:‘大道平如磨石,直得就像箭杆。君子在上行走,小人在旁观看。’”

万章说:“孔子听说君命召唤,不等马车驾好就前去,那么孔子做得不对吗?”

孟子说："孔子正出仕而有职位在身，国君是以他的职务传唤他。"

【段意】

此章是说，君主对于士人必须待之以礼，因为君主尊奉贤者为师，所以就不应该像对待仆役那样颐指气使。朱熹说："此章言不见诸侯之义最为详悉，更合陈代、公孙丑所问者而观之，其说乃尽。"（《集注》）

5.17　孟子谓万章曰："一乡之善士斯友一乡之善士，一国之善士斯友一国之善士，天下之善士斯友天下之善士。以友天下之善士为未足，又尚论古之人。[①]颂其诗，读其书，不知其人，可乎？是以论其世也。是尚友也。"

【注释】

①尚：同"上"。

【译文】

孟子对万章说："一个乡的善士就结交一个乡的善士，一个国家的善士就结交一个国家的善士，天下的善士就结交天下的善士。认为结交天下的善士还不够，又上溯讨论古时候的人。吟诵他们的诗歌，研读他们的著作，不了解他们的为人，行吗？所以要讨论他们所处的时代。这是上与古人结交。"

【段意】

孟子所谓与古人结交，实际就是学习古人优秀的东西为己所用。此章引起后人注意的，是其中提出的"知人论世"的主张，也就是把具体的人放到当时的社会环境中去观察、理解，这一点成为后世文学批评很重要的方法。

5.18　齐宣王问卿，孟子曰："王何卿之问也？"

王曰："卿不同乎？"

曰："不同。有贵戚之卿，[①]有异姓之卿。"

王曰："请问贵戚之卿。"

曰："君有大过则谏，反复之而不听则易位。"[②]

王勃然乎变色，曰："王勿疑也。王问臣，臣不敢不以正对。"

王色定，然后问异姓之卿，曰："君有过则谏，反复之而不听则去。"

【注释】

①贵戚之卿：此与"异姓之卿"对文，当指同姓之卿。所谓同姓，即王室的成

员。 ②易位:赵注云:“易君之位,更立亲戚之贤者。”

【译文】

齐宣王询问卿,孟子说:“大王询问什么卿呢?”

宣王说:“卿不一样吗?”

孟子说:“不一样。有属于王室宗族的卿,有与王族不同姓的卿。”

宣王说:“我问属于王室宗族的卿。”

孟子说:“国君有重大过错就劝谏,反复劝谏而不听从就更立国君。”

宣王的神色一下子变了,孟子说:“大王不要诧异。大王问我,我不敢不实言答对。”

宣王的神色安定了,才询问与王族不同姓的卿,孟子说:“国君有重大过错就劝谏,反复劝谏而不听从就离去。”

【段意】

此章是说,同样是君主的大臣,由于亲疏关系不同,他们的职责也各有不同。王室宗族之卿,因为与国君有亲缘关系,不能离去,国君的祖先也就是他们的祖先,所以尤其不能坐视政权覆亡,故而若国君不听劝谏,不得已之下只能更立新君。朱熹《集注》说:“贵戚之卿,小过非不谏也,但必大过而不听,乃可易位。异姓之卿,大过非不谏也,虽小过而不听,已可去矣。”因为身份不同,所承担的责任不同,其处事也就有所区别。

告 子 上

6.1 告子曰："性犹杞柳也，[1]义犹桮棬也，[2]以人性为仁义，犹以杞柳为桮棬。"

孟子曰："子能顺杞柳之性而以为桮棬乎，将戕贼杞柳而后以为桮棬也？如将戕贼杞柳而以为桮棬，则亦将戕贼人以为仁义与？率天下之人而祸仁义者，必子之言夫！"

【注释】

①杞柳：杨柳科植物，落叶丛生灌木，枝条柔软，去皮晒干后可编器物。②桮棬（bēiquān 杯圈）：桮同"杯"，是盘、盎、盆、盏等器物的通称。棬是杯器未经雕饰的胚胎。

【译文】

告子说："本性犹如杞柳，义理犹如杯盂，凭藉人的本性成就仁义，犹如用杞柳制作杯盂。"

孟子说："你是顺着杞柳的本性来制作杯盂呢，还是要毁伤杞柳的本性来制作杯盂？如果要毁伤杞柳的本性来制作杯盂，那也要毁伤人的本性来成就仁义啰？放任天下之人损害仁义的，必定是你的言论！"

【段意】

孟子主张"性善"，认为人的本性与"仁义"并不违背，所以不同意告子"毁伤人的本性来成就仁义"的比喻。据《墨子·公孟》的记载，告子是墨子的晚辈而年长于孟子。

6.2 告子曰："性犹湍水也，决诸东方则东流，决诸西方则西流。人性之无分于善不善也，犹水之无分于东西也。"

孟子曰："水信无分于东西，无分于上下乎？人性之善也，犹水之就下也。人无有不善，水无有不下。今夫水，搏而跃之，可使过颡；[1]激而行之，[2]可使在山。是岂水之性哉？其势则然也。人之可使为不善，其性亦犹是也。”

【注释】

①颡(sǎng 嗓)：额头。　②激：堵住水流使之水位提高。

【译文】

告子说：“本性犹如急流，冲开东面就向东流，冲开西面就向西流。人的本性没有善、不善的分别，犹如水没有东、西流的分别。”

孟子说：“水确实没有东、西流的分别，但没有上、下流的分别吗？人的本性趋向善，犹如水趋向下流。人没有不善的，水没有不向下的。如果水受拍打而飞溅起来，能使它高过额头；堵住通道而让水倒行，能使它流上山岗。这难道是水的本性吗？乃是情势如此。人之所以能使他做出不善的行为，其本性也犹如这样受到了逼迫。”

【段意】

此章是说，人性天生趋向于善，而不善则是因为人性受到了逼迫的缘故。

6.3　告子曰：“生之谓性。”

孟子曰：“生之谓性也，犹白之谓白与？”曰：“然。”

“白羽之白也犹白雪之白，白雪之白犹白玉之白与？”

曰：“然。”

“然则犬之性犹牛之性，牛之性犹人之性与？”

【译文】

告子说：“天生的叫做本性。”

孟子说：“天生的叫做本性，犹如白的叫做白吗？”告子说：“是的。”

孟子说：“白羽毛的白犹如白雪的白，白雪的白犹如白玉的白吗？”告子说：“是的。”

孟子说：“那么，狗的本性犹如牛的本性，牛的本性犹如人的本性吗？”

【段意】

朱熹认为，此篇中开首四章告子谈“性”，其要旨不外乎此处所谓的“天生的叫做本性”一语(《集注》)。孟子认为，告子这个对“性”的定义过于宽泛，所以驳斥他。从孟子的反问来揣测，他认为具有仁义礼智等文化素养是人与动物的根本区别，而这些东西从本质上说都是人的本性先天所拥有的。

6.4 告子曰："食色，性也。仁，内也，非外也；义，外也，非内也。"

孟子曰："何以谓仁内义外也？"

曰："彼长而我长之，非有长于我也，犹彼白而我白之，从其白于外也，故谓之外也。"

曰："异于白，[1]马之白也无以异于白人之白也，不识长马之长也无以异于长人之长与？且谓长者义乎，长之者义乎？"

曰："吾弟则爱之，秦人之弟则不爱也，是以我为悦者也，故谓之内；长楚人之长，亦长吾之长，是以长为悦者也，故谓之外也。"

曰："耆秦之炙无以异于耆吾炙，夫物则亦有然者也，然则耆炙亦有外与？"

【注释】

①异于白：朱熹《集注》引张氏说云："'异于'两字疑衍。"俞樾《古书疑义举例·以一字作两读例》谓此句中最前之"白"字当重读，全句读作"异于白，白马之白也无以异于白人之白也"，"如此则文义自明，亦不必疑其有阙文矣。"其说甚洽，此处标点、译文均从之。

【译文】

告子说："饮食、性欲是本性。仁是内在的，不是外在的；义是外在的，不是内在的。"

孟子说："为什么说仁是内在的、义是外在的呢？"

告子说："他年长，我尊敬他，他并不就是我的长辈了，犹如那东西白而我把它作为白的东西，是随着它外表的白，所以说义是外在的。"

孟子说："尊敬不同于白色，白马的白和白人的白没有什么不同，不知道对老马的爱惜和对长者的尊敬也没有什么不同吗？而且你是说长者义呢，还是尊敬他的人义呢？"

告子说："我的弟弟就爱护，秦人的弟弟就不爱护了，是以我作为乐意的标准，所以说仁是内在的；尊敬楚人的长者，也尊敬我的长辈，是以长者作为乐意的标准，所以说义是外在的。"

孟子说："嗜好秦人的烤肉和嗜好我的烤肉没有什么不同，事物也有这样的情形，那么嗜好烤肉也是外在的吗？"

【段意】

此章是上一章的继续。告子认为人的本能就是性，所以仁爱的情感是内在的,而义则是外在的。孟子继续就“义”是否是外在的问题与告子进行辩论。与前几章一样,孟子没有正面阐明“义”是内在的理由,只是驳斥了告子立论的缺陷,这个问题在下一章有具体的论述。

6.5 孟季子问公都子曰:①“何以义内也?”曰:“行吾敬,故谓之内也。”

“乡人长于伯兄一岁,则谁敬?”曰:“敬兄。”

“酌则谁先?”曰:“先酌乡人。”

“所敬在此,所长在彼,果在外,非由内也。”

公都子不能答,以告孟子。孟子曰:“敬叔父乎,敬弟乎?彼将曰‘敬叔父’。曰‘弟为尸②,则谁敬’,彼将曰‘敬弟’。子曰‘恶在其敬叔父也’,彼将曰‘在位故也’。子亦曰‘在位故也,庸敬在兄,斯须之敬在乡人’。”③

季子闻之,曰:“敬叔父则敬,敬弟则敬,果在外,非由内也。”

公都子曰:“冬日则饮汤,④夏日则饮水,然则饮食亦在外也?”

【注释】

①孟季子:或谓此处之孟季子乃本书《公孙丑下》篇中孟仲子之弟。然赵注直称“季子”而无“孟”,故前人疑原文中本无“孟”,季子乃别是一人,或即本书《告子下》中之季任。 ②尸:古代祭祀以儿童为受祭代理人,称为“尸”。③斯须:朱熹《集注》云:“暂时也。” ④汤:古称热水为“汤”。

【译文】

孟季子问公都子说:“为什么说义是内在的呢?”公都子说:“它施行我的敬意,所以说是内在的。”

孟季子说:“乡里人比兄长大一岁,你敬谁?”公都子说:“敬重兄长。”

孟季子说:“饮酒给谁先斟呢?”公都子说:“先斟乡里人。”

孟季子说:“所敬的是兄长,所尊的是乡里人,可见义毕竟是外在的,不是由内发出的。”

公都子不能应答,把这事告诉了孟子。孟子说:“敬叔父,还是敬弟弟呢?他会说‘敬叔父’。你说‘弟弟担任了受祭的尸,那敬谁呢’,他会说‘敬弟弟’。你说‘那么叔父敬在哪儿呢’,他会说‘这是因为弟弟处在尸位的缘故’。你也说‘因为所处地位的缘故,平常该敬兄长,那一会儿该敬乡里人’。”

孟季子听了,说:“要敬重叔父的时候就敬重叔父,要敬重弟弟的时候就敬重弟弟,可见义毕竟是外在的,不是由内发出的。”

公都子说:“冬天喝热水,夏天喝凉水,那么饮食也是外在的吗?”

【段意】

此章与下一章,是前面四章的进一步展开。此章主要辩论义的内在性。“仁义”是孟子道德学说的核心,在本书《公孙丑》篇中孟子曾强调,“恻隐之心,仁之端也”、“羞恶之心,义之端也”,他的“性善”说正是建立在这个基础之上的。后世学者指出:“二章问答,大指略同,皆反复譬喻以晓当世,使明仁义之在内,则知人之性善而皆可以为尧舜矣。”(《集注》引范氏说)

6.6 公都子曰:“告子曰:‘性无善无不善也。’或曰:‘性可以为善,可以为不善。是故文、武兴则民好善,幽、厉兴则民好暴。’或曰:‘有性善,有性不善。是故以尧为君而有象,以瞽瞍为父而有舜,以纣为兄之子且以为君而有微子启、王子比干。’今曰性善,然则彼皆非与?”

孟子曰:“乃若其情则可以为善矣,[1]乃所谓善也。若夫为不善,非才之罪也。恻隐之心人皆有之,羞恶之心人皆有之,恭敬之心人皆有之,是非之心人皆有之。恻隐之心仁也,羞恶之心义也,恭敬之心礼也,是非之心智也。仁、义、礼、智非由外铄我也,[2]我固有之也,弗思耳矣。故曰求则得之,舍则失之,或相倍蓰而无算者,[3]不能尽其才者也。《诗》曰:‘天生蒸民,[4]有物有则。民之秉夷,[5]好是懿德。’[6]孔子曰:‘为此诗者,其知道乎!故有物必有则,民之秉彝也,故好是懿德。’”

【注释】

①乃若:朱熹:《集注》云:“发语辞。”焦循《正义》引程瑶田《通艺录》云:“乃若者,转语也。” ②铄(shuò 朔):朱熹《集注》云:“以火销金之名,自外以至内也。”又,《尔雅·释诂》云:“铄,美也。”谓自外而加的美饰。 ③无算:无法计算。 ④《诗》曰:此处诗句引自《诗·大雅·烝民》,这是首赞美周宣王的诗歌。蒸:《诗》作“烝”,毛传释为“众”。 ⑤秉:郑笺云:“执也。”夷:《诗》作“彝”,毛传释为“常”。 ⑥懿:毛传云:“美也。”

【译文】

公都子说:“告子说:‘本性没有善,没有不善。’有人说:‘本性可以成为善,可以成为不善。所以,文王、武王在位,民众就崇尚善;幽王、厉王在位,民众就崇尚暴。'有人说：'有的人本性善，有的人本性不善。所以，尧这样的君主却有象，瞽瞍这样的父亲却有舜，纣这样的侄儿、这样的君主却有微子启、王子比干。'如今老师认为性善，那么他们都错了吗？"

孟子说："按人们的性情是能够成为善的，这就是我所说的善。至于成为不善，不是资质的罪过。同情之心人人都有，羞耻之心人人都有，恭敬之心人人都有，是非之心人人都有。同情之心属仁，羞耻之心属义，恭敬之心属礼，是非之心属智。仁、义、礼、智不是从外面注入的，是我本来就有的，只是未曾去领悟罢了。所以说，求索就得到，放弃就失去，有的人相差一倍、五倍甚至无数倍的，就是没能充分发挥他们资质的缘故。《诗》说：'上天生育万民，事物都有法则。民众把握常规，崇尚美好品德。'孔子说：'作这篇诗的人，恐怕懂得大道呀！所以有事物必定有法则，民众把握了常规，故而崇尚那美好的德行。'"

【段意】

此章具体阐述性善问题。孟子认为，人的本性就具备了仁、义、礼、智的本质，后天的修养只是对这些东西加以提高、发扬罢了。朱熹《集注》云："性虽本善，而不可以无省察矫揉之功，学者所当深玩也。"

6.7　孟子曰："富岁，子弟多赖；[①]凶岁，子弟多暴，非天之降才尔殊也，其所以陷溺其心者然也。今夫麰麦，[②]播种而耰之，[③]其地同，树之时又同，浡然而生，到于日至之时皆熟矣。[④]虽有不同，则地有肥硗，雨露之养、人事之不齐也。故凡同类者举相似也，何独至于人而疑之？圣人与我同类者，故龙子曰：'不知足而为屦，我知其不为蒉也。'[⑤]屦之相似，天下之足同也。口之于味，有同耆也，易牙先得我口之所耆者也。[⑥]如使口之于味也，其性与人殊，若犬马之与我不同类也，则天下何耆皆从易牙之于味也？至于味，天下期于易牙，是天下之口相似也。惟耳亦然，至于声，天下期于师旷，是天下之耳相似也。惟目亦然，至于子都，[⑦]天下莫不知其姣也，[⑧]不知子都之姣者无目者也。故曰，口之于味也有同耆焉，耳之于声也有同听焉，目之于色也有同美焉。至于心，独无所同然乎？心之所同然者何也？谓理也，义也。圣人先得我心之所同然耳，故理义之悦我心犹刍豢之悦我口。"[⑨]

【注释】

①赖：焦循《正义》引阮元说释为懒惰。 ②麰(móu 谋)：麦：即大麦。 ③耰(yōu 忧)：种子洒下后，耙土覆盖，以防鸟类啄食。 ④日至：此指夏至。 ⑤蒉：草编的土筐。 ⑥易牙：齐桓公的宠臣，相传他善于烹饪。 ⑦子都：《诗·郑风·山有扶苏》"不见子都"，毛传云："子都，世之美好者也。" ⑧姣：美好。 ⑨刍豢：概指牲畜，朱熹《集注》云："草食曰刍，牛羊是也；谷食曰豢，犬豕是也。"

【译文】

孟子说："丰收年成，子弟大多懒惰；灾荒年成，子弟大多横暴，并非天生的资质如此不同，是由于他们的内心遭到损害、迷惑的缘故。例如大麦，播下种籽耪了地，如果土地相同，栽种的时节也相同，便蓬勃地生长，到了夏至时节都成熟了。即使有所不同，就是土地有肥有瘠，雨露滋养、所下工夫的不一致罢了。所以，凡是同类的东西大体相同，为何唯独对于人就疑惑了呢？圣人与吾辈是同类，所以龙子说：'不知道脚的形状去编草鞋，我知道不会做成筐子。'草鞋相似，因为普天之下的脚形状相同。口对于滋味，有相同的嗜好，易牙先得知了我们口味的嗜好。假使口对于滋味，其特性依人相异，就如同狗马与我们不同类一样，那么，何以天下的嗜好都随从易牙的口味呢？讲到滋味，天下就期望于易牙，可见天下的口味是相似的。耳朵也是如此，讲到声音，天下就期望于师旷，可见天下的耳力是相似的。眼睛也是如此，讲到子都，天下没有人不知道他美丽的，不知道子都美丽的是没有眼睛的人。所以说，口对于滋味有相同的嗜好，耳对于声音有相同的听觉，眼对于容貌有相同的美感。讲到内心，唯独就没有相同之处吗？内心的相同之处是什么呢？是理，是义。圣人先得知了我们内心的相同之处，因此理义愉悦我们的内心犹如猪肉、牛肉愉悦我们的口味一样。"

【段意】

孟子认为，人心对于仁义都有天生的本质，这一点是人人相同、毫无二致的。后来之所以有区分、不同，除了受到环境逼迫外，还有先知先觉的原因，但这只是后天的发挥、养护问题，并非说本性有不同。

6.8　孟子曰："牛山之木尝美矣，[1]以其郊于大国也，[2]斧斤伐之，可以为美乎？是其日夜之所息，雨露之所润，非无萌蘖之生焉，牛羊又从而牧之，是以若彼濯濯也。[3]人见其濯濯也，以为未尝有材焉，此岂山之性也哉？虽存乎人者，岂无仁义之心哉？其所以放其良心者，[4]亦犹斧斤之于木也，旦旦而伐之，可以为美乎？其日夜之所息，平旦之气,[5]其好恶与人相近也者几希,则其旦昼之所为有梏亡之矣。[6]梏之反覆,则其夜气不足以存,夜气不足以存则其违禽兽不远矣。人见其禽兽也,而以为未尝有才焉者,是岂人之情也哉?故苟得其养,无物不长;苟失其养,无物不消。孔子曰‘操则存,舍则亡,出入无时,莫知其乡’,惟心之谓与!”

【注释】

①牛山:山名,在今山东临淄之南,位于当时齐国都的东南。 ②郊:此作动词用,意为临近大都邑。 ③濯濯:赵注云:“无草木之貌。” ④良心:朱熹《集注》云:“本然之善心,即所谓仁义之心也。” ⑤平旦之气:朱熹《集注》云:“谓未与物接之时,清明之气也。” ⑥梏:古代拷手的刑具,转义为束缚。

【译文】

孟子说:“牛山的树木曾经很茂盛,因为邻近大都市,被刀斧所砍伐,能茂盛吗?它日夜息养,为雨露所滋润,并非没有新条嫩芽长出来,但牛羊又随之放牧在上面,所以变成那样光秃秃了。人们见它光秃秃的,便以为不曾有过木材,这难道是山的本性吗?即使是人,难道没有仁义之心吗?他之所以丢失了他的善心,也好像刀斧对待树木一般,天天去砍伐它,能茂盛吗?他日夜息养,清晨的气,其好恶几乎人人差不多,可是白天的作为使它束缚泯灭了。反复遭到束缚,那么夜晚息养之气就不足以存留,夜晚息养之气不足以存留就和禽兽相差不远了。人们见他如同禽兽,便以为不曾有过好的资质,这难道是人的本来情状吗?因此,假如得到应有的养育,没有事物不生长;假如失去应有的养育,没有事物不消亡。孔子说‘把握就存留,舍弃就失去,出入没有一定,无法知晓它的去向’,是指人心而言的吧!”

【段意】

此章是说对天生善性的养护问题。善心的保有,在于适当的、应有的养护,在此,孟子特别强调“夜晚息养之气”的自我恢复功能,朱熹说:“孟子发此夜气之说,于学者极有力,宜熟玩而深省之也。”(《集注》)

6.9 孟子曰:“无或乎王之不智也,[1]虽有天下易生之物也,一日暴之、十日寒之,未有能生者也。吾见亦罕矣,吾退而寒之者至矣,吾如有萌焉何哉?今夫弈之为数,[2]小数也,不专心致志则不得也。弈秋,[3]通国之善弈者也。使弈秋诲二人弈,其一人专心致志,惟弈秋之为听。一人虽听之,一心以为有鸿鹄将至,思援弓缴而射之,[4]

虽与之俱学，弗若之矣。为是其智弗若与？曰非然也。”

【注释】

①或：同“惑”。 ②数：赵注云：“技也。” ③弈秋：朱熹《集注》云：“善弈者名秋也。” ④缴（zhuó 灼）：朱熹《集注》云：“以绳系矢而射也。”

【译文】

孟子说：“不要诧异大王不明智，即使有普天之下最容易生长的东西，一天曝晒、十天寒冻，没有能够成活的。我进见很少，我一退出来，寒冻他的人就到了，我即使对他有所触动又怎样呢？例如，弈棋作为技能，是小技，不专心致志却学不好。弈秋，是全国最擅长弈棋的人。让弈秋教两个人弈棋，一个人专心致志，只听弈秋的讲授。另一个虽然听着，却一心觉得有天鹅就要飞来，想拿起弓箭去射它，虽然和前一个人一起学习，却比不上他。是因为这人的智力及不上吗？并非如此。”

【段意】

此章是就养护善性问题的进一步发挥。孟子认为，善性不但要养护，而且还要用心专一，否则，一曝十寒是不会有成效的。本章中所举的例子，因而成为著名的寓言。

6.10 孟子曰：“鱼，我所欲也，熊掌亦我所欲也，二者不可得兼，舍鱼而取熊掌者也。生亦我所欲也，义亦我所欲也，二者不可得兼，舍生而取义者也。生亦我所欲，所欲有甚于生者，故不为苟得也；死亦我所恶，所恶有甚于死者，故患有所不辟也。如使人之所欲莫甚于生，则凡可以得生者，何不用也？使人之所恶莫甚于死者，则凡可以辟患者，何不为也？由是则生而有不用也，由是则可以辟患而有不为也，是故所欲有甚于生者，所恶有甚于死者。非独贤者有是心也，人皆有之，贤者能勿丧耳。一箪食、一豆羹，[①]得之则生，弗得则死。嘑尔而与之，[②]行道之人弗受；蹴尔而与之，[③]乞人不屑也。万钟则不辨礼义而受之，万钟于我何加焉？为宫室之美、妻妾之奉、所识穷乏者得我与？乡为身死而不受，[④]今为宫室之美为之；乡为身死而不受，今为妻妾之奉为之；乡为身死而不受，今为所识穷乏者得我而为之，是亦不可以已乎？此之谓失其本心。”

【注释】

①豆：古代一种盛食物的器具。 ②嘑尔：犹言呵叱、吆喝，赵注云：“咄啐

之貌也。” ③蹴(cù 促):朱熹《集注》云:“践踏也。” ④乡:同“向”,以往。

【译文】

孟子说:“鱼是我所想要的,熊掌也是我所想要的,如果两者不能兼有,就舍弃鱼而选取熊掌。生存是我所想要的,大义也是我所想要的,如果两者不能兼有,就舍弃生存而选取大义。生存也是我所想要的,但所想要有胜过生存的,所以不去随便得到它;死亡也是我所厌恶的,但所厌恶有胜过死亡的,所以有时不去躲避祸害。如果人们所想要的东西没有胜过生存的,那么凡是能得以生存的,为何不去用呢?如果人们所厌恶的东西没有胜过死亡的,那么凡是能躲避祸害的,为何不去做呢?从中得以生存却不去用,由此得以躲避祸害却不去做,是因为所想要有胜过生存的,所厌恶有胜过死亡的。不仅贤者有这样的心思,人人都有,不过贤者能不失去它罢了。一筐米饭、一盆羹汤,得到它就存活,得不到就死去。呵叱着去给予,路上的行人都不接受;践踏过再给予,乞丐都不屑要。然而万钟粟米却不分清礼义就接受了,万钟粟米对我有什么好处呢?是为了使住宅漂亮、妻妾得到供养、相识的贫苦人受我的恩惠吗?以往宁肯身亡都不接受的,现今为了使住宅漂亮去接受了;以往宁肯身亡都不接受的,现今为了使妻妾得到供养去接受了;以往宁肯身亡都不接受的,现今为了使相识的贫苦人受我的恩惠去接受了,这也是不能罢手的吗?这就叫做失去了自己的本心。”

【段意】

此章是《孟子》中相当有名的一个章节。孟子认为,人的本性虽然善,但有时候也会迫于情势与欲望(告子认为它也属于本性),作出非善的行为来,这样就失去了自己的本心,因此,“君子不可顷刻而不省察于斯焉”(朱熹《集注》)。后人对这一章表示欣赏,主要为其中的正气所感,“舍生取义”曾鼓舞了许多古代的志士仁人为自己的理想而献身,“鱼与熊掌不可兼得”也成了常用比喻。

6.11 孟子曰:“仁,人心也;义,人路也。舍其路而弗由,放其心而不知求,哀哉!人有鸡犬放则知求之,有放心而不知求。学问之道无他,求其放心而已矣。”

【译文】

孟子说:“仁是人的心,义是人的路。舍弃了路不去走,丢失了心不知道去找,可悲啊!人们有鸡狗丢失就知道去找,丢失了心却不知道去找。学问之道没有别的,只是找回丢失的心罢了。”

【段意】

孟子由性善这个基点出发,认为教育和学习的根本目的是保持或恢复人的本来的善性。宋代的理学家们对这一点相当重视,程颐说:"圣贤千言万语,只是欲人将已放之心约之,使反复入身来,自能寻向上去,下学而上达也。"朱熹就此进一步指出:"此乃孟子开示切要之语,程子又发明之,曲尽其指,学者宜服膺而勿失也。"(《集注》)

6.12 孟子曰:"今有无名之指屈而不信,①非疾痛害事也,如有能信之者,则不远秦、楚之路,为指之不若人也。指不若人则知恶之,心不若人则不知恶,此之谓不知类也。"②

【注释】

①信:同"伸"。 ②不知类:朱熹《集注》云:"言不知轻重之等也。"

【译文】

孟子说:"现今有个无名指弯曲而伸不直,不是病痛也不妨碍做事,如果有能使它伸直的人,即使在秦国、楚国都不觉得远,这是因为无名指不如他人。无名指不如他人知道嫌恶,心不如他人却不知道嫌恶,这叫做不识轻重。"

【段意】

孟子用切身的小事作比喻,勉励人们要重视养护自己的善心,找回失去的本性。

6.13 孟子曰:"拱把之桐梓,①人苟欲生之皆知所以养之者,至于身而不知所以养之者,岂爱身不若桐梓哉?弗思甚也。"

【注释】

①拱把:赵注云:"拱,合两手也;把,以一手把之也。"言树尚细小。

【译文】

孟子说:"细小的桐树、梓树,人们如果要它生长,都知道怎样去保养,对于自身却不知道怎样去保养,难道爱护自身还不如桐树、梓树吗?太不思量了。"

【段意】

本章涵义与上章相近。

6.14 孟子曰:"人之于身也,兼所爱。兼所爱则兼所养也,无尺寸之肤不爱焉则无尺寸之肤不养也。所以考其善不善者,岂有他哉?于己取之而已矣。体有贵贱,①有小大。无以小害大,无以贱害贵。养其小者为小人,养其大者为大人。今有场师,②舍其梧槚,③养其樲棘，[4]则为贱场师焉。养其一指而失其肩背，而不知也，则为狼疾人也。[5]饮食之人则人贱之矣，为其养小以失大也。饮食之人无有失也，则口腹岂适为尺寸之肤哉？"[6]

【注释】

①贵贱：朱熹《集注》云："贱而小者，口腹也；贵而大者，心志也。"　②场师：赵注云："治场圃者。"　③梧檟（jiǎ 价）：梧桐和楸树。　④樲（èr 贰）棘：酸枣和荆棘。　⑤狼疾：同"狼藉"，焦循《正义》云："狼藉犹纷乱，害而不知，此医之昏愦瞀乱者矣。"译文意译为糊涂。　⑥适：焦循《正义》引王引之说，谓"适"通"啻"，作仅、但解。

【译文】

孟子说："人们对于自身，各个部分都爱护。各个部分都爱护就各个部分都保养，没有一块肌肤不爱护就没有一块肌肤不保养。用来考察他做得好不好，哪有别的呢？只看他对自己注重的部分罢了。肢体有重要、有次要，有小、有大。不要因为小的损害大的，不要因为次要的损害重要的。保养小的是小人，保养大的是君子。如果有位场师，舍弃了桐树、梓树去养殖酸枣、荆棘，就是劣等场师。保养一个指头而遗忘了肩头背脊，还不知道，就是糊涂透顶的人。吃吃喝喝的人为人们所轻视，因为他为了保养小的而遗忘了大的。吃吃喝喝的人如果没有遗忘什么，那么满足口腹难道仅仅只为了口、腹那一寸一尺的肌肤吗？"

【段意】

此章是说，人的身体、本性都需要养护，但两者的价值有大小、分量有轻重，不仅在两者不可兼顾的情况下要注重大的、重的，而且在日常生活中，也要把养护的重点放在这上头。正如人们常说的，"吃饭是为了活着，但活着不仅仅是为了吃饭"。

6.15　公都子问曰："钧是人也，[1]或为大人，或为小人，何也？"

孟子曰："从其大体为大人，从其小体为小人。"

曰："钧是人也，或从其大体，或从其小体，何也？"

曰："耳目之官不思，而蔽于物，物交物则引之而已矣。[2]心之官则思，思则得之，不思则不得也。此天之所与我者。先立乎其大者，[3]则其小者弗能夺也，此为大人而已矣。"

【注释】

①钧：同"均"。　②物交物：朱熹《集注》认为此处之两"物"，一指外物，一指"耳目之官"。后者之所以亦称"物"，是因其"既不能思而蔽于外物，则亦一物

而已”。引:此为诱导之意。　③大者:赵注云:“大者谓生而有善性也,小者情欲也,善胜恶则恶不能夺。”

【译文】

公都子问道:“同样是人,有的成为君子,有的成为小人,为什么呢?”

孟子说:“顺从大体的成为君子,顺从小体的成为小人。”

公都子说:“同样是人,有的顺从大体,有的顺从小体,为什么呢?”

孟子说:“耳朵、眼睛的官能是不思考的,所以为事物所蒙蔽,它们与事物相接触只是受到诱导罢了。心的官能是思考,思考便有所得,不思考便无所得。这是上天赋予我们的。先确立主要的东西,次要的东西就无法与它争夺了,之所以成为君子仅此而已。”

【段意】

本章的涵义与上章相近。朱熹说:“心则能思,而以思为职。凡事之来,心得其职,则得其理,而物不能蔽。……若能有以立之,则事无不思,而耳目之欲不能夺之矣,此所以为大人也。”(《集注》)

6.16　孟子曰:“有天爵者,有人爵者。仁义忠信,乐善不倦,此天爵也;公卿大夫,此人爵也。古之人修其天爵,而人爵从之。今之人修其天爵以要人爵,既得人爵而弃其天爵,则惑之甚者也,终亦必亡而已矣。”

【译文】

孟子说:“有上天的爵位,有人世的爵位。仁爱正义、忠诚守信,乐于善行不感到厌倦,这是上天的爵位;公、卿、大夫,这是人世的爵位。古时候的人修求上天的爵位;人世的爵位也随之有了。现今的人修求上天的爵位来牟取人世的爵位,得到了人世的爵位就抛弃了上天的爵位,真是糊涂之极,最终也一定会失去人世的爵位。”

【段意】

此章是说,人世的爵位是依附于“仁义忠信”这些上天的爵位的。人们应以后者为追求目标,为了取得人世的爵位而去讲求自身修养,已经是动机不正了,如果得到了人世爵位后再抛弃自身修养,更是糊涂之极。

6.17　孟子曰:“欲贵者,人之同心也。人人有贵于己者,弗思耳矣。人之所贵者,非良贵也。赵孟之所贵,[1]赵孟能贱之。《诗》

云:[2]'既醉以酒,既饱以德。'言饱乎仁义也,所以不愿人之膏粱之味也;[3]令闻广誉施于身,[4]所以不愿人之文绣也。"[5]

【注释】

①赵孟:即春秋时晋国的执政大臣赵盾,孟是他的字。此处用以指有权势者。②此处诗句引自《诗·大雅·既醉》,这是首赞颂世道太平的诗歌。 ③愿:朱熹《集注》云:"欲也。"膏粱:朱熹《集注》云:"膏,肥肉;粱,美谷。" ④令闻广誉:朱熹《集注》云:"令,善也;闻,亦誉也。" ⑤文绣:朱熹《集注》云:"衣之美也。"

【译文】

孟子说:"希望显贵,是人们的共同心态。人人都有自己可贵的东西,只是不去思量罢了。他人所尊贵的,不是真正的尊贵。赵孟所尊贵的,赵孟能使之卑贱。《诗》说:'既喝醉了酒,又饱享恩惠。'这是说,饱享了仁义,因而不企羡他人的肉食美味;众人的称誉施加在身上,因而不企羡他人的锦衣绣裳。"

【段意】

孟子认为,人生真正可宝贵的不是锦衣美食,"仁义充足而闻誉彰著,皆所谓良贵也"(朱熹《集注》)。

6.18　孟子曰:"仁之胜不仁也犹水胜火。今之为仁者犹以一杯水救一车薪之火也,不熄则谓之水不胜火,此又与于不仁之甚者也,亦终必亡而已矣。"

【译文】

孟子说:"仁胜过不仁犹如水胜过火一样。现今行使仁的人好比用一杯水来救一车柴的火,火灭不了就说水不能胜过火,这又相当厉害地助长了不仁,最终也必定会失去仁。"

【段意】

孟子肯定仁必定能战胜不仁,但认为,当时行仁的人不能战胜不仁的人,其中还有力量对比的强弱,不能因为这一特殊情况而怀疑仁本身的力量。

6.19　孟子曰:"五谷者种之美者也,苟为不熟不如荑稗。[1]夫仁,亦在乎熟之而已矣。"

【注释】

①荑(tí提)稗:朱熹《集注》云:"草之似谷者,其实亦可食,然不能如五谷之

美者。”

【译文】

孟子说:“五谷是作物中的佼佼者,如果不成熟还及不上稊米、稗草。仁,也在于使之成熟而已。”

【段意】

此章可与上一章联系起来看,仁本身还有成熟与否的问题,说仁不成熟还及不上稗草,正如朱熹所说:“为仁必贵乎熟,而不可徒恃其种之美,又不可以仁之难熟,而甘为他道之有成也。”(《集注》)

6.20 孟子曰:“羿之教人射,必志于彀,①学者亦必志于彀。大匠诲人必以规矩,学者亦必以规矩。”

【注释】

①必志于彀(gòu 构):朱熹《集注》云:“志,犹期也;彀,弓满也。”

【译文】

孟子说:“羿教人射技,必定要求拉满弓,学习的人也必定致力于拉满弓。大匠教人必定依据规矩,学习的人也必定要依据规矩。”

【段意】

学习必须高标准、严要求,所谓标准、要求,就是孟子所言的“规矩”。朱熹说:“此章言事必有法然后可成,师舍是则无以教,弟子舍是则无以学。”(《集注》)学技艺是如此,学习为人处世的大道更应该如此。

告　子　下

6.21　任人有问屋庐子曰：[①]“礼与食孰重？”曰：“礼重。”

“色与礼孰重？”曰：“礼重。”

曰：“以礼食则饥而死，不以礼食则得食，必以礼乎？亲迎则不得妻，不亲迎则得妻，必亲迎乎？”

屋庐子不能对，明日之邹以告孟子。[②]孟子曰：“于答是也何有？[③]不揣其本而齐其末，方寸之木可使高于岑楼。[④]金重于羽者，岂谓一钩金与一舆羽之谓哉？[⑤]取食之重者与礼之轻者而比之，奚翅食重？[⑥]取色之重者与礼之轻者而比之，奚翅色重？往应之曰：‘紾兄之臂而夺之食则得食，[⑦]不紾则不得食，则将紾之乎？逾东家墙而搂其处子则得妻，[⑧]不搂则不得妻，则将搂之乎？’”

【注释】

①任：周初诸侯国名，其始封国君相传是太皞的后裔，故地在今山东济宁县境，战国时其地入鲁。屋庐子：名连，孟子的弟子。　②邹：任与邹相距约百里。③何有：犹言有何难。　④岑楼：朱熹《集注》云：“楼之高锐似山者。”⑤钩：赵注、朱熹均释为“带钩”，带钩是古人系连腰带的小饰件。　⑥翅：同“啻”，意为止、但。　⑦紾（zhěn 疹）：犹今言扭转。赵注云：“戾也。”　⑧处子：犹言处女，古通称子女为“子”。

【译文】

有个任国人问屋庐子说：“礼仪与饮食哪个重要？”屋庐子说：“礼仪重要。”

任人说：“性欲与礼仪哪个重要？”屋庐子说：“礼仪重要。”

任人说：“依据礼仪谋食就饿死，不依据礼仪谋食就得食，一定要遵守礼仪吗？依礼迎亲不能娶妻，不依礼迎亲就能娶妻，一定要依礼迎亲吗？”

屋庐子不能回答，第二天去邹国把这事告诉了孟子。孟子说：“答复这个有什么难呢？不度量根基而比较末端，寸把厚的木块可以使之高过尖顶高楼。金子重于羽毛，难道是就一丁点金子相对于一车子羽毛而言的吗？选取饮食的重要者与礼仪的轻微者相比较，何止是饮食重要？选取性欲的重要者与礼仪的轻微者相比较，何止是性欲重要？你去答复他说：'扭折兄长的胳膊去抢夺他的食物就得食，不扭就不得食，会去扭吗？翻越东邻的墙头去搂抱他家的少女就能娶妻，不搂抱就不能娶妻，会去搂抱吗？'"

【段意】

此章的基本思想是摒斥形而上学的态度。礼仪与饮食、性欲相比固然有轻重之分，但它们各自内部还有大小轻重的区分，不能因为不恰当的对比而怀疑礼仪的重要性，在具体情况下要进行具体分析、区别对待。

6.22 曹交问曰：[①]"人皆可以为尧舜，有诸？"

孟子曰："然。"

"交闻文王十尺、[②]汤九尺，今交九尺四寸以长，食粟而已，如何则可？"

曰："奚有于是，亦为之而已矣。有人于此，力能不胜一匹雏，则为无力人矣；今曰举百钧，则为有力人矣。然则举乌获之任，[③]是亦为乌获而已矣。夫人岂以不胜为患哉？弗为耳。徐行后长者谓之弟，疾行先长者谓之不弟。夫徐行者，岂人所不能哉？所不为也。尧舜之道，孝弟而已矣。子服尧之服，诵尧之言，行尧之行，是尧而已矣；子服桀之服，诵桀之言，行桀之行，是桀而已矣。"

曰："交得见于邹君可以假馆，愿留而受业于门。"

曰："夫道若大路然，岂难知哉？人病不求耳。子归而求之，有余师。"[④]

【注释】

①曹交：赵注云："曹君之弟。" ②尺：战国时齐鲁一带的尺度，一尺约合15.76厘米。 ③乌获：赵注云："古之有力人也，能移举千钧。" ④有余师：赵注云："师不少也。"

【译文】

曹交问道："人人都可以成为尧舜，是这样吗？"

孟子说："是的。"

曹交说："我听说周文王身高十尺、成汤身高九尺，如今我有九尺四寸多高，只会吃饭罢了,怎样才能成为尧舜呢?"

孟子说:"这有什么关系,只要去做就行了。有个人,力不能提一只小鸡,就是没有力气的人了;如今他说举得起三千斤,就是有力气的人了。那么,举得起乌获胜任的重量,也就成为乌获了。这个人怎么会因为不能胜任而发愁呢?只是不做罢了。缓慢地走在长者之后叫做悌,飞快地抢在长者之前叫做不悌。缓慢地走,难道人们不能做吗?是不做。尧舜之道,只是孝悌而已。你穿着尧的衣服,诵述尧的言谈,施行尧的作为,就是尧了;你穿着桀的衣服,诵述桀的言谈,施行桀的作为,就是桀了。"

曹交说:"我见到邹君就借个住处,愿意留下来在您的门下学习。"

孟子说:"道就像大路一样,难道难于了解吗?就怕人们不去寻求罢了。你回去自己寻求,能学习的东西多着呢。"

【段意】

"人皆可以为尧舜",是孟子基于"性善"说提出的著名论题。孟子认为,是否能达到这个境界,关键不在于能够不能够,而在于有没有决心去做,为善为恶都在于自身的所作所为。

6.23　公孙丑问曰:"高子曰,[①]《小弁》小人之诗也。"[②]

孟子曰:"何以言之?"

曰:"怨。"

曰:"固哉,高叟之为《诗》也。有人于此,越人关弓而射之,[③]则己谈笑而道之,无他,疏之也;其兄关弓而射之,则己垂涕泣而道之,无他,戚之也。[④]《小弁》之怨,亲亲也。亲亲,仁也。固矣夫!高叟之为《诗》也。"

曰:"《凯风》何以不怨?"[⑤]

曰:"《凯风》,亲之过小者也;《小弁》,亲之过大者也。亲之过大而不怨,是愈疏也;亲之过小而怨,是不可矶也。[⑥]愈疏不孝也,不可矶亦不孝也。孔子曰:'舜其至孝矣,五十而慕。'"

【注释】

①高子:孟子下文称其为"高叟",可见其年长于孟子,显然与本书《公孙丑下》篇中孟子的弟子高子不是一人。　②《小弁》(pán 盘):《诗·小雅》中的诗篇名,旧说是讥刺周幽王的诗歌,或说是周宣王名臣尹吉甫之子因遭后母之谗而作。赵注云:"怨亲之过,故谓之小人。"　③关弓:朱熹《集注》云:"'关'与

‘弯’同。” ④戚:赵注云:“亲也。” ⑤《凯风》:《诗·邶风》中的诗篇,朱熹《集注》云:“卫有七子之母,不能安其室,七子作此以自责也。” ⑥不可矶:朱熹《集注》云:“言微激之而遽怒也。”

【译文】

公孙丑问道:“高子说,《小弁》是小人所作的诗篇。”

孟子说:“为什么这样说呢?”

公孙丑说:“因为这首诗怨恨。”

孟子说:“真呆板啊,高老先生如此理解《诗》。有个人,越国人拉弓去射他,就谈笑着讲述这事,这没有别的原因,因为关系疏远;他的兄长拉弓去射他,就哭泣着讲述这事,这没有别的原因,因为关系亲密。《小弁》的怨恨,是亲近亲人。亲近亲人是仁。真呆板啊!高老先生如此理解《诗》。”

公孙丑说:“《凯风》为什么不怨恨呢?”

孟子说:“《凯风》是由于亲人的过错小,《小弁》是由于亲人的过错大。父母亲的过错大却不怨,是愈加疏远他们;父母亲的过错小却怨恨,是不应该的激怒。愈加疏远他们是不孝,不应该的激怒也是不孝。孔子说:‘舜该是最孝了吧,五十岁还慕恋父母。’”

【段意】

这是孟子“不以文害辞,不以辞害志,以意逆志”的治《诗》方法的具体例证。

6.24 宋牼将之楚,[1]孟子遇于石丘,[2]曰:“先生将何之?”

曰:“吾闻秦楚构兵,我将见楚王说而罢之,楚王不悦,我将见秦王说而罢之,二王我将有所遇焉。”

曰:“轲也请无问其详,愿闻其指,说之将何如?”

曰:“我将言其不利也。”

曰:“先生之志则大矣,先生之号则不可。[3]先生以利说秦楚之王,秦楚之王悦于利以罢三军之师,是三军之士乐罢而悦于利也。为人臣者怀利以事其君,为人子者怀利以事其父,为人弟者怀利以事其兄,是君臣、父子、兄弟终去仁义,怀利以相接,然而不亡者未之有也。先生以仁义说秦楚之王,秦楚之王悦于仁义而罢三军之师,是三军之士乐罢而悦于仁义也。为人臣者怀仁义以事其君,为人子者怀仁义以事其父,为人弟者怀仁义以事其兄,是君臣、父子、兄弟去利,怀仁义以相接也,然而不王者未之有也。何必曰利?”

【注释】

①宋轻(kēng 坑):宋国人,名轻(亦作"钘"),当时的著名学者。 ②石丘:今地未详。据钱穆考证,孟子与宋轻相遇约在前312年,时年71岁。③号:赵注释为"所称名号",犹今言提法、说法。

【译文】

宋轻要去楚国,孟子在石丘遇见他,说:"先生要到什么地方去?"

宋轻说:"我听说秦楚交战,我要去进见楚王劝说他罢兵,如果楚王说不服,我要去觐见秦王劝说他罢兵,两个君王中我将会遇上听从的。"

孟子说:"我不想询问进说的详细内容,但希望聆知它的大要,你将怎样进说呢?"

宋轻说:"我将陈说交战是不利的。"

孟子说:"先生的志向是宏大的,先生的说法却不可以。先生用利来劝说秦、楚的君王,秦、楚的君王因为喜欢利而停止了三军的行动,这样,三军官兵会由于乐于罢兵而喜欢利。做臣属的怀着利来事奉自己的国君,做儿子的怀着利来事奉自己的父亲,做弟弟的怀着利来事奉自己的兄长,这样,君臣、父子、兄弟之间完全去除了仁义,怀着利来相互对待,如此而不灭亡的还从未有过。先生用仁义来劝说秦、楚的君王,秦、楚的君王因为喜欢仁义而停止了三军的行动,这样,三军的官兵会由于乐于罢兵而喜欢仁义。做臣属的怀着仁义来事奉自己的国君,做儿子的怀着仁义来事奉自己的父亲,做弟弟的怀着仁义来事奉自己的兄长,这样,君臣、父子、兄弟之间都去除了利,怀着仁义来相互对待,如此而不称王天下的还从未有过。何必说利呢?"

【段意】

同样的实际效果,可能出于不同的出发点。孟子认为,作为君子来说,更要注意到动机的纯正性。朱熹特别强调,这一点是"学者所当深察而明辨之也"(《集注》)。

6.25 孟子居邹,季任为任处守,[①]以币交,受之而不报。处于平陆,储子为相,以币交,受之而不报。他日,由邹之任,见季子;由平陆之齐,不见储子。屋庐子喜曰:"连得间矣。"[②]问曰:"夫子之任见季子,之齐不见储子,为其为相与?"

曰:"非也。《书》曰:'享多仪,[③]仪不及物曰不享,惟不役志于享。'[④]为其不成享也。"

屋庐子悦。或问之,屋庐子曰:"季子不得之邹,储子得之平陆。”

【注释】

①季任：赵注云：“任君季弟也，任君朝会于邻国，季任为之居守其国也。” ②得间：此处之“间”，犹读书得间之“间”。盖屋庐子以为从孟子的行为中悟到了道理，故喜。 ③《书》曰：此处语句引自《尚书》中的《洛诰》篇。享多仪：享是诸侯朝见天子的礼仪，多是重视的意思。 ④役：朱熹《集注》云：“用也。”

【译文】

孟子住在邹国，季任代理任国的国政，送礼物来结交，孟子接受了礼物却不回报。孟子住在平陆，储子担任齐国的国相，送礼物来结交，孟子接受了礼物却不回报。过了些日子，孟子从邹国到任国，会见了季子；从平陆到齐国，不会见储子。屋庐子高兴地说：“我悟到其中的道理了。”便问道：“老师到任国会见了季子，到齐国不会见储子，是因为储子是国相吧？”

孟子说：“不是的。《书》说：‘进献看重礼节，礼节够不上礼物的规格叫做不享，就是没有把心意用在进献上。’因为这样就不成其为进献。”

屋庐子很高兴。有人问他，屋庐子说：“季子不能去邹国，而储子是能够到平陆去的。”

【段意】

季子与储子同样送礼物去与孟子结交，孟子认为季子礼数到了，而储子的礼数不备，因为储子可以亲自去见孟子，故而他的礼节的规格够不上礼物的规格。从本章中，也可窥见当时老师对学生的教育方法。老师除了讲课之外，更多的是以身教来熏陶学生，学生不仅在上课时学理论，更要通过老师的行为举止去体会，而且还要善于思考、举一反三地向老师询问。哪一位学生的主观能动性发挥得好，他学得的东西相对也多。

6.26 淳于髡曰：“先名实者为人也，[1]后名实者自为也。夫子在三卿之中，[2]名实未加于上下而去之，仁者固如此乎？”

孟子曰：“居下位不以贤事不肖者伯夷也，五就汤、五就桀者伊尹也，不恶君、不辞小官者柳下惠也，三子者不同道，其趋一也。一者何也？曰仁也。君子亦仁而已矣，何必同？”

曰：“鲁缪公之时，公仪子为政，[3]子柳、[4]子思为臣，鲁之削也滋甚。若是乎，贤者之无益于国也！”

曰：“虞不用百里奚而亡，秦穆公用之而霸。不用贤则亡，削何可得与?”

曰:“昔者,王豹处于淇而河西善讴,[5]绵驹处于高唐而齐右善歌,[6]华周、杞梁之妻善哭其夫而变国俗。[7]有诸内必形诸外,为其事而无其功者,髡未尝睹之也。是故无贤者也,有则髡必识之。”

曰:“孔子为鲁司寇不用,从而祭,燔肉不至,[8]不税冕而行。[9]不知者以为肉也,其知者以为为无礼也,乃孔子则欲以微罪行,[10]不欲为苟去。君子之所为,众人固不识也。”

【注释】

①名实:赵注云:“名者,有道德之名也;实者,治国惠民之功实也。” ②三卿:《礼记·王制》云:“大国三卿,皆命于天子。”按,孟子曾担任过官职,齐国是大国,故淳于髡说孟子“在三卿之中”。 ③公仪子:赵注、朱熹均谓指公仪休。按,《史记·循吏列传》云:“公仪休者,鲁博士也,以高弟为鲁相。奉法循理,无所变更,百官自正。” ④子柳:即本书《公孙丑下》篇中提及之泄柳。 ⑤王豹:赵注云:“卫之善歌者。”淇:水名,在今河南北部。河西:即邻近淇水的西河地区,相当于今河南浚县、滑县及其迤南、迤北一带。 ⑥绵驹:朱熹《集注》云:“齐人,善歌。”高唐:在今山东禹城西南。齐右:高唐在齐国的西部,古称西方为右,故云。 ⑦华周、杞梁之妻善哭:朱熹《集注》云:“华周、杞梁二人皆齐臣,战死于莒,其妻哭之哀,国俗化之皆善哭。” ⑧燔肉:即祭肉。按礼仪,祭祀结束后,应将祭肉分送参加祭祀的有关人员。 ⑨不税冕:税同“脱”,冕是祭祀时所戴的礼冠。 ⑩以微罪行:犹言找一点小的借口离去。

【译文】

淳于髡说:“注重声誉功业的人是为了民众,舍弃声誉功业的人是为了自身。先生身处齐国三卿之中,上没有辅佐国君的声誉、下没有救济民众的功业就离去,仁人是原本如此的吗?”

孟子说:“处在低下的职位而不以才能事奉没出息者的是伯夷,五次投奔成汤、五次投奔夏桀的是伊尹,不嫌恶昏暴的国君、不推辞微贱官职的是柳下惠,三个人的做法不同,他们的趋向是一致的。一致什么呢?就是仁。君子也只是要求仁罢了,做法何必相同呢?”

淳于髡说:“鲁缪公时,公仪子主持国政,泄柳、子思当大臣,鲁国却削弱得更厉害。如此,贤者丝毫无益于国家呀!”

孟子说:“虞国不用百里奚而灭亡,秦穆公用了他而称霸。不用贤才就灭亡,哪里能只是削弱呢?”

淳于髡说："从前王豹住在淇水边，河以西因而善于讴咏；绵驹住在高唐，齐国西部因而擅长歌唱；华周、杞梁的妻子很会痛哭她们的丈夫，因而改变了国家习俗。孕含在内的必定会表现于外，而从事某件事却没有功效的，我还未曾见到过。因此是没有贤者，如果有，我一定会知晓。"

孟子说："孔子任鲁国的司寇而不被信用，随从祭祀时，祭肉没分送给他，于是不解下祭冕就走了。不了解孔子的人认为是由于祭肉的缘故，了解孔子的人认为是由于礼的缘故，而孔子实在是要找个微小的过错出走，不想随便离去。君子的作为，一般人原本是不理解的。"

【段意】

淳于髡觉得，孟子在齐国任职无益于国政，可见贤者对于治国没有多大好处。孟子认为，治国必须要任用贤者是不容怀疑的；在如何界定仁、贤的问题上，则要看大的行为，君子的某些用心、处事，不是常人所能完全理解的。

6.27　孟子曰："五霸者三王之罪人也，①今之诸侯五霸之罪人也，今之大夫今之诸侯之罪人也。天子适诸侯曰巡狩，诸侯朝于天子曰述职。春省耕而补不足，秋省敛而助不给。入其疆，土地辟，田野治，养老尊贤，俊杰在位，则有庆，庆以地。入其疆，土地荒芜，遗老失贤，掊克在位，②则有让。一不朝则贬其爵，再不朝则削其地，三不朝则六师移之。③是故天子讨而不伐，诸侯伐而不讨。④五霸者，搂诸侯以伐诸侯者也，故曰五霸者三王之罪人也。

"五霸，桓公为盛。葵丘之会，⑤诸侯束牲载书而不歃血。⑥初命曰：'诛不孝，无易树子，⑦无以妾为妻。'再命曰：'尊贤育才，以彰有德。'三命曰：'敬老慈幼，无忘宾旅。'四命曰：'士无世官，官事无摄，⑧取士必得，无专杀大夫。'⑨五命曰：'无曲防，⑩无遏籴，无有封而不告。'曰：'凡我同盟之人，既盟之后言归于好。'今之诸侯皆犯此五禁，故曰今之诸侯五霸之罪人也。

"长君之恶其罪小，逢君之恶其罪大。今之大夫皆逢君之恶，故曰今之大夫今之诸侯之罪人也。"

【注释】

①五霸：春秋时代先后称霸的五个诸侯，其说法有多家，一般以齐桓公、宋襄公、晋文公、秦穆公、楚庄王为五霸。　②掊（póu 抔）克：朱熹《集注》云："聚敛

也。” ③六师：按周代制度规定，天子设六军，大国诸侯设三军。此处之六师即指天子的军队。移之：朱熹《集注》云：“诛其人而变置之也。” ④伐而不讨：朱熹《集注》云：“讨者，出命以讨其罪而使方伯、连帅帅诸侯以伐之也；伐者，奉天子之命，声其罪而伐之也。” ⑤葵丘之会：齐桓公于前651年在葵丘（今河南兰考）邀集鲁、宋、卫、郑、许、曹等国举行的一次重要会盟，通过这次会盟，齐国的霸权正式确定。 ⑥束牲载书：不宰杀牺牲，将盟书用函装起来，放在牺牲上。歃血：亦作“喋血”，即以口微吸牲血表示信守盟约不渝。 ⑦无易树子：赵注云：“树，立也。已立世子不得擅易也。” ⑧无摄：摄是兼代的意思，朱熹《集注》云：“当广求贤才以充之，不可以阙人废事也。” ⑨专杀：擅杀，朱熹《集注》云：“大夫有罪，则请命于天子而后杀之也。” ⑩曲防：曲在此处有“遍”之意，《易·系辞》云：“曲成万物而不遗。”防，是堤防的意思。当时诸侯们以邻为壑，自筑堤防，使邻国遭灾，故盟约申明禁止。

【译文】

孟子说：“五霸是三王的罪人，现今的诸侯是五霸的罪人，现今的大夫是现今诸侯的罪人。天子巡行诸侯叫做巡狩，诸侯朝见天子叫做述职。春天视察耕种，补助贫困；秋天视察收获，周济歉收。进入诸侯的疆界，土地开垦，田野整治，赡养老人，尊重贤者，杰出的人担任官职，就给予赏赐，赏给土地。进入诸侯的疆界，土地荒废，遗弃老人，疏远贤者，搜刮钱财的人担任官职，就给予责罚。诸侯一次不来朝见就贬低他的爵位，两次不来朝见就削减他的土地，三次不来朝见就调动六军更换国君。所以，天子声讨而不征伐，诸侯征伐而不声讨。五霸是带领着诸侯来征伐诸侯的人，所以说五霸是三王的罪人。

“五霸，以齐桓公的功业最为卓著。在葵丘的盟会上，诸侯们备妥了牺牲、盟书而不歃血。第一条誓言说：‘诛除不孝，不改立太子，不立妾为妻。’第二条誓言说：‘尊重贤者，养育人才，以此表彰德行。’第三条誓言说：‘敬奉老人，爱护幼小，不怠慢宾客、旅人。’第四条誓言说：‘士人不世袭官职，官职不兼任，选用士人定要得当，不擅自杀戮大夫。’第五条誓言说：‘不遍筑堤防，不禁止邻国采购粮食，不要有封赏而不通报。’并约定：‘凡是参与我们盟会的人，会盟以后言归于好。’现今的诸侯都触犯了这五条禁约，所以说现今的诸侯是五霸的罪人。

“助长国君的恶行，臣属的罪过轻；逢迎国君的恶行，臣属的罪过重。现今的大夫都逢迎国君的恶行，所以说现今的大夫是现今诸侯的罪人。”

【段意】

孟子对于三王、五霸及现今的诸侯、大夫的不同看法，与其王道、仁政的主张有很大关系。大道的崩坏，是从上到下逐步而行的，要纠正这股风气，也就必须自下而上逐步而行。

6.28　鲁欲使慎子为将军，[1]孟子曰："不教民而用之谓之殃民，殃民者不容于尧舜之世。一战胜齐，遂有南阳，[2]然且不可。"

慎子勃然不悦曰："此则滑厘所不识也。"

曰："吾明告子。天子之地方千里，不千里不足以待诸侯；诸侯之地方百里，不百里不足以守宗庙之典籍。周公之封于鲁为方百里也，地非不足而俭于百里；太公之封于齐也亦为方百里也，地非不足也而俭于百里。今鲁方百里者五，子以为有王者作，则鲁在所损乎，在所益乎？徒取诸彼以与此，然且仁者不为，况于杀人以求之乎？君子之事君也，务引其君以当道、志于仁而已。"

【注释】

①慎子：名滑厘，赵注云："善用兵者。"　②南阳：在泰山西南、汶水之北，是当时齐、鲁争夺的要地。古称山南、水北为阳，故名。

【译文】

鲁国打算让慎子做将军，孟子说："不教导民众就使用他们叫做殃民，殃民的人是尧舜的时世所不容的。即使一仗就战胜了齐国，据有了南阳，仍然不可以。"

慎子顿时不高兴地说："这是我所不明白的。"

孟子说："我明确地告诉你。天子的土地方圆千里，没有千里就不足以接待诸侯；诸侯的土地方圆百里，没有百里就不足以奉守宗庙的典册文书。周公分封在鲁是方圆百里，土地并非不够却仅有百里；太公分封在齐也是方圆百里，土地并非不够却仅有百里。现今鲁国方圆五倍于百里，你认为如有称王天下者兴起，鲁国的土地在削减之列，还是在增益之列？白白地取他处来给与此处，仁者尚且不干，何况杀人来求取呢？君子事奉君主，只是致力于引导自己的君主合乎大道、有志于仁罢了。"

【段意】

慎子自以为，能夺城拓地就有功于国家了。孟子对他提出批评，告诫他：事奉君主，重要的是引导君主施行大道、仁义，而不是一味穷兵黩武。

6.29　孟子曰："今之事君者皆曰'我能为君辟土地，充府库'，今之所谓良臣，古之所谓民贼也。君不乡道、不志于仁而求富之，是富桀也。‘我能为君约与国,战必克’,今之所谓良臣,古之所谓民贼也。君不乡道、不志于仁而求为之强战,是辅桀也。由今之道,无变今之俗,虽与之天下,不能一朝居也。”

【译文】

孟子说:“现今事奉君主的人都说‘我能为国君开辟土地,充实国库’,现今所谓的良臣乃是古代所谓的民贼。君主不向往大道、对仁没有志趣却谋求使他富有,这是使夏桀富有。他们说‘我能为国君邀结盟国,作战必胜’,现今所谓的良臣乃是古代所谓的民贼。君主不向往大道、对仁没有志趣却谋求为他的强大去作战,这是辅佐夏桀。沿着现今的途径,不改变现今的风气,即使把整个天下给他,连一天也不能安居。”

【段意】

此章的涵义与上章相近。

6.30 白圭曰:[①]“吾欲二十而取一,何如?”

孟子曰:“子之道,貉道也。[②]万室之国,一人陶则可乎?”

曰:“不可,器不足用也。”

曰:“夫貉,五谷不生,惟黍生之,无城郭、宫室、宗庙、祭祀之礼,无诸侯币帛饔飧,[③]无百官有司,故二十取一而足也。今居中国,去人伦,[④]无君子,如之何其可也?陶以寡且不可以为国,况无君子乎?欲轻之于尧舜之道者,大貉小貉也;欲重之于尧舜之道者,大桀小桀也。”

【注释】

①白圭:名丹,圭(亦作“珪”)是他的字。曾在魏惠王时任大臣,善于修筑堤防,主张减轻田税。　②貉:赵注云:“貉,夷貉之人,在荒服者也。貉之税二十取一。”　③饔飧(sūn 孙):朱熹《集注》云:“以饮食馈客之礼也。”　④去人伦:朱熹《集注》云:“无君臣、祭祀、交际之礼,是去人伦;无百官有司,是无君子。”

【译文】

白圭说:“我想二十取一来收税,怎么样?”

孟子说:“你的办法是貉国的办法。万户居民的国家,一个人制陶器行吗?”

白圭说:“不行,陶器不够用。”

孟子说:“貉这个国家,不出产庄稼,只有黍子能生长,没有城邑、房屋、宗庙以及祭祀的礼仪,没有诸侯相互致送礼物和宴请,没有官吏衙署,所以二十取一就够了。现今在中原国家，摒弃人伦，没有君子，这怎么行呢？陶器缺乏尚且不能立国，何况没有君子呢？要减轻尧舜的税率，是大貉小貉；要加重尧舜的税率，是大桀小桀。”

【段意】

孟子认为，“什一而税”的税率是恰当的，过高过低都是不对的。高了会损害民众的利益，低了国家就无法具备应有的礼仪。

6.31 白圭曰：“丹之治水也愈于禹。”①

孟子曰：“子过矣。禹之治水，水之道也，②是故禹以四海为壑，今吾子以邻国为壑。水逆行谓之洚水，③洚水者洪水也，仁人之所恶也，吾子过矣。”

【注释】

①丹之治水：当时齐、赵、魏等国均沿黄河，赵、魏地势高而齐地势低，故这些国家竞相筑堤护卫本国，致使“河水东抵齐堤则西泛赵魏”（《汉书·沟洫志》），虽然有益于本国，但对别国却造成了灾害。　②水之道：朱熹《集注》云：“顺水之性也。”　③水逆行：孟子认为，治水堵塞了水道，水流无法畅通，故而逆流。

【译文】

白圭说：“我治水胜过禹。”

孟子说：“你错了。禹治水，是使水归于正道，所以禹把四海作为沟壑，如今你却把邻国作为沟壑。水逆流而行叫做洚水，洚水就是洪水，这是仁者所憎恶的，你错了。”

【段意】

当时各国竞相在河流上筑堤防，“壅防百川，各以自利”（《汉书·沟洫志》）。孟子对白圭的批评，正是对这种“以邻为壑”的恶劣作风进行抨击。

6.32 孟子曰：“君子不亮，①恶乎执？”

【注释】

①亮：同“谅”，意为诚实守信。

【译文】

孟子说：“君子不诚信，去把握什么呢？”

【段意】

要是缺乏诚实守信的专一作风，任何事情都随随便便，什么东西都把握不住。

所以,儒者把诚信作为修养的一个重要方面。

6.33　鲁欲使乐正子为政。孟子曰:“吾闻之,喜而不寐。”

公孙丑曰:“乐正子强乎?”曰:“否。”

“有知虑乎?”曰:“否。”

“多闻识乎?”曰:“否。”

“然则奚喜而不寐?”曰:“其为人也好善。”

“好善足乎?”曰:“好善优于天下,①而况鲁国乎? 夫苟好善,则四海之内皆将轻千里而来告之以善;②夫苟不好善,则人将曰,‘訑訑,予既已知之矣。’訑訑之声音、颜色距人于千里之外。士止于千里之外,则谗谄面谀之人至矣。与谗谄面谀之人居,国欲治,可得乎?”

【注释】

①优于天下:朱熹《集注》云:“优,有余裕也。言虽治天下,尚有余力也。”②轻:朱熹《集注》云:“易也,言不以千里为难也。”

【译文】

鲁国打算让乐正子治理国政。孟子说:“我听说这件事,高兴得睡不着。”

公孙丑说:“乐正子强有力吗?”孟子说:“不。”

公孙丑说:“他有智谋远见吗?”孟子说:“不。”

公孙丑说:“他见多识广吗?”孟子说:“不。”

公孙丑说:“那么为什么高兴得睡不着呢?”孟子说:“他为人喜好善。”

公孙丑说:“喜好善就足够了吗?”孟子说:“喜好善足以治理天下,何况鲁国呢? 果真喜好善,四海之内都将不辞千里赶来把善告诉他;果真不喜好善,那他就会说:‘哦,哦! 我早已知晓了!’哦哦的声音、脸色把人们拒斥在千里之外。士人止步在千里之外,谄媚阿谀的人就来了。与谄媚阿谀的人相处,国家要想治理,能做到吗?”

【段意】

孟子并非认为没有能力就能治理好国家。因为当时的治国者大多有能力而缺乏好善的作风,鲁国起用乐正子,说明统治者有向善的意向,关键不在于乐正子一个人得到重用,而是这个举动将会引起的反应,许多既有能力、又有德行的士人将会因此而前来,所以孟子要为此感到高兴。

6.34　陈子曰："古之君子何如则仕？"①

孟子曰："所就三，所去三。迎之致敬以有礼，言将行其言也，则就之；礼貌未衰，言弗行也，则去之。其次，虽未行其言也，迎之致敬以有礼，则就之；礼貌衰，则去之。其下，朝不食，夕不食，饥饿不能出门户，君闻之曰：'吾大者不能行其道，又不能从其言也，使饥饿于我土地，吾耻之。'周之亦可受也，免死而已矣。"

【注释】

①陈子：赵注认为即本书《公孙丑下》篇中的孟子弟子陈臻。

【译文】

陈子说："古时候的君子怎样才出仕呢？"

孟子说："就职有三种情况，离去有三种情况。迎请时恭敬有礼，有所进言就准备照他所说的去实行，便就职；如果礼仪、态度不差，所说的却不实行了，便离去。其次，虽然没有接纳他的进言，迎请时恭敬有礼，便就职；如果礼仪、态度差了，便离去。最下的，早上没有吃，晚上没有吃，饿得不能走出屋门，国君知道了说：'我作为君长不能实行他的主张，又不能听从他的进言，使他在我的国土上挨饿，我觉得羞耻。'要是给予周济也可以接受，不过是免于死亡罢了。"

【段意】

孟子认为，君子在三种情况下可以出仕任职，但无论哪一种情况，都以基础一旦不存在必须离去为前提。这就是君子的节操与界限所在。此章可与本书《万章下》篇交际何心章参看。

6.35　孟子曰："舜发于畎亩之中，傅说举于版筑之间，①胶鬲举于鱼盐之中，管夷吾举于士，②孙叔敖举于海，③百里奚举于市。故天将降大任于是人也，必先苦其心志，劳其筋骨，饿其体肤，空乏其身，行拂乱其所为，④所以动心忍性，曾益其所不能。人恒过然后能改，困于心、衡于虑而后作，⑤征于色、⑥发于声而后喻。入则无法家拂士，⑦出则无敌国外患者，国恒亡，然后知生于忧患而死于安乐也。"

【注释】

①傅说：商王武丁的大臣。相传他原是在傅岩从事版筑的工匠。版筑，即筑墙。古时以两版相夹，实土其中，用杵夯筑而成。　②举于士：此处之"士"指士师，即狱官。管仲原辅佐公子纠，齐桓公杀死子纠后，管仲被拘押，经鲍叔牙的推荐，才被桓公释放任用。　③孙叔敖：春秋楚国人，姓芀，敖是他的名，孙叔是

字。他在楚庄王时任令尹(即国相),辅佐庄王称霸。赵注云:“孙叔敖隐处耕于海滨,楚庄王举之以为令尹。” ④行拂乱其所为:赵注云:“所行不从,拂戾而乱之。” ⑤衡于虑:朱熹《集注》云:“横,不顺也。” ⑥征于色:赵注云:“征验见于颜色,若屈原憔悴,渔父见而怪之。” ⑦法家拂士:朱熹《集注》云:“法家,法度之世臣也;拂士,辅弼之贤士也。”

【译文】

孟子说:“舜兴起于农田之中,傅说举用于夯土筑墙之中,胶鬲举用于贩卖鱼盐之中,管仲举用于狱中,孙叔敖举用于海滨,百里奚举用于集市。因此,上天将把重任降临给这些人,必定先磨砺他们的心志,劳累他们的筋骨,饥饿他们的肌体,空乏他们的身子,一有行动就阻挠扰乱他们的行为,以此来触动他们的内心、坚韧他们的性格,增加他们所不具备的能力。人们常常有了过错才去改正,内心困穷、思虑阻塞才有所愤发,显现于形貌、流露于谈吐才能领悟。内没有严明的世臣、诤谏的士人,外没有抗衡的国家、外在的忧患,国家常常会灭亡,由此可知,在忧患中生存而在安乐中死亡。”

【段意】

此章是《孟子》中的著名篇章,后人经常引以为座右铭,勉励自己在逆境中奋起。艰苦的环境,是锻炼有志者的好时机,历史上许多著名人物大都有过一段在艰难中奋斗的经历,并从中磨炼了意志、吸取了教训,奠定了尔后成功的基础。因此,这是一段值得反复涵咏体会的经典名言。

6.36　孟子曰:“教亦多术矣,予不屑之教诲也者,是亦教诲之而已矣!”

【译文】

孟子说:“教育也有多种方法,我不屑于去教诲,这也是在教诲啊!”

【段意】

孟子的意思是说,不屑去教诲,如果其人能因此感悟,迎头赶上,不也起到了教诲的作用吗?如果其人至此仍不感悟,即使讲得再多也不起作用。所以后人说:“言或抑或扬、或与或不与,各因其材而笃之,无非教也。”(朱熹《集注》引尹氏语)

尽　心　上

7.1　孟子曰："尽其心者知其性也，知其性则知天矣。存其心，养其性，所以事天也。殀寿不贰，[1]修身以俟之，所以立命也。"

【注释】

①殀(yǎo 咬)：同"夭"。不贰：赵注云："虽见前人或殀或寿，终无二心改易其道。"

【译文】

孟子说："竭尽了人的本心就知晓了人的本性，知晓了人的本性就知晓了上天。保持人的本心，养育人的本性，以此来事奉上天。短命长寿都不三心二意，修饬自身来等候上天的安排，以此来安身立命。"

【段意】

本篇中集中了孟子关于认识论与自身修养的许多论述。此章充分肯定了自身修养的重要性，孟子也谈论上天和命运，与孔子稍有不同的是，他并非消极地等待命运的安排，而是强调以个体的道德自律来"立命"，"从而极大地突出了个体的人格价值及其所负的道德责任和历史使命"（李泽厚《中国古代思想史论·孔子再评价》）。

7.2　孟子曰："莫非命也，顺受其正，是故知命者不立乎岩墙之下。[1]尽其道而死者正命也，桎梏死者非正命也。"[2]

【注释】

①岩墙：朱熹《集注》云："墙之将倾者。知正命则不处危地以取覆压之祸。"
②桎梏：古代拘束犯人的刑具，喻犯罪而死。

【译文】

孟子说："无一不是命运，顺应它就承受正常的命运，所以知晓命运的人不站在危墙之下。走完了人生道路而死的人是正常的命运，陷身于囹圄而死的人不是正常的命运。"

【段意】

此章承上章而言，进一步阐发“立命”。

7.3　孟子曰：“求则得之，舍则失之，是求有益于得也，求在我者也；求之有道，得之有命，是求无益于得也，求在外者也。”

【译文】

孟子说：“求索就获得，舍弃就失去，这种求索有益于获得，是求索我自身固有的东西；求索虽有途径，获得却有命运，这种求索无益于获得，是求索我自身以外的东西。”

【段意】

孟子的意思是说，像仁义礼智这类东西，是自身本性所固有的，去求索它有助于获得；富贵权势之类的东西，不是人自身所固有的，能通过一定的途径去求索，但能否得到，这要听候命运的安排了。

7.4　孟子曰：“万物皆备于我矣。反身而诚，①乐莫大焉。强恕而行，②求仁莫近焉。”

【注释】

①反身而诚：赵注云：“反自思其身所施行皆能实而无虚，则乐莫大焉。”朱熹《集注》云：“言反诸身而所备之理皆如好好色、恶恶臭之实然，则其行之不待勉强而无不利矣，其为乐孰大于是。”　②强恕而行：赵注云：“当自强勉以忠恕之道。”朱熹《集注》云：“强，勉强也。恕，推己以及人也。”

【译文】

孟子说：“万物都为我所具备。通过自身实践而觉得它们的正确，快乐没有比这更大了。勉力地推己及人去做，求仁没有比这更近的了。”

【段意】

此章中的“万物皆备于我”，是流传很广的一句名言。孟子认为，世间万物的根本原理，其实都具备于人的本性之内，只需一一把它们发现、发挥出来就行。

7.5　孟子曰：“行之而不著焉，①习矣而不察焉，②终身由之而不知其道者，众也。”

【注释】

①著：朱熹《集注》云：“知之明。”　②察：朱熹《集注》云：“识之精。”

【译文】

孟子说:“实行了却不明所以,习惯了却不察究竟,终生遵循却不知它的道理,这种人是多数。”

【段意】

此章的基本意思与上一章接近,绝大多数人只是不自觉地按“大道”行事,这既是人人都能知“道”的基础,也是人人必须加强自身修养、提高自觉性的出发点。

7.6 孟子曰:“人不可以无耻,无耻之耻,无耻矣。”

【译文】

孟子说:“人不可以无耻,对无耻感到羞耻,就没有耻辱了。”

【段意】

所谓“对无耻感到羞耻”,就是对毫无耻辱感感到愧疚,“是能改行从善之人,终身无复有耻辱之累矣”(朱熹《集注》引赵氏说)。

7.7 孟子曰:“耻之于人大矣。为机变之巧者无所用耻焉,不耻不若人,何若人有?①”

【注释】

①何若人有:意为有什么地方及得上他人的呢?赵注释为“何有如贤人之名”。

【译文】

孟子说:“羞耻对于人至关重大。玩弄机谋巧诈的人是没有地方用得到羞耻的,不耻于不如他人,怎么会赶上他人呢?”

【段意】

是否有羞耻之心,是检测一个人道德水准高下的尺度。有了羞耻之心,才懂得什么是该做的、什么是不该做的,才明白自己的不足之处。正如朱熹所说:“但无耻一事不如人,则事事不如人矣。”(《集注》)

7.8 孟子曰:“古之贤王好善而忘势,古之贤士何独不然,乐其道而忘人之势,故王公不致敬尽礼则不得亟见之。见且由不得亟,①而况得而臣之乎?”

【注释】

①亟:多次。

【译文】

孟子说:“古时候的贤君喜好善而忘记了权势,古时候的贤士何尝不是如此,乐于自己的大道而忘记了他人的权势,所以王公贵族不恭敬尽礼就不能多次见到他。相见尚且不能多得,何况要以他为臣呢?”

【段意】

此章是说,作为君主应该尊重贤士,作为士人应该乐于大道,不为富贵权势所屈服,“二者势若相反而实则相成,盖亦各尽其道而已”(朱熹《集注》)。

7.9 孟子谓宋句践曰:“子好游乎?①吾语子游。人知之亦嚣嚣,人不知亦嚣嚣。”

曰:“何如斯可以嚣嚣矣?”

曰:“尊德乐义则可以嚣嚣矣,故士穷不失义,达不离道。穷不失义,故士得己焉;达不离道,故民不失望焉。古之人,得志泽加于民,不得志修身见于世;②穷则独善其身,达则兼善天下。”

【注释】

①宋句践:名句践,其生平无考。据其此处的言谈来看,似是纵横家流。游:指游说。 ②见(xiàn 现):同“现”,朱熹《集注》云:“谓名实之显著也。”

【译文】

孟子对宋句践说:“你喜好游说吗?我对你说说游说。他人了解也安详自得,他人不了解也安详自得。”

宋句践说:“怎样才能安详自得呢?”

孟子说:“尊崇德、乐于义就能安详自得,因此,士人穷困不失去义,显达不离开道。穷困不失去义,所以士人自得;显达不离开道,所以民众不失望。古时候的人,得志就把恩惠施加给民众,不得志就修饬自身显现于世间;穷困就独善自身,显达就兼善天下。”

【段意】

当时通过游说来牟取职位的士人很多,纵横策士就属于此类人。孟子自己也是这类士人之一,他认为,游说也要遵循道德准则,以行道为目的。能行道以天下为己任,不能行道就加强自身的修养。这样,才不至于为了得到显官富贵而违背自己的主张。

7.10 孟子曰:“待文王而后兴者凡民也,若夫豪杰之士,虽无文王犹兴。”

【译文】

孟子说：“有待于周文王才奋起的是普通民众，若是豪杰之士，即使没有周文王也会奋起。”

【段意】

孟子所谓的“豪杰之士”并非有勇无谋的匹夫，而是有过人才智的贤士。此章既说明了智者与常人的不同，同时也含有勉励人们争取做“豪杰之士”的意思在内。

7.11　孟子曰：“附之以韩魏之家，[1]如其自视欿然，[2]则过人远矣。”

【注释】

①附：此处是增益的意思。韩魏之家：赵注云：“晋六卿之富者也。”此处用以代指财富。　②欿（kǎn 坎）：据段玉裁《说文解字注》云：“孟子假‘欿’为‘坎’，谓视盈若虚也。”

【译文】

孟子说：“把晋国韩、魏世族的家产地位加给一个人，如果他并不自满，那就超过常人很远了。”

【段意】

此章与孟子曾说的“富贵不能淫”的意思相近。富贵、地位是常人所热衷追求的，不为这些东西动心，必定崇仰比它们更高尚的东西，所以不同于常人。

7.12　孟子曰：“以佚道使民，[1]虽劳不怨；以生道杀民，虽死不怨杀者。”

【注释】

①佚道：同“逸道”，言安乐之道。

【译文】

孟子说：“为谋求福利而役使民众，他们即使劳累也不会怨恨；为谋求生存而使民众被杀，他们即使死去也不会怨恨使他丧生的人。”

【段意】

此章是告诫统治者，在役使民众时要顾及民众的自身利益。如果确实是为了民众，他们即使劳累、即使死去也不会怨恨。

7.13 孟子曰："霸者之民欢虞如也，①王者之民皞皞如也，②杀之而不怨，利之而不庸，③民日迁善而不知为之者。夫君子所过者化，所存者神，上下与天地同流，岂曰小补之哉？"

【注释】

①欢虞：同"欢娱"。 ②皞皞（hào 浩）：同"浩浩"，朱熹《集注》云："广大自得之貌。" ③庸：此处作动词用，赵注云："功也。"

【译文】

孟子说："称霸诸侯者的民众欢喜快乐，称王天下者的民众怡然自得，使他们丧生不觉怨恨，加惠于他们不知酬谢，民众日益向善而不知道谁使他们这样的。君子所过之处都受到感化，所存的心思神妙深邃，上与天、下与地协调运行，这难道是小有补益吗？"

【段意】

此章是阐明王道、霸道的不同之处，肯定了王道的广大深远。

7.14 孟子曰："仁言不如仁声之入人深也，善政不如善教之得民也。善政民畏之，善教民爱之；善政得民财，善教得民心。"

【译文】

孟子说："仁爱的话语不及仁爱的声望深入人心，良善的政措不及良善的教育赢得民众。良善的政措为民众所畏惧，良善的教育为民众所喜爱；良善的政措能赢得民财，良善的教育能赢得民心。"

【段意】

此章是说，为政者要以得民心为根本。

7.15 孟子曰："人之所不学而能者，其良能也；所不虑而知者，其良知也。孩提之童无不爱其亲者，①及其长也无不知敬其兄也。亲亲，仁也；敬长，义也。无他，达之天下也。"

【注释】

①孩提之童：赵注云："二三岁之间在襁褓，知咳笑、可提抱者也。"

【译文】

孟子说："人不经学习所有的能力，是他的良能；不经思虑所有的见识，是他的良知。孩童没有不知道亲爱自己父母的，等到长大没有不知道尊敬自己兄长的。亲爱父母是仁，尊敬兄长是义。这没有其他原因，因为它们是通达天下的。"

【段意】

此章是说,仁、义之类的道理是不必经过学习就能具有的“良知”、“良能”。

7.16　孟子曰:“舜之居深山之中,与木石居,与鹿豕游,其所以异于深山之野人者几希。及其闻一善言、见一善行,若决江河,沛然莫之能御也。”

【译文】

孟子说:“舜居住在深山之中时,与树木、石头相处,与鹿儿、野猪来往,跟深山中的草野之人几乎没有什么不同。但当他听说一句善言、看见一件善行,就如同决开了江河,蓬勃地没有力量能阻挡。”

【段意】

此章是赞颂舜能虚心行善,朱熹说:“非孟子造道之深,不能形容至此也。”(《集注》)

7.17　孟子曰:“无为其所不为,无欲其所不欲,如此而已矣。”

【译文】

孟子说:“不做不该做的,不想望不该想望的,如此而已。”

【段意】

此章阐述了最基本的做人道理,言简意赅,很值得仔细体会。

7.18　孟子曰:“人之有德慧术知者,恒存乎疢疾。[①]独孤臣孽子,[②]其操心也危,其虑患也深,故达。”

【注释】

①存:言存心。疢(chèn 趁)疾:朱熹《集注》云:“犹灾患也。”　②孽子:指非嫡妻所生的子女。

【译文】

孟子说:“人们之所以具有聪慧的品质、明察的技能,常常在于灾患。唯有孤立无助的远臣、贱妾所生的庶子,他们操心劳神总是不安,忧灾虑患也深,所以通达。”

【段意】

此章是勉励人们,不要为艰难困苦所屈服,要利用这些条件来激励自己奋发,提高自己的修养。

7.19　孟子曰："有事君人者，事是君则为容悦者也；有安社稷臣者，以安社稷为悦者也；有天民者，达可行于天下而后行之者也；有大人者，正己而物正者也。"

【译文】

孟子说："有事奉君主的人，是事奉这个君主就以容色来博取欢心的人；有安定邦国之臣，是以安定邦国来博取欢心的人；有天民，是要显达后能把大道施行于天下时才去实行的人；有大人，是端正了自身而事物随之端正的人。"

【段意】

此章是说人品有不同的区别，孟子显然是赞赏"天民"、"大人"这样的圣贤人格。

7.20　孟子曰："君子有三乐，而王天下不与存焉。父母俱存，兄弟无故，一乐也；仰不愧于天，俯不怍于人，二乐也；得天下英才而教育之，三乐也。君子有三乐，而王天下不与存焉。"

【译文】

孟子说："君子有三种乐趣，而称王天下不在其内。父母都在世，弟兄无变故，是第一种乐趣；上无愧于天，下不惭于人，是第二种乐趣；得到天下优秀人才而教育他们，是第三种乐趣。君子有三种乐趣，而称王天下不在其内。"

【段意】

此章所说的三种乐趣，第一种是天意，第二种在于自身修养，第三种在乎他人。有的学者说，这三种乐趣"其所以自致者，惟不愧不怍而已，学者可不勉哉？"（朱熹《集注》引林氏语）

7.21　孟子曰："广土众民，君子欲之，所乐不存焉；中天下而立，定四海之民，君子乐之，所性不存焉。君子所性，虽大行不加焉，虽穷居不损焉，分定故也。君子所性，仁义礼智根于心，其生色也睟然。①见于面，盎于背，②施于四体，③四体不言而喻。"

【注释】

①睟（cuì 粹）然：朱熹《集注》云："清和润泽之貌。"　②盎：显现，朱熹《集注》云："丰厚盈溢之意。"　③施于四体：朱熹《集注》云："谓见于动作、威仪之间也。"

【译文】

孟子说："广大的土地、众多的民众，是君子所想望的，但乐趣不在于此；中居天下执政，安抚四海之内的民众，君子以此为乐，但本性不在于此。君子的本性，即使显贵通达不因而增益，即使穷困隐居不因而减损，因为本分确定的缘故。君子的本性是仁义礼智，根植于内心，显现于外表则温润和顺。它表现于颜面，充溢于肩背，施行于肢体，肢体的动作不必言说就能使人了解。"

【段意】

此章是说，本性与行道既有联系，又有区别。行道是本性的进一步发扬，但本性是与生俱有的，不因为能否发扬而有所增损。

7.22　孟子曰："伯夷辟纣，居北海之滨，闻文王作，兴曰：'盍归乎来！吾闻西伯善养老者。'太公辟纣，居东海之滨，闻文王作，兴曰：'盍归乎来！吾闻西伯善养老者。'天下有善养老，则仁人以为己归矣。五亩之宅，树墙下以桑，匹妇蚕之，则老者足以衣帛矣。五母鸡、二母彘无失其时，老者足以无失肉矣。百亩之田，匹夫耕之，八口之家足以无饥矣。所谓西伯善养老者，制其田里，教之树畜，导其妻子使养其老。五十非帛不暖，七十非肉不饱，不暖不饱谓之冻馁。文王之民无冻馁之老者，此之谓也。"

【译文】

孟子说："伯夷躲避殷纣，居住在北海之滨，听说周文王兴起，感奋地说：'何不去归依啊！我听说西伯善于奉养长者。'姜太公躲避殷纣，居住在东海之滨，听说周文王兴起，感奋地说：'何不去归依啊！我听说西伯善于奉养长者。'天下有善于奉养长者的，那么仁人便以之作为自己的归依了。五亩宅田，在墙下种植桑树，妇女养蚕，那么老年人足以穿上丝绸了。五只母鸡、两头母猪不失时节地畜养，老年人足以不缺少肉食了。百亩耕地，男子去耕种，八口之家足以免于挨饿了。所谓西伯善于奉养长者，就是规定耕地居宅，教给他们种植畜养，引导妻室子女奉养他们的长者。到了五十岁没有丝绸就穿不暖，到了七十岁没有肉食就吃不饱，穿不暖、吃不饱叫做挨冻受饿。周文王的民众中没有挨冻受饿的老人，就是这个意思。"

【段意】

此章叙述周文王所施的"仁政"，当然，这也是孟子所主张的理想境界。

7.23　孟子曰："易其田畴，[1]薄其税敛，民可使富也。食之以时，用之以礼，财不可胜用也。民非水火不生活，昏暮叩人之门户求水火,无弗与者,至足矣。圣人治天下,使有菽粟如水火。菽粟如水火,而民焉有不仁者乎?”

【注释】

①易:赵注云:“治也。”

【译文】

孟子说:“整治耕地,减轻税收,是能使民众富有的。依照时令饮食,按照礼仪化费,财物是不会用尽的。民众没有水、火无法生存过活,昏夜敲他人家门求觅水、火,没有不给的,因为相当充足。圣人治理天下,要使拥有豆、粟如同水、火那样充足。豆、粟如同水、火那样充足,民众哪有不仁爱的呢?”

【段意】

此章与《管子》所说“仓廪实,知礼节;衣食足,知荣辱”的意思相近。无论是孔子还是孟子,治国大纲的首要条件是使百姓富庶,因为只有富庶了才会安定,才不会产生动乱与犯罪之心。

7.24　孟子曰:“孔子登东山而小鲁,①登泰山而小天下。故观于海者难为水,游于圣人之门者难为言。观水有术,必观其澜。日月有明,容光必照焉。流水之为物也,水盈科不行;君子之志于道也,不成章不达。”②

【注释】

①东山:朱熹《集注》谓指“鲁城东之高山”,一说在今山东蒙阴之南。　②成章:古称乐曲终结为一章,此指事物达到一定阶段,犹孔子所言“斐然成章”。

【译文】

孟子说:“孔子登临东山觉得鲁国渺小,登临泰山觉得天下渺小。所以,看过大海的人难以注意一般的水流,在圣人门下游学的人难以注意一般的言论。观看水有方法,必须观看它的波澜。太阳月亮有光辉,光线能透过就一定照得到。水流这种东西,不流满洼地不再向前;君子所志向的大道,不到一定的程度不能通达。”

【段意】

此章是说,圣人之道虽然宏大,但有根基,为学者必须循序渐进,才能逐步通达。

7.25　孟子曰:“鸡鸣而起,孳孳为善者舜之徒也;鸡鸣而起,孳孳为利者跖之徒也。[①]欲知舜与跖之分，无他，利与善之间也。”

【注释】

①跖：即本书《滕文公下》篇中所提及的盗跖。

【译文】

孟子说：“鸡叫起身，孜孜行善的人是舜的同类；鸡叫起身，孜孜营利的人是跖的同类。要了解舜和跖的区别，没有别的，只是利与善的不同。”

【段意】

此章是说圣人与其他人的不同之处。有的学者指出：“舜、跖之相去远矣，而其分乃在利、善之间而已，是岂可以不谨？然讲之不熟、见之不明，未有不以利为义者，又学者所当深察也。”（朱熹《集注》引杨氏语）

7.26　孟子曰：“杨子取为我，[①]拔一毛而利天下不为也；墨子兼爱，摩顶放踵利天下为之；[②]子莫执中。[③]执中为近之，执中无权，[④]犹执一也。所恶执一者，为其贼道也，举一而废百也。”

【注释】

①杨子：即杨朱，见本书《滕文公下》篇。取：主张。　②摩顶放踵：顶指头颅，踵指脚跟，赵注云：“摩秃其顶，下至其踵。”　③子莫：赵注云：“鲁之贤人也。”　④权：赵注释为权变，朱熹释为权衡，译文从赵说。

【译文】

孟子说：“杨子主张为我，拔掉一根毛而对天下有利也不去做；墨子主张兼爱，从头到脚都摩掉而对天下有利也去做；子莫取两者之中。取两者之中比较恰当，但取两者之中如果缺乏变通，就和固执不变一样了。之所以嫌恶固执不变，是因为它损害了大道，抓住一点而废弃了其余的缘故。”

【段意】

此章是孟子对当时的“显学”杨朱、墨子学派的批判。孟子认为，比较可取的态度是“执中”而知道变通。

7.27　孟子曰：“饥者甘食，渴者甘饮，是未得饮食之正也，饥渴害之也。岂惟口腹有饥渴之害？人心亦皆有害。人能无以饥渴之害为心害，则不及人不为忧矣。”

【译文】

孟子说：“饥饿的人觉得食物美味，干渴的人觉得饮料美味，这是没有尝到饮料食物的正常滋味，是饥渴妨碍了他们的缘故。难道仅仅嘴巴肠胃受饥渴的妨碍吗？人心也都有妨碍。人们如能不使饥渴之类的妨碍来困扰心志，就不会因为及不上他人而忧虑了。”

【段意】

孟子认为，本性会受到外界条件的影响，尤其是这些条件比较恶劣的情况下更是如此。认识到这一点，才会在自身修养时注意防护。

7.28 孟子曰：“柳下惠不以三公易其介。”

【译文】

孟子说：“柳下惠不因为高官而改易他的节操。”

【段意】

此章是赞美柳下惠不因外物而影响本性的高尚德行。

7.29 孟子曰：“有为者辟若掘井，掘井九轫而不及泉，[①]犹为弃井也。”

【注释】

①轫：古代度量单位，赵注谓一轫为八尺，焦循《正义》引程瑶田说云“轫”同“仞”，等于七尺。九轫，犹言很深，九是多的意思。

【译文】

孟子说：“有作为的人好比掘井，井掘得很深却不曾挖到泉水，就如同是一口废井一样。”

【段意】

此章是勉励人们要善始善终，不能半途而废。

7.30 孟子曰：“尧舜性之也，汤武身之也，五霸假之也。久假而不归，恶知其非有也。”

【译文】

孟子说：“尧舜是本性使然，商汤、周武王是身体力行，五霸是假借利用。借久了不回归，哪知道他不是真有呢？”

【段意】

孟子认为，尧舜、汤武及五霸在功业上都有可观之处，但出发点与行事方式各有不同。尤其是五霸，假借利用仁义之名而成就事业，久而久之，就会使人忘记了他们并非真有仁义之心。有人认为,这是孟子对时世的感叹,"盖叹世人莫觉其伪者"(朱熹《集注》)。

7.31　公孙丑曰:"伊尹曰:'予不狎于不顺。'放太甲于桐,民大悦。太甲贤,又反之,民大悦。贤者之为人臣也,其君不贤,则固可放与?"

孟子曰:"有伊尹之志则可,无伊尹之志则篡也。"

【译文】

公孙丑说:"伊尹说:'我不亲近不正派的人。'他把太甲放逐到桐邑,民众非常喜悦。太甲贤明了,又把他接回来,民众非常喜悦。贤者做了臣属,他的君主不贤明,一定可以放逐吗?"

孟子说:"有伊尹的心志就可以,没有伊尹的心志就是篡位了。"

【段意】

此章是说,圣人出于公心,所以能随心所欲而不违背准则,如果只在表面上模仿,甚至可能走向反面。显然,孟子这番话是有所指的。

7.32　公孙丑曰:"《诗》曰:'不素餐兮。'①君子之不耕而食,何也?"

孟子曰:"君子居是国也,其君用之则安富尊荣,其子弟从之则孝悌忠信。'不素餐兮',孰大于是?"

【注释】

①此处诗句引自《诗·魏风·伐檀》,旧说这是首讥刺贪鄙的诗歌。

【译文】

公孙丑说:"《诗》说:'不白吃饭啊。'君子不耕种却能得食,为什么呢?"

孟子说:"君子居住在这个国家,它的国君任用他,就安定富有、尊贵荣耀;少年子弟信从他,就孝顺友爱、忠诚守信。'不白吃饭啊',还有比这更重大的吗?"

【段意】

此章是说君子受到尊奉、供养的合理性,与《滕文公》篇中所说的"治于人者食人,治人者食于人"是一个意思。

7.33　王子垫问曰:"士何事?"①

孟子曰:"尚志。"

曰："何谓尚志？"

曰："仁义而已矣。杀一无罪非仁也，非其有而取之非义也。居恶在？仁是也；路恶在？义是也。居仁由义，大人之事备矣。"

【注释】

①王子垫：赵注云："齐王子，名垫也。"

【译文】

王子垫问道："士人从事什么？"

孟子说："使心志高尚。"

王子垫说："什么叫使心志高尚呢？"

孟子说："不过是仁义罢了。杀死一个无罪的人，不合乎仁；不是自己所有而去攫取，不合乎义。居处在哪里？就在于仁；路途在哪里？就在于义。居于仁而遵循义，君子的事务就齐备了。"

【段意】

孟子认为，士人的"专业"就是施行仁义，失去了这一条，士人也就不成其为士人了。

7.34　孟子曰："仲子，[1]不义与之齐国而弗受，人皆信之，是舍箪食、豆羹之义也。人莫大焉亡亲戚君臣上下，以其小者信其大者，奚可哉？"

【注释】

①仲子：即本书《滕文公下》中所提及的於陵陈仲子。

【译文】

孟子说："陈仲子这个人，不合乎道义地把齐国给予他是不会接受的，人们都相信这一点，这是舍弃一筐饭食、一碗羹汤的义。人没有比亡失亲属、君臣、尊卑更重大的事了，因为他的小节而相信他的大节，怎么行呢？"

【段意】

此章是说，看人要看其根本的大节，不要为小节所迷惑。

7.35　桃应问曰：[1]"舜为天子，皋陶为士，瞽瞍杀人，则如之何？"

孟子曰："执之而已矣。"

"然则舜不禁与？"

曰:"夫舜恶得而禁之?夫有所受之也。"②

"然则舜如之何?"

曰:"舜视弃天下犹弃敝蹝也,窃负而逃,遵海滨而处,终身䜣然,乐而忘天下。"

【注释】

①桃应:赵注云:"孟子弟子。" ②有所受之:朱熹《集注》云:"言皋陶之法有所传受,非所敢私,虽天子之命亦不得而废之也。"

【译文】

桃应问道:"舜当天子,皋陶当法官,舜的父亲瞽瞍杀了人,那怎么办呢?"

孟子说:"抓起来就是了。"

桃应说:"那么舜不阻止吗?"

孟子说:"舜怎么能阻止呢?皋陶是承受了职责的。"

桃应说:"那么舜怎么办呢?"

孟子说:"舜把抛弃王位看得如同抛弃坏鞋子一样,私下背负着父亲离去,沿着海边住下,一辈子欣欣然快乐地忘记了天下。"

【段意】

此章所提出的问题,是比较典型的"道德两难"。孟子认为,不能因为父子的私情废弃公法,也不能因为公法而毁弃了父子的亲情,难题解决的关键是"舜把抛弃王位看得如同抛弃坏鞋一样"。朱熹说:"盖其所以为心者,莫非天理之极,人伦之至,学者察此而有得焉,则不待较计论量,而天下无难处之事矣。"(《集注》)

7.36 孟子自范之齐,①望见齐王之子,②喟然叹曰:"居移气,养移体,大哉居乎!夫非尽人之子与?"

孟子曰:"王子宫室、车马、衣服多与人同,而王子若彼者,其居使之然也,况居天下之广居者乎?③鲁君之宋,呼于垤泽之门,④守者曰:'此非吾君也,何其声之似我君也?'此无他,居相似也。"

【注释】

①范:地名,在今山东范县东南。 ②齐王之子:前人认为指齐宣王之子。③广居:孟子常以此词指仁。 ④垤(dié 谍)泽之门:宋都城门名。

【译文】

孟子从范邑到齐都,远远地看见了齐王的儿子,喟然长叹道:"居处改变气度,奉养改变体质,居处是多么重要啊!他不同样是人之子吗?"

孟子说："王子的住宅、车马、衣服大多与他人相同，然而王子所以像那样，是他的居处造成的，何况居住在普天之下最广大居所中的人呢？鲁国的国君来到宋国，在垤泽门下呼喊，守门人说：'这不是我的国君，为什么他的声音像我的国君呢？'这没有别的原因，是居处相似的缘故。"

【段意】

此章是说环境对于人的气质的作用，并由此引伸开去，希望人们以仁义（天下最广大的居所）来涵养自己的心志、气质。

7.37 孟子曰："食而弗爱，豕交之也；爱而不敬，兽畜之也。恭敬者币之未将者也，[①]恭敬而无实，君子不可虚拘。"

【注释】

①将：此处犹言致送。

【译文】

孟子说："养活而不爱护，是像猪那样来对待；爱护而不尊敬，是像禽兽那样来畜养。恭敬是礼物尚未致送就具备的，恭敬却没有实质，君子不可虚留。"

【段意】

此章是感叹当时的诸侯虽然对贤者的待遇很优厚，却不采纳他们的主张，"恭敬却没有实质"。

7.38 孟子曰："形色，天性也，[①]惟圣人然后可以践形。"[②]

【注释】

①天性：犹言天生。　②践：与实践之践意同。

【译文】

孟子说："身体容貌是天生的，只有圣人才能通过它们体现天性。"

【段意】

"践形"，用现在的话来说就是像个人的模样，反之就是衣冠禽兽。朱熹说："众人有是形而不能尽其理，故无以践其形；惟圣人有是形而又能尽其理，然后可以践其形而无歉也。"（《集注》）

7.39 齐宣王欲短丧。公孙丑曰："为朞之丧犹愈于已乎？"[①]

孟子曰："是犹或紾其兄之臂，子谓之姑徐徐云尔，亦教之孝悌而已矣。"

王子有其母死者,其傅为之请数月之丧。公孙丑曰:“若此者何如也?”

曰:“是欲终之而不可得也。虽加一日愈于已,谓夫莫之禁而弗为者也。”

【注释】

①朞(jī 机):一年。

【译文】

齐宣王想要缩短服丧时间。公孙丑说:“服丧一年还比不服丧强吗?”

孟子说:“这好比有人在扭折他兄长的胳膊,你叫他姑且慢慢地扭,也是在教导他孝顺敬爱罢了。”

有位王子死了生母,他的师傅替他请求服几个月的丧。公孙丑说:“像这样的事怎么样呢?”

孟子说:“这是王子想服完丧而做不到。即使多服一天丧也比不服丧强,是针对没有什么禁止却不守丧的人而言的。”

【段意】

齐宣王与某王子虽然都没有服完三年之丧,但意义却有所不同。齐宣王的服丧,没有外界因素限制,他自己想缩短丧期;某王子的生母出身低微,为礼制所限制而不能服完丧期,所以主动要求再增加几个月。因此,孟子对后者加以肯定,而对齐宣王表示不满。

7.40 孟子曰:“君子之所以教者五:有如时雨化之者,有成德者,有达财者,①有答问者,有私淑艾者。②此五者君子之所以教也。”

【注释】

①财:同“材”。 ②私淑艾:朱熹《集注》云:“人或不能及门受业,但闻君子之道于人而窃以善治其身,是亦君子之教诲之所及。”

【译文】

孟子说:“君子用以教育的方式有五种:有像及时雨那样教育的,有成全德行的,有通达才能的,有解答疑问的,有以自身的善行来让他人学习的。这五种就是君子用以教育的方式。”

【段意】

此章是说,君子教诲他人,是根据不同的情况,因材施教,“小以成小,大以成大,无弃人也”(朱熹《集注》)。

7.41　公孙丑曰:“道则高矣、美矣,宜若登天然,似不可及也,何不使彼为可几及而日孳孳也?”

孟子曰:“大匠不为拙工改废绳墨,羿不为拙射变其彀率。君子引而不发,跃如也,中道而立,能者从之。”

【译文】

公孙丑说:“道是崇高的、完美的,几乎像登天一样,似乎不可企及,为什么不使它成为能够攀及而让人每天孜孜地去努力呢?”

孟子说:“大匠不因为拙劣的徒工更改或废弃成规,羿不因为拙劣的射手改变开弓的标准。君子拉开弓却不发射,让箭在弦上跃动欲出,在道路中央站立,有能力的就跟随。”

【段意】

此章是说,君子不因为受教育者的才能高下而改变准则,教育者固然要因材施教,而受教育者也必须充分发挥自己的主观能动性。朱熹说:“言学者当自勉也。”(《集注》)

7.42　孟子曰:“天下有道,以道殉身;天下无道,以身殉道,未闻以道殉乎人者也。”

【译文】

孟子说:“天下清明,以道与自身相始终;天下黑暗,以自身与道相始终,从未听说过以道来迁就世人的。”

【段意】

此章是说,君子无论在什么情况下都不放弃准则,与大道相始终,而决不能放弃准则来迁就世人。

7.43　公都子曰:“滕更之在门也,①若在所礼,而不答,何也?”

孟子曰:“挟贵而问,挟贤而问,挟长而问,挟有勋劳而问,挟故而问,皆所不答也。滕更有二焉。”

【注释】

①滕更:赵注云:“滕君之弟,来学于孟子者也。”

【译文】

公都子说:“滕更在门下时,似属礼待之列,可您不回答他的询问,为什么呢?”

孟子说:“倚仗显贵而询问,倚仗能干而询问,倚仗年长而询问,倚仗有功劳而询问,倚仗老交情而询问,都是我所不回答的。其中,滕更就占了两条。”

【段意】

此章是告诫求学者要诚心诚意。

7.44　孟子曰:“于不可已而已者,无所不已;于所厚者薄,无所不薄也,其进锐者其退速。”

【译文】

孟子说:“把不可抛弃的东西抛弃了,就没有什么东西不抛弃了;该厚待的却薄待,就没有什么不薄待了,前进猛烈的人后退也快。”

【段意】

孟子认为,大道是不当弃和不可薄的东西,失去了这个根本,虽速成必骤失。

7.45　孟子曰:“君子之于物也,爱之而弗仁;于民也,仁之而弗亲。亲亲而仁民,仁民而爱物。”

【译文】

孟子说:“君子对于万物,爱惜却不仁爱;对于民众,仁爱却不亲近。由亲近亲人而仁爱民众,由仁爱民众而爱惜万物。”

【段意】

此章是说,君子对于万事万物的用心虽然一致,但表达方式却因对象的亲疏远近而有所不同。有的学者指出:“其分不同,故所施不能无差等,所谓理一而分殊者也。”(朱熹《集注》引杨氏语)

7.46　孟子曰:“知者无不知也,当务之为急;仁者无不爱也,急亲贤之为务。尧舜之知而不遍物,急先务也;尧舜之仁不遍爱人,急亲贤也。不能三年之丧而缌、小功之察,①放饭、流歠而问无齿决,②是之谓不知务。”

【注释】

①缌、小功之察:缌、小功都是古代丧服的等级,前者应服丧三月、后者应服丧五月。为父母服丧,必须三年,所穿的丧服远比缌、小功为重。若不能做到这一点,却在服缌和小功上讲究,则是不知大体。　②放饭、流歠(chuò 辍):放饭,把吃剩的饭放回饭器。流歠,犹今言狼吞虎咽。前者不清洁,后者不文雅,都属于失礼的行为。齿决:《礼记·曲礼》云:“干肉不齿决。”即不在宴席上啃干肉,应用

手折断后送入口中。朱熹谓,与放饭、流歠相比,齿决干肉只算是“不敬之小者”。

【译文】

孟子说:“智者无所不知,把当前的要务作为急切;仁者无所不爱,把急于亲近贤者作为要务。尧舜那样的知而不遍知一切,是急于首要的事务;尧舜那样的仁而不遍爱世人,是急于亲近贤者。不能服丧三年却去讲求缌麻、小功,放回剩饭、进食狼吞虎咽却去细究不用牙咬断干肉,这就叫不识大体。”

【段意】

此章是说,施行大道有一定的次序,应该把急切要解决的问题放在首位。朱熹说:“君子之于道,识其全体则心不狭,知所先后则事有序。”(《集注》)

尽　心　下

7.47　孟子曰："不仁哉梁惠王也！仁者以其所爱及其所不爱，不仁者以其所不爱及其所爱。"

公孙丑问曰："何谓也？"

"梁惠王以土地之故，糜烂其民而战之，①大败，将复之，恐不能胜，故驱其所爱子弟以殉之，是之谓以其所不爱及其所爱也。"

【注释】

①糜烂：朱熹《集注》云："使之战斗，糜烂其血肉也。"

【译文】

孟子说："梁惠王真是不仁啊！仁者把他所喜爱的推及于所不喜爱的，不仁者把他所不喜爱的推及于所喜爱的。"

公孙丑问道："这是指什么呢？"

孟子说："梁惠王为了土地的缘故，不惜民众的血肉之躯去作战，大败，将要再战，恐怕不能取胜，所以驱使他所喜爱的子弟去献身，这就叫做把他所不喜爱的推及于所喜爱的。"

【段意】

此章是批评梁惠王穷兵黩武的不仁行为。朱熹认为："此承前篇之末三章之意，言仁人之恩自内及外，不仁之祸由疏逮亲。"（《集注》）

7.48　孟子曰："《春秋》无义战，彼善于此则有之矣。征者，上伐下也，敌国不相征也。"

【译文】

孟子说："《春秋》中没有合乎义的交战，那一方比这一方好一点则是有的。所谓征，是在上者讨伐在下者，对等的国家不相互征伐。"

【段意】

儒家认为,春秋时代是"礼乐征伐自诸侯出"的"礼崩乐坏"的时代,所以没有合乎义的交战。

7.49 孟子曰:"尽信《书》则不如无《书》。吾于《武成》,[①]取二三策而已矣。[②]仁人无敌于天下,以至仁伐至不仁,而何其血之流杵也?"[③]

【注释】

①《武成》:《尚书》篇名,旧说此篇主要记叙武王伐商成功后的重要政事。②二三策:当时纸张还没有发明,书籍抄写在竹简上,每一片竹简称一策。③杵:朱熹《集注》云:"舂杵也。或作'卤',楯也。"

【译文】

孟子说:"完全相信《书》不如没有《书》。我对于《武成》篇,不过取两三片竹简罢了。仁者无敌于天下,凭藉极端的仁来讨伐极端的不仁,怎么会血流得把武器都漂起来呢?"

【段意】

《书》是上古时代的文献选集,也是儒家重要经典之一。孟子认为,对于经典要领会其实质,不要因为表面上的辞句而伤害了大义。这与他对于治《诗》的见解是一致的。后人则一般从治学应独立思考的角度来理解它。

7.50 孟子曰:"有人曰'我善为陈,[①]我善为战',大罪也。国君好仁,天下无敌焉。南面而征,北狄怨;东面而征,西夷怨,曰:'奚为后我!'武王之伐殷也,革车三百两、虎贲三千人,[②]王曰:'无畏!宁尔也,非敌百姓也。'若崩厥角稽首。[③]征之为言正也,各欲正己也,焉用战?"

【注释】

①陈:同"阵"。 ②革车:兵车。虎贲:指勇士。"贲"同"奔",言如猛虎之奔走,喻其勇猛。 ③厥角:顿首,即今所谓的碰响头。

【译文】

孟子说:"有人说'我善于布设战阵,我善于指挥作战',这是大罪恶。国君喜好仁,就天下无敌。南向征讨,北方的狄人便埋怨;东向征讨,西方的夷人便埋怨,说:'为什么丢下我们啊!'周武王讨伐殷商,兵车三百辆、勇士三千人,武王说:

‘不要害怕！我是来安定你们，不是与百姓为敌。’民众们如同山崩似地叩头。征是正的意思，各人都想望端正自身，哪用得到作战呢？”

【段意】

此章仍是阐发“仁者无敌”的意思。

7.51　孟子曰：“梓匠轮舆能与人规矩，不能使人巧。”

【译文】

孟子说：“制作车轮、车厢的木匠能把方法传授给他人，却不能使他人技艺巧妙。”

【段意】

此章是说，学问的初步境界可以由老师来传授，但其进一步的高深境界要依靠自己钻研领悟，老师无法言传。

7.52　孟子曰：“舜之饭糗茹草也，[①]若将终身焉；及其为天子也，被袗衣，[②]鼓琴，二女果，[③]若固有之。”

【注释】

①饭糗（qiǔ 求去声）：饭作动词用，糗指干饭。茹（yù 育）：《方言》：“茹，食也。”　②袗（zhēn 疹）衣：画有花纹的贵重衣服。　③果：赵注云：“侍也。”

【译文】

孟子说：“舜在啃干粮、吞野菜时，似乎将要终身如此；到他做了天子，穿着珍贵的衣服，弹着琴，尧的两个女儿侍候，好像本来就拥有这些似的。”

【段意】

此章是说，圣人无论处在贫困与优裕的环境中都不改变自己的初衷，“不以贫贱而有慕于外，不以富贵而有动于中，随遇而安，无预于己，所性分定故也”（朱熹《集注》）。

7.53　孟子曰：“吾今而后知杀人亲之重也：杀人之父，人亦杀其父；杀人之兄，人亦杀其兄。然则非自杀之也，一间耳。”[①]

【注释】

①一间：言相距很近。

【译文】

孟子说：“我从今以后才知道杀害他人亲人的严重：杀了别人的父亲，别人也会杀他的父亲;杀了别人的兄长,别人也会杀他的兄长。如此,虽不是自己杀了父兄,也只是相去一间罢了。”

【段意】

此章可能是有感于当时的复仇之风而发的,有的学者指出:“知此则爱敬人之亲,人亦爱敬其亲矣。”(朱熹《集注》引范氏语)

7.54 孟子曰:“古之为关也将以御暴,今之为关也将以为暴。”

【译文】

孟子说:“古时候设立关卡是要借以抵御强暴,现今设立关卡是要借以实施强暴。”

【段意】

此章是抨击当时诸侯设立关卡扰民的现象。

7.55 孟子曰:“身不行道,不行于妻子;使人不以道,不能行于妻子。”

【译文】

孟子说:“自身不践行大道,对妻室、子女都推行不了;不依大道来使唤他人,连妻室、子女都不能差遣。”

【段意】

此章是勉励人们要以身作则。

7.56 孟子曰:“周于利者凶年不能杀,[①]周于德者邪世不能乱。”

【注释】

①周:朱熹《集注》云:“足也,言积之厚则用有余。”杀:减杀,意为窘困。一说,此处仍用本义,言荒年不致饿死,亦通。

【译文】

孟子说:“财富充足的人,荒年不能使之窘困;德行敦厚的人,乱世不能使之迷惑。”

【段意】

此章是说,平时积累丰厚,利用的时候才会充裕。

7.57 孟子曰:“好名之人能让千乘之国,苟非其人,箪食、豆羹见于色。”

【译文】

孟子说：“喜好名声的人能够谦让千辆兵车的国家，如果不是这种人，一筐饭食、一碗羹汤都会在神色上有所流露。”

【段意】

此章是说应该如何看人，“观人不于其所勉，而于其所忽，然后可以见其所安之实也”（朱熹《集注》）。

7.58 孟子曰：“不信仁贤，则国空虚；①无礼义，则上下乱；无政事，则财用不足。”

【注释】

①空虚：朱熹《集注》云：“言若无人然。”

【译文】

孟子说：“不相信仁、贤，国家就空虚；没有礼、义，上下关系就混乱；没有人施政办事，财物就不够使用。”

【段意】

此章是说，治政必须要在根本上下工夫。有的学者指出：“三者以仁贤为本，无仁贤则礼义、政事处之皆不以其道矣。”（朱熹《集注》引尹氏语）

7.59 孟子曰：“不仁而得国者有之矣，不仁而得天下者未之有也。”

【译文】

孟子说：“不仁而获得国家是有的，不仁而获得天下的从未有过。”

【段意】

此章是说，不仁的人可能会有侥幸的得手，但终究不会得到民众的拥护，所以，不仁者不可能获得天下。

7.60 孟子曰：“民为贵，社稷次之，君为轻。是故得乎丘民而为天子，得乎天子为诸侯，得乎诸侯为大夫。诸侯危社稷，则变置；牺牲既成，粢盛既洁，祭祀以时，然而旱干水溢，则变置社稷。”

【译文】

孟子说：“民众最重要，其次是土地神和谷神，国君最轻。因此，赢得了万民才能成为天子，赢得了天子就成为诸侯，赢得了诸侯就成为大夫。诸侯危及土地神和谷神，就另外改立；牺牲已经肥壮了，祭品已经洁净了，祭祀也不失时令，但仍有水旱灾害，就改立土地神和谷神。"

【段意】

此章是《孟子》中最具人道主义色彩的章节之一，"民贵君轻"的名句也一直为人所传诵。朱熹对这一句是如此解释的："盖国以民为本，社稷亦为民而立，而君之尊又系于二者之存之，故其轻重如此。"(《集注》)

7.61 孟子曰："圣人，百世之师也，伯夷、柳下惠是也。故闻伯夷之风者，顽夫廉，懦夫有立志；闻柳下惠之风者，薄夫敦，鄙夫宽。奋乎百世之上，百世之下闻者莫不兴起也，非圣人而能若是乎？而况于亲炙之者乎？"

【译文】

孟子说："圣人能为百世所效法，伯夷、柳下惠就是如此。所以，听说伯夷之风范的，贪鄙者廉洁，懦弱者有自立的志向；听说柳下惠之风范的，刻薄者敦厚，鄙吝者宽容。在百世以前奋发，百世以后听说的人没有不感动振作的，不是圣人能如此吗？更何况亲身受到熏陶的人呢？"

【段意】

此章是赞扬圣人高风亮节的巨大感召力与影响力。

7.62 孟子曰："仁也者人也，合而言之道也。"

【译文】

孟子说："仁就是人，合起来讲就是道。"

【段意】

朱熹对此章是这样解释的："仁者，人之所以为人之理也。然仁，理也；人，物也。以仁之理，合于人之身而言之，乃所谓道者也。"(《集注》)

7.63 孟子曰："孔子之去鲁，曰'迟迟吾行也'，去父母国之道也；去齐，接淅而行，去他国之道也。"

【译文】

孟子说："孔子离开鲁国，说：'慢慢地走我的路！'这是离开祖国的态度；离开齐国时，捞起下锅的米漉着水上路，这是离开别国的态度。"

【段意】

此章已见于《万章》篇。

7.64 孟子曰："君子之戹于陈蔡之间，①无上下之交也。"

【注释】

①君子：据下文"厄于陈蔡"来看，此处的"君子"是指孔子。戹于陈蔡："戹"同"厄"。鲁哀公四年（前491年），孔子辗转来到陈国、蔡国的边境，正好遇上吴国与陈国交战，秩序比较混乱，因此断绝了粮食，处境很困难。

【译文】

孟子说："君子在陈国、蔡国间遭到困厄，与这些国家的君臣毫无交往。"

【段意】

孔子因为与陈、蔡的君臣没有交往，所以遭到困厄。因此，君子所遭到的困厄不是大道的困厄。

7.65 貉稽曰："稽大不理于口。"①

孟子曰："无伤也，士憎兹多口。《诗》云'忧心悄悄，②愠于群小'，孔子也；'肆不殄厥愠，③亦不殒厥问'，④文王也。"

【注释】

①貉稽：赵注云："貉，姓；稽，名。仕者也。"不理于口：赵注云："为众口所讪。"焦循《正义》云："犹云不利于人口也。" ②《诗》云：此处诗句引自《诗·邶风·柏舟》，旧说这是首感叹仁人不遇的诗歌。悄悄：赵注云："忧在心也。" ③肆不殄厥愠：此处之诗句引自《诗·大雅·绵》，这是首歌颂周族创业功绩的诗歌。肆，是发语词，无义。殄，赵注释为"绝"。 ④不殒厥问：殒，赵注释为"失"。问，赵注、朱熹释为"声闻"。

【译文】

貉稽说："我的口碑很不好。"

孟子说："没有关系，士人憎恶多嘴多舌。《诗》说'愁思重重压在心，群小当我眼中钉'，这是孔子；《诗》说'别人的怨恨虽未消，自己的声誉并不倒'，这是周文王。"

【段意】

此章是说，只要自问言行无愧于心，就不必去理会他人的多嘴多舌。

7.66 孟子曰："贤者以其昭昭使人昭昭，今以其昏昏使人昭昭。”

【译文】

孟子说:“贤者以自己的清楚明白,使他人清楚明白;如今却以自己的模模糊糊,使他人清楚明白。”

【段意】

此章是批评当时的统治者,本身对大道一知半解,却在担负教化民众的责任。

7.67　孟子谓高子曰:“山径之蹊间,①介然用之而成路,②为间不用则茅塞之矣。③今茅塞子之心矣。”

【注释】

①山径之蹊间:朱熹《集注》云:“径,小路也。蹊,人行处也。”又,焦循《正义》释“山径”为“山之领(岭)”;蹊,段玉裁《说文解字注》云:“凡始行以待后行之径曰蹊。”二说含义相近。　②介然:赵注以此词属上读,释为界限分明;朱熹以之属下读,释为短时间。用:朱熹《集注》云:“由也。”　③为间:朱熹《集注》云:“少顷也。”

【译文】

孟子对高子说:“山上的小道很窄,一直去使用它就成为路,隔些时候不用就会被茅草堵塞。现在茅草堵塞了你的心。”

【段意】

孟子用山间小道之所以成为路来作比喻,勉励高子,对于大道要经常讲求,不能稍有间断,否则就会茅塞不通。

7.68　高子曰:“禹之声尚文王之声。”①

孟子曰:“何以言之?”

曰:“以追蠡。”②

曰:“是奚足哉?城门之轨,③两马之力与?”④

【注释】

①尚:同“上”,胜过。　②追蠡:赵注云:“追,钟纽也。钮擘啮处深矣,蠡蠡欲绝之貌也”,“先代之乐器后王皆用之,禹在文王之前千有余岁,用钟日久,故追欲绝也”。　③轨:车辙痕。　④两:同“辆”。

【译文】

高子说:“夏禹的雅乐胜过周文王的雅乐。”

孟子说："为什么这样说呢？"

高子说："因为钟钮快磨断了。"

孟子说："这怎么足以说明呢？城门内的车辙痕难道是一辆马车的力量所造成的吗？"

【段意】

高子简单地以钟钮来判断不同时代雅乐的优劣，孟子认为，夏禹早于文王千余年，自然钟钮就磨损得厉害，这不足为据。

7.69 齐饥，陈臻曰："国人皆以夫子将复为发棠，[1]殆不可复。"

孟子曰："是为冯妇也。[2]晋人有冯妇者，善搏虎，卒为善士。则之野，有众逐虎，虎负隅，莫之敢撄。[3]望见冯妇，趋而迎之。冯妇攘臂下车，众皆悦之，其为士者笑之。"

【注释】

①复为发棠：棠是在齐城即墨附近的粮仓，孟子曾经劝说齐王开此仓济贫，故而国人在遇到灾荒时期望孟子再次劝说齐王开仓。 ②冯妇：妇是名，不是姓冯的妇人。 ③撄：朱熹《集注》云："触也。"

【译文】

齐国饥荒，陈臻说："国人都认为夫子将要再次请求打开棠地的仓库救灾，大概不能再去请求了。"

孟子说："这样就成为冯妇了。晋国有个叫冯妇的人，善于制服老虎，后来成为行善之人。一次去野外，有许多人在追逐老虎，老虎背依山险，没有人敢逼近。人们望见冯妇，就跑过去迎接。冯妇捋袖伸臂走下车来，众人都很喜悦，可他却为士人所讥笑。"

【段意】

这也是《孟子》中比较著名的篇章，"再为冯妇"的典故就出于此章。朱熹说："疑此时齐王已不能用孟子，而孟子亦将去矣，故其言如此。"（《集注》）

7.70 孟子曰："口之于味也，目之于色也，耳之于声也，鼻之于臭也，[1]四肢之于安佚也，性也，有命焉，君子不谓性也。仁之于父子也，义之于君臣也，礼之于宾主也，知之于贤者也，圣人之于天道也，命也，有性焉，君子不谓命也。"

【注释】

①臭:同"嗅",气味。

【译文】

孟子说:"口对于滋味,眼对于容貌,耳对于声音,鼻对于气味,肢体对于安乐舒服,是性,但有命,所以君子不称它们为性。仁对于父子,义对于君臣,礼对于宾主,智对于贤者,圣人对于天道,是命,但有性,所以君子不称它们为命。"

【段意】

孟子在此章所列举的两类东西都兼有天性与命运在内,但人们对于前者,如得不到就竭力追求;对于后者,如不具备就听之任之,因此,孟子特别强调前者的命运成分、后者的天性成分,以勉励人们追求大道、善行。

7.71 浩生不害问曰:①"乐正子何人也。"

孟子曰:"善人也,信人也。"

"何谓善,何谓信?"

曰:"可欲之谓善,有诸己之谓信,充实之谓美,充实而有光辉之谓大,大而化之之谓圣,圣而不可知之之谓神。乐正子,二之中、四之下也。"

【注释】

①浩生不害:名不害,赵注云:"齐人也。"

【译文】

浩生不害问道:"乐正子是怎样的人呢?"

孟子说:"有善之人,有信之人。"

浩生不害说:"什么叫善,什么叫信?"

孟子说:"值得去想望的东西叫做善,善为自身所拥有叫做信,使之充盈实在叫做美,充盈实在进而去发扬叫做大,大而且融会贯通叫做圣,圣达到神妙不测叫做神。乐正子处在前两项中,在后四项之下。"

【段意】

孟子借评论自己的弟子乐正子的机会,阐述了个人道德人格的完善层次,其最高级的"神",也就是孔子所谓的"随心所欲不逾矩"的境界。达到了这一层次,行为的合乎规律性与合乎道德目的已相当完美地统一起来了。

7.72 孟子曰:"逃墨必归于杨,逃杨必归于儒。归,斯受之而已矣。今之与杨、墨辩者,如追放豚,既入其苙,[①]又从而招之。”[②]

【注释】

①苙(lì 立):圈养牲畜的栏。　　②招之:朱熹《集注》云:“羁其足也。言彼既来归,而又追咎其既往之失也。”

【译文】

孟子说:“离开墨家必定归向杨家,离开杨家必定归向儒家。归向儒家,接纳他们就是了。现今与杨、墨两家辩论的人,好像追逐走失的猪一样,已经关进了圈栏,还要从而缚住它的脚。”

【段意】

孟子在此提出的对杨、墨两家的态度,颇有点“批判从严,处理从宽”的意思。朱熹说:“此章见圣贤之于异端,距之甚严,而于其来归,待之甚恕。距之严,故人知彼说之为邪;待之恕,故人知此道之可反,仁之至,义之尽也。”(《集注》)

7.73　孟子曰:“有布缕之征,[①]粟米之征,力役之征。君子用其一,缓其二。用其二而民有殍,用其三而父子离。”

【注释】

①布缕之征:此与下文提到的粟米之征、力役之征,都是当时向民众征收赋税的名目。

【译文】

孟子说:“赋税有以布和麻线来征收的,有以粟米来征收的,有以役使劳力来征收的。君子采用其中的一种,另两种暂时不用。采用两种民众就会有饿死的,如果同时采用三种父子就会离散。”

【段意】

民众是立国之本,所以不能对他们聚敛无度,否则,不仅民众活不下去,国家也会败亡。

7.74　孟子曰:“诸侯之宝三:土地、人民、政事。宝珠玉者,殃必及身。”

【译文】

孟子说:“诸侯的珍宝有三件:土地、民众、政务。以珠玉为宝的人,必定殃及自身。”

【段意】

真正值得统治者所宝贵的,不是金银财宝。类似的话,当时除孟子之外的许多政治家、思想家都这样说过，可见，这已成为当时贤达、明智者的共识了。

7.75　盆成括仕于齐，[①]孟子曰："死矣盆成括！"

盆成括见杀，门人问曰："夫子何以知其将见杀？"

曰："其为人也小有才，未闻君子之大道也，则足以杀其躯而已矣。"

【注释】

①盆成括：赵注云："盆成，姓也；括，名也。尝欲学于孟子，问道未达而去，后仕于齐，孟子闻而嗟叹。"

【译文】

盆成括在齐国做官，孟子说："盆成括要丢掉性命了！"

盆成括被杀，门徒问道："夫子怎么知道他将会被杀？"

孟子说："盆成括为人小有才干，但未曾闻知君子的大道，这就足以招致杀身之祸了。"

【段意】

此章是说，大道是人们的立身之本。

7.76　孟子之滕，馆于上宫。[①]有业屦于牖上，[②]馆人求之弗得，[③]或问之曰："若是乎从者之廋也？"[④]

曰："子以是为窃屦来与？"曰："殆非也。"

"夫子之设科也，[⑤]往者不追，来者不拒。苟以是心至，斯受之而已矣。"

【注释】

①上宫：前人对此有多说，赵注释为"楼"，朱熹释为"别宫"，焦循则谓是上等的馆舍。　②业屦(jù具)：屦是草鞋，赵注云："织之有次业而未成也。"　③馆人：管理馆舍的官吏。　④廋：此指隐匿。　⑤夫子：据赵注，此处之"夫子"乃"夫予"之讹。译文从之。

【译文】

孟子来到滕国，住宿在上宫。有双未织完的草鞋放在窗台上，馆人找不到了，有人问孟子说："是不是随从您的人藏起来了呢？"

孟子说："你认为他们是为了偷草鞋而来的吗？"那人说："恐怕不是。"

孟子说："我设置课目教学，离去的不追赶，前来的不拒绝。只要抱着学习之心而来,我就接纳他们。”

【段意】

此章可见孟子教授门徒的态度。孟子最后所说的一段话,也有人认为是询问者所说,意思是说,孟子只根据是否愿意学道来接收门徒,不能保证过去有没有犯过错误,“门人取其言有合于圣贤之指,故记之”(朱熹《集注》)。

7.77 孟子曰:“人皆有所不忍,达之于其所忍,仁也;人皆有所不为,达之于其所为,义也。人能充无欲害人之心,而仁不可胜用也;人能充无穿逾之心,①而义不可胜用也;人能充无受尔汝之实,②无所往而不为义也。士未可以言而言,是以言餂之也;③可以言而不言,是以不言餂之也,是皆穿逾之类也。”

【注释】

①穿逾:犹言穿穴逾墙。 ②尔汝:朱熹《集注》云:“人所轻贱之称。” ③餂(tiǎn 舔):同“舔”,赵注释为“取”。

【译文】

孟子说:“人都有不忍心之处,把它推及自己所忍心之处,就是仁;人都有不去做的事,把它推及自己所去做的事,就是义。人能够扩充不想害人之心,仁就用之不尽了;人能够扩充不挖洞跳墙之心,义就用之不尽了;人能够扩充不受人轻贱的行为,无论做什么都不会不合乎义了。士人不可以言谈的却与之言谈,是用言谈来诱取他;可以言谈的却不与之言谈,是用沉默不言来诱取他,这都是挖洞跳墙之类的行径。”

【段意】

此章与孔子所说“己所不欲,勿施于人”、“推己及人”,是一个意思。

7.78 孟子曰:“言近而指远者,①善言也;守约而施博者,善道也。君子之言也,不下带而道存焉;②君子之守,修其身而天下平。人病舍其田而芸人之田,所求于人者重而所以自任者轻。”

【注释】

①指:同“旨”。 ②不下带而道存:朱熹《集注》云:“古人视不下带,则带之上乃常见至近之处也。举目前之近事而至理存焉。”

【译文】

孟子说:“言语浅近而含意深远的,是善言;所奉行的简约而施惠广博的,是善道。君子的言谈,内容常见却含有大道;君子所奉行的,修饬自身而使天下太平。人们的毛病在于放下自己的耕地而去锄他人的耕地,要求他人负重而自己承担轻的。”

【段意】

此章是要求人们对自己要求严格,“守约而施博”,这一点的集中体现就是通过修饰自身来治理天下。此章可与《大学》参看。

7.79 孟子曰:“尧舜,性者也;汤武,反之也。动容周旋中礼者,盛德之至也。哭死而哀,非为生者也;经德不回,①非以干禄也;言语必信,非以正行也。②君子行法以俟命而已矣。”

【注释】

①经德不回:朱熹《集注》云:“经,常也。回,曲也。” ②正行:指为了端正品行而去“正行”,赵注释此句为“非必欲以正行为名也。”

【译文】

孟子说:“尧、舜是天性,成汤、周武王是返回了天性。举动、仪容无不合乎礼的,是德行深厚到了极点。哭泣死者而悲哀,不是为了活着的人;恪守德行而不违背,不是为了谋取爵禄;言语必须诚实,不是为了端正行为。君子依法度行事只是用以期待命运罢了。”

【段意】

此章是说,君子的修养,不以功利为目的。尧、舜依天性行事,没有存心行善的用意;汤、武稍差一些,有心去行善,但也取得了成功。至于下文所说的“不是为了”,是告诫人们不要存着这样的心思去履行礼、义。有人概括说:“法由此立,命由此出,圣人也;行法以俟命,君子也。圣人性之,君子所以复其性也。”(朱熹《集注》引吕氏语)

7.80 孟子曰:“说大人则藐之,勿视其巍巍然。堂高数仞,①榱题数尺,②我得志弗为也;食前方丈,侍妾数百人,我得志弗为也;般乐饮酒,③驱骋出猎,后车千乘,我得志弗为也。在彼者皆我所不为也,在我者皆古之制也,吾何畏彼哉?”

【注释】

①堂高:焦循《正义》云:“经传称堂高者,皆指堂阶而言。” ②榱(cuī 催)题:赵注云:“榱之抵檐处为榱题,覆以瓦,雨水自此下溜。” ③般乐饮酒:赵注

云："般，大也。大作乐而饮酒。"

【译文】

孟子说："向显贵进言就要藐视他们，不要顾及他们高高在上的模样。殿基高数丈，屋檐宽几尺，我得志是不这样做的；面前的食物摆满一丈见方的地方，侍奉的姬妾几百个，我得志是不这样做的；饮酒狂欢，奔驰射猎，随从的车辆上千乘，我得志是不这样做的。他所有的都是我所不做的，我所有的都合乎古时候的法度，我为什么怕他呢？"

【段意】

此章也是《孟子》中颇为著名的章节。以今天的眼光来看，孟子所主张的，颇近于自我心理暗示，调节自己的情绪，以使自己在进言时表现出良好的竞技状态。从另一个角度说，这也是儒家所主张"富贵不能淫，贫贱不能移"之态度的具体化。

7.81　孟子曰："养心莫善于寡欲。其为人也寡欲，虽有不存焉者，[①]寡矣；其为人也多欲，虽有存焉者，寡矣。"

【注释】

①存：此处是存其本心之意。

【译文】

孟子说："养心没有比减少欲望更好了。为人减少了欲望，即使有失去本心的人，是少数；为人增多了欲望，即使有保存本心的人，是少数。"

【段意】

减少了欲望，就削弱了影响人们脱离本心的外界因素，这当然是比较便利的方法。据说，明清故宫中的"养心殿"即据此而命名。

7.82　曾皙嗜羊枣，[①]而曾子不忍食羊枣。公孙丑问曰："脍炙与羊枣孰美？"[②]

孟子曰："脍炙哉。"

公孙丑曰："然则曾子何为食脍炙而不食羊枣？"

曰："脍炙所同也，羊枣所独也。讳名不讳姓，姓所同也，名所独也。"

【注释】

①羊枣：何焯《义门读书记》云："羊枣非枣也，乃柿之小者。初生色黄，孰

(熟)则黑,似羊矢(屎)。" ②脍炙:其与"羊枣"对文,当亦一物,似指细切烧烤的肉食。

【译文】

曾皙嗜好羊枣,曾子因而不忍心吃羊枣。公孙丑问道:"脍炙与羊枣哪样美味?"

孟子说:"脍炙美味。"

公孙丑说:"那么曾子为什么吃脍炙而不吃羊枣呢?"

孟子说:"喜好脍炙是大家共同的,喜好羊枣是个人独有的。避尊长的名讳而不避讳姓,因为姓是大家共同的,名是个人独有的。"

【段意】

此章是说曾子的孝父之心从表面上看,曾子吃的是好东西,但他是为了不忍心去吃父亲嗜好的东西才这样做的,其中的意义就不同了。

7.83 万章问曰:"孔子在陈曰:[①]'盍归乎来!吾党之小子狂简,[②]进取不忘其初。'孔子在陈,何思鲁之狂士?"

孟子曰:"孔子'不得中道而与之,[③]必也狂猖乎。[④]狂者进取,猖者有所不为也',孔子岂不欲中道哉?不可必得,故思其次也。"

"敢问何如斯可谓狂矣?"

曰:"如琴张、曾皙、牧皮者,[⑤]孔子之所谓狂矣。"

"何以谓之狂也。"

曰:"其志嘐嘐然,[⑥]曰'古之人、古之人',夷考其行而不掩焉者也。[⑦]狂者又不可得,欲得不屑不洁之士而与之,是猖也,是又其次也。孔子曰:[⑧]'过我门而不入我室,我不憾焉者,其惟乡原乎。乡原,德之贼也。'"[⑨]

曰:"何如斯可谓之乡原矣?"

曰:"'何以是嘐嘐也?言不顾行,行不顾言,则曰古之人、古之人。行何为踽踽凉凉?[⑩]生斯世也,为斯世也,善斯可矣'。阉然媚于世也者,[⑪]是乡原也。"

万子曰:"一乡皆称原人焉,无所往而不为原人,孔子以为德之贼,何哉?"

曰:"非之无举也,刺之无刺也,同乎流俗,合乎汙世,居之似忠信，行之似廉洁，众皆悦之，自以为是，而不可与入尧舜之道，故曰德之贼也。孔子曰：'恶似而非者：恶莠，恐其乱苗也；恶佞，恐其乱义也；恶利口，恐其乱信也；恶郑声，⑫恐其乱乐也；恶紫，恐其乱朱也；⑬恶乡原，恐其乱德也。'君子反经而已矣。⑭经正则庶民兴，庶民兴，斯无邪慝矣。"

【注释】

①孔子在陈曰：此处所引，亦见于《论语·公冶长》篇，字句与此稍有不同。②党：乡里。古时称乡里为乡党。狂简：朱熹《论语集注》云："志大而略于事也。"鲁哀公三年（前492年），执掌鲁国大权的季桓子去世，接替他的季康子召请冉求回国，客居陈国的孔子得知后，感到有了一线希望，便说了这番话。鲁哀公十一年（前484年），季康子在冉求的鼓动下迎请孔子回国，孔子在流亡十多年后终于回到了故国。　③不得中道而与之：此处孔子之语，亦见于《论语·子路》篇。④狂狷：朱熹《论语集注》云："狂者，志极高而行不掩；狷者，知未及而守有余。"⑤琴张：赵注、朱熹都认为他就是孔子的弟子子张。牧皮：生平无考。　⑥嘐嘐（xiāo 嚣）：赵注云："志大言大者也。"　⑦夷：赵注、朱熹皆释为"平"，或谓此系语助词，无义。　⑧孔子曰：此处引文另有所出，唯最后一句"乡原，德之贼也"见于《论语·阳货》篇。　⑨乡原：《论语》作"乡愿"，朱熹《论语集注》云："乡人之愿者也，盖其同流合污以媚其世，故在乡人之中独以愿称。"　⑩踽踽（jǔ 举）凉凉：朱熹《集注》云："踽踽，独行不进之貌。凉凉，薄也，不见亲厚于人也。"⑪阉：此为低下之意。　⑫郑声：郑地的乐歌，在春秋战国时很流行，儒家认为"郑声淫"，极力排斥。　⑬朱：古代以纯色为"正色"，杂色为"间色"。朱即大红色，属正色，紫是间色。　⑭反经："反"同"返"，"经"犹言正道。

【译文】

万章问道："孔子在陈国说：'何不回去啊！我乡里的后辈们狂放而疏略，激进却不改旧貌。'孔子在陈国，为什么思念鲁国的狂士呢？"

孟子说："孔子曾说'得不到中庸的士人相结交，就必定是狂放者和狷介者了。狂放者激进，而狷介者有些事不去做'，孔子难道不想望中庸之道吗？不能一定得到，所以就思念次一等的了。"

万章说："请问怎样才能叫做狂放呢？"

孟子说："像琴张、曾皙、牧皮这样的人，就是孔子所说的狂放。"

万章说："为什么说他们狂放呢？"

孟子说："他们立志阔大，说'古时候的人、古时候的人'，可考察他们的行为却不能吻合。狂放者再不能够得到，便想望得到洁身自好的人相结交，这就是狷介者，这又次了一等。孔子说：'经过我的门却不进入我的屋里，我对此不感到遗憾的，恐怕只有乡里的谨愿之人。乡里的谨愿之人，是德行的损害者。'"

万章说："怎样才堪称为乡里的谨愿之人呢？"

孟子说："这种人认为，'为什么这样志气阔大呢？言语不顾及行为，行为不顾及言语，就只说古时候的人、古时候的人。处事为什么落落寡合呢？生在这个世道，就迎合这个世道，过得去就行了'。低贱地献媚于世人，就是乡里的谨愿之人。"

万章说："整个乡里都称说谨愿之人，无论到哪里都视为谨愿之人，孔子却认为是德行的损害者，为什么呢？"

孟子说："指责他却举不出缺点，责骂他却找不到由头，混同于流俗，迎合于浊世；为人似乎忠诚守信，处事似乎方正清洁，大家都欢喜他，自己认为正确，但却不能与之深入尧舜之道，所以说是德行的损害者。孔子说：'憎恶似是而非的东西：憎恶莠草，是怕它混淆了禾苗；憎恶佞才，是怕它混淆了义；憎恶强辩，是怕它混淆了信；憎恶郑国的乐曲，是怕它混淆了雅乐；憎恶紫色，是怕它混淆了朱红色；憎恶乡里的谨愿之人，是怕它混淆了德行。'君子只是回归到正道罢了。途径正确，民众就振兴，民众振兴了，就没有邪恶了。"

【段意】

此章的中心思想是告诫人们，要依据"中道"来行事，不合乎"中道"，或者类似于"中道"的行为，都是君子所不取的。这点做好了，才能教育、引导好民众。

7.84　孟子曰："由尧舜至于汤五百有余岁，若禹、皋陶则见而知之，若汤则闻而知之。由汤至于文王五百有余岁，若伊尹、莱朱则见而知之，[1]若文王则闻而知之。由文王至于孔子五百有余岁，若太公望、散宜生则见而知之，[2]若孔子则闻而知之。由孔子而来至于今百有余岁，去圣人之世若此其未远也，近圣人之居若此其甚也，然而无有乎尔，[3]则亦无有乎尔？"

【注释】

①莱朱：赵注云："亦汤贤臣也，一曰仲虺。"　②散宜生：周文王时贤臣，后辅佐武王灭商。　③然而无有乎尔：朱熹《集注》引林氏说云："然而已无有见而知之者矣。"

【译文】

孟子说："从尧舜到汤有五百多年，像禹、皋陶是亲眼看见而了解的，像汤是听说了而了解的。从汤到周文王有五百多年，像伊尹、莱朱是亲眼看见而了解的，像周文王是听说了而了解的。从周文王到孔子有五百多年，像太公望、散宜生是亲眼看见而了解的，像孔子是听说了而了解的。从孔子以来到如今有一百多年，离开圣人的时世如此不远隔，距离圣人的家乡如此接近，却没有了解道的人了，也就没有了解道的人了吗?”

【段意】

此章从“五百年必有王者兴”的现实出发，历述过去那些具有里程碑性质的圣人。孟子对圣人的传统将会中断感到忧患，告诫人们不要使大道失坠，并隐然以大道继承者自居。编《孟子》的人把这一章作为全书的终结，是有深意的。唐宋时代的“道统”说即据此而立论，孟子本人也由此被戴上了“亚圣”的桂冠。